BRETAGNE
entdecken & erleben

abenteuer & reisen

INHALT

1 Das Tor zur Bretagne

Nur die Altstadt von Rennes überlebte das Feuer von 1720, der Süden der Hauptstadt wurde neu erbaut. Auf der Place des Lices brachen die Ritter ihre Lanzen. Châteaubriant: Bollwerk gegen die Franzosen. Gern wäre Henri IV. Bürger von Vitré gewesen. Kaum einzunehmen: die Festung von Fougères. Steine zählen für Brautpaare am La-Roche-aux-Fées. **6**
Info: Rund um Rennes **17**

2 Farbenspiel der Küste

Mont-St-Michel: Akropolis der Nebelschwaden. Bei Ebbe entfernt sich das Meer 14 Kilometer von der Küste. Dol-de-Bretagne besitzt die größte und schönste Kathedrale des Landes. Mächtige Mauern umgeben die Korsarenstadt St-Malo. Von eigenwilliger Schönheit: das Val de Rance. Die Usine Marémotrice wandelt die Kraft der Gezeiten in elektrischen Strom um. Pittoreskes Städtchen: Dinan. **22**
Info: Côte d'Emeraude **31**

3 Die Natur als Künstler

Reiche Jakobsmuschel-Ernte in der Baie de St-Brieuc. Der Golfstrom macht's möglich: mediterrane Flora auf der Ile de Bréhat. Wie ein Vogelnest im Fels: die Maison entre les Roches. Belle Époque im Badeort Perros-Guirec. An der Plage du Coz-Porz schuf die Natur herrliche Steinskulpturen. Harte bretonische Laute in Lannion. Nicht der Klerus, sondern Korsaren regierten in Roscoff. **36**
Info: Côte de Granit Rose **47**

4 Am Ende der Welt

Im September pilgern fromme Bretonen nach Folgoët. Möwen künden die Küste an. Mönche missionierten einen Hinkelstein und meißelten ein Kreuz hinein. Abers sind im Meer ertrunkene Täler. Ein zerbrochener Anker mahnt in Portsall an die große Ölkatastrophe. Das Licht des Le Créac'h sieht man noch in 65 km Entfernung. Garten von Brest nennt man die Halbinsel Plougastel. **50**
Info: Côte des Abers **61**

9 Weißes Land, schwarzes Land

Schon Flaubert und Zola machten in Piriac-sur-Mer Urlaub. Seit Jahrhunderten gewinnt man in den Marais salants Meersalz. La Croisic verschiffte das weiße Gold in alle Welt. Stieg vom kleinen Hafen zum „Nizza des Nordens" auf: La Baule. St-Nazaire, das Schiffsbauzentrum Frankreichs. In der wilden Sumpflandschaft der Grande Brière sticht man heute noch eifrig Torf. **126**
Info: Guérande **136**

10 In Merlins Reich

Mit dem Hausboot durchs Landesinnere. Wie Lebensadern durchziehen Flüsse und Kanäle die Bretagne. Drehkreuz Redon. An der Oust gleitet unberührte Flusslandschaft vorüber. Auf Rädern geht's flott nach Missiriac. Das Musée de la Résistance erinnert an Leid und Not während der deutschen Besatzung. Im Wald von Paimpont traf Merlin die schöne Fee Viviane. **140**
Info: Im Argoat **150**

11 Stolz der Bretagne

Ein Meisterwerk: das Grabmal von François II. in der Cathédrale St-Pierre-et-St-Paul. Das stolze Château kündet von der einstigen Macht der bretonischen Herzöge. Stilvoll Mittag essen an der Place Graslin. Am Quai de la Fosse segnet die hl. Anna die Loire. Jules Verne, Sohn der Stadt, hat sein eigenes Museum. Geld ausgeben in der schönen Passage Pommeraye. **154**
Info: Nantes **162**

12 Vorposten im Meer

Tückische Meeresströmung im Chenal du Four. Clubatmosphäre im Phare de Kéréon. 126 Stufen bis zur Lampenetage des Phare du Stiff. Landgang auf der Ile d'Ouessant, der „Insel des Schreckens". Blaue Möbel aus Wrackteilen im Èco-Musée. Nur mit der Seilbahn kommt man die Leuchtturmwärter zum Arbeitsplatz. Makabrer Gruß: „Freude den Dahingeschiedenen!" **166**
Info: Atlantikinseln **173**

BRETAGNE

5 Bretonischer Glaube

Enclos paroissial: Fast jedes Dorf hat seinen umfriedeten Pfarrbezirk. Symbol für Leben und Tod. Wer hat das schönste Calvaire im ganzen Land? St-Thégonnec und Guimiliau übertrumpften sich gegenseitig. Am Fuß des Montagne St-Michel liegt das verwunschene Teufelsmoor Yeun Elez. Tristan und Isolde liebten sich bei Huelgoat. Gehören zu jedem Pardon: Andacht und Ausgelassenheit. **64**
Info: Calvaires & Pardons 75

6 Küste der Kaps

Presqu'île de Crozon: Bauernkaten verlieren sich zwischen Heidekraut und Ginster. Feiner Sand und charmante Eleganz in Morgat. Vom Cap de la Chèvre hat man einen atemberaubenden Blick. Trotzte Engländern und Holländern: die Festung von Camaret. Selbst die spanische Armada hißte Segel aus Locronan. Port du Rosmeur: Handelsplatz für Sardinen, Makrelen und Thunfisch. **78**
Info: Douarnenez 91

7 Es lebe die Tradition

Das älteste Calvaire steht vor Notre-Dame de Tronoën. An der Plage de Pors-Carn verschwindet ein Telefonkabel im Meer in Richtung Westen. St-Guénolé: Sardinen, Sardinen, Sardinen. Alles über Spitzenhäubchen erfährt man im Musée Bigouden. Quimper wurde von Sagenkönig Gradlon gegründet. Der hl. Corentin nagt nur einen Fisch. Fand in Pont-Aven ein Refugium: Paul Gauguin. **94**
Info: Die Cornouaille 106

8 Im Land der Hinkelsteine

Aus L'Orient wird Lorient. Von hier segelten Schiffe bis nach China. Alles über Fisch und Fischer zeigt die Maison de la Mer. Das berühmteste Megalith-Feld steht in Carnac. Herrliche Strände und Buchten auf der Trauminsel Belle-Ile. Die Flut tobt durch das gewaltige Felsentor von Port Blanc. Geschichte auf Schritt und Tritt in Auray. Gallische Fürstenhügel auf der Ile Gavrinis. **110**
Info: Golfe du Morbihan 121

INFORMATIONEN BRETAGNE

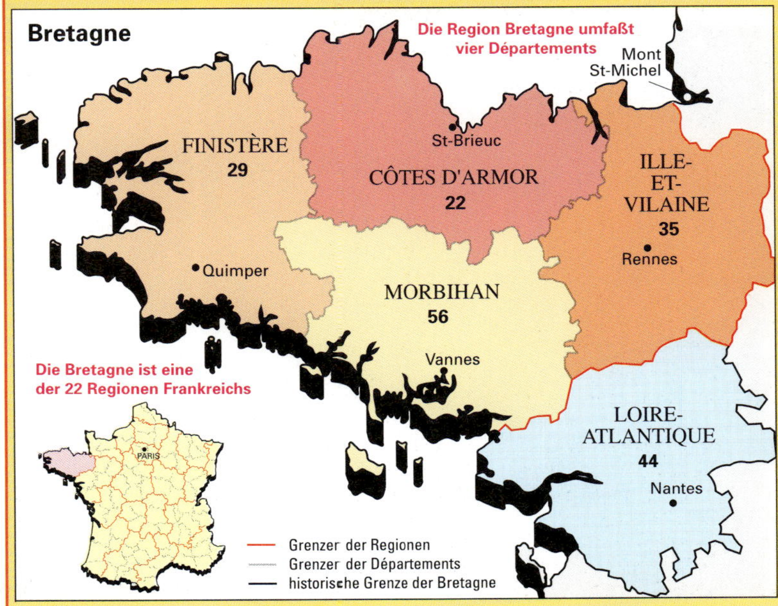

Bretagne

Die Region Bretagne umfaßt vier Départements — Mont St-Michel

- FINISTÈRE 29
- CÔTES D'ARMOR 22 — St-Brieuc
- ILLE-ET-VILAINE 35 — Rennes
- MORBIHAN 56 — Vannes
- LOIRE-ATLANTIQUE 44 — Nantes

• Quimper

Die Bretagne ist eine der 22 Regionen Frankreichs

— Grenzer der Regionen
— Grenzer der Départements
— historische Grenze der Bretagne

■ **Informationen und Tips:**

Bretagne von A (wie Anreise) bis Z (wie Zollbestimmungen). Alles, was der Bretagne-Reisende wissen muß. 176

■ **Register 190**
Impressum 191

1 Rund um Rennes

Das Tor zur Bretagne

Die stolzen Burgen in der Region von Rennes, Vitré und Fougères bildeten im Mittelalter die Grenzbastionen der unabhängigen Bretagne nach Osten.

Odile hatte als Treffpunkt das Restaurant „Ti-Koz" vorgeschlagen und als Orientierungshilfe nur drei Stichworte vorgegeben: in der Altstadt, nahe der Kathedrale, im schönsten Fachwerkhaus. Das hat tatsächlich gereicht, um das Lokal in der Rue St-Guillaume schnell zu finden. Zumal es, wie sich herausstellt, im herrlichen **Maison du Guesclins** untergebracht ist.

Odile ist schon da. Nach dem unter Freunden in der Bretagne üblichen Begrüßungsritual mit Küsschen links und Küsschen rechts, lädt sie uns zu einem Willkommenstrunk ein: „Ich habe euch bewusst in das **Vieux Rennes**, die Altstadt, gelockt, weil sich durch seinen Charme die wahre Seele der Stadt am besten erleben lässt. Denn **Rennes** trägt, bildhaft gesprochen, zwei Seelen in seiner Brust. Das spiegelt sich deutlich in seiner zwiespältigen Architektur wider. Der Grund dafür war der verheerende Brand von 1720, der die meisten Stadtviertel vernichtete und nur die Altstadt übrig ließ.

Die zerstörten Stadtteile wurden eher nüchtern auf rechtwinkligem Grundriss wieder aufgebaut, mit breiten Straßen und großen Plätzen, die von brandsicheren Granithäusern mit strengen neoklassizistischen Fassaden gesäumt sind. Durch den krassen Gegensatz zwischen Alt im Norden und Neu im Süden entstand ausgerechnet in ihrer Hauptstadt ein für die Bretagne völlig untypisches Stadtbild. Ich liebe die Altstadt und freue mich darüber, dass mich mein Job als Übersetzerin täglich hierher führt. Mein Büro liegt gleich um die Ecke. Natürlich in einem schönen Fachwerkhaus! Aber ich kann Euch noch anderes zeigen."

Odile führt uns zunächst zur nahen **Kathedrale St-Pierre**, ein im Inneren prachtvoll, fast schon überladen ausgestattetes Gotteshaus. Besonders eindrucksvoll ist der vergoldete, flandrische Retabel. „Kenner sakraler Kunst behaupten, dieser Altaraufsatz sei der schönste der gesamten Bretagne. Seine geschnitzten Szenen stellen das Leben Mariens dar – ein Meisterwerk!", begeistert sich Odile. „Ursprünglich stand auf dem Platz ein antiker Tempel, der im 6. Jahrhundert im Zug der Christianisierung kurzerhand durch eine Kirche ersetzt wurde. In der Zeit der Gotik entstand der Bau neu, stürzte jedoch nach einer Feuerkatastrophe ein. Nur die beiden wie amputiert wirkenden Türme blieben erhalten. Ihnen wurde das heutige Kirchenschiff angefügt, und so kam es zu diesem, in meinen Augen recht eigentümlichen Kolossalbau, von dem Hippolyte Taine behauptete, es sei das scheußlichste Gebäude, das er je gesehen habe."

Nur einen Steinwurf weiter steht die wesentlich schlichter wirkende **Basilika St-Sauveur**. In ihrem Inneren beeindruckt der vergoldete Baldachin über dem Hauptaltar. Noch fasziniert von den beiden Sakralbauten, schlägt Odile vor, in Richtung Place des Lices zu gehen und die **Porte Mordelaise**, einen Rest der Stadtmauer aus dem 15. Jahrhundert, anzusehen. Die Übersetzerin weiß auch hier Bescheid: „Durch dieses Tor zogen, von der Bevölkerung gefeiert und umjubelt, die Herzöge, wenn sie zur Krönung in die

Zwischen engen Mauern zwängt sich die Vilaine durch Rennes.

Kathedrale geleitet wurden. Den Volksfesten in den heimeligen Gassen bildeten die schmucken Fachwerkhäuser und die Stadtpalais eine würdige Kulisse. Musik, Tanz und Spiele sorgten bei diesen Anlässen für eine ausgelassene Stimmung. Und natürlich die Ritterturniere, die drüben auf dem **Place des Lices** abgehalten wurden. Kommt, lasst uns hinübergehen!"

Wir schlendern durch die mittelalterliche Szenerie und lassen uns von der romantischen Atmosphäre gefangen nehmen. „Hier werden heute natürlich keine Ritterturniere mehr abgehalten, sondern jeden Samstag stimmungsvolle Markttage. Das solltet ihr erleben!" Und, mit einem Blick auf unsere Kameras, fährt Odile fort: „Mit hübschen, bunten Bildern am Fließband! Die urigen Kneipen und Lokale ringsum verleihen dem schönen Platz ein Flair, das vor allem viele junge Menschen anzieht! Doch lasst uns jetzt weitergehen zum **Place du Palais** an dem der berühmte **Palais de Justice** steht, der 1994 weltweit in die Schlagzeilen geriet. Einige Bretonische Fischer, die gegen sie gerichtete EU-Beschlüsse nicht akzeptieren wollten, legten damals Feuer und beschädigten den geschichtsträchtigen Bau schwer. Ein Jammer, denn der Palais war in meinen Augen das schönste Gebäude aus dem 17. Jahrhundert in der Bretagne. Entworfen hat ihn der für seinen eleganten Renaissance-Stil berühmte Baumeister Salomon de Brosse. Mit dem Palais schuf er eine würdige Stätte für das Parlament und das Gericht, die als oberste Instanzen der Bretagne hier tagten. Es wird noch immer renoviert, so dass man nur den ersten Stock besichtigen kann."

Also bummeln wir weiter, kreuz und quer durch die alten Gassen, und kommen schließlich im Zentrum des klassizistischen Viertels zum **Place de la Mairie**, dem Rathausplatz. Auf der einen Seite des großzügig angelegten Platzes steht das Theater mit seinen Arkaden, auf der anderen das Rathaus mit dem Uhrturm. „Le Gros, der 'Dicke', nennen ihn die Einwohner liebevoll", merkt Odile lächelnd an und führt uns, vorbei am **Palais St-Georges**, hinüber zum lauschigen **Jardin du Thabor**. Auf einer Bank unter Bäumen, zwischen Blumen und Rabatten, gönnen wir uns nach der langen Lauferei eine Pause. „Auch wenn ihr müde seid, die Kirche **St-Mélaine** am Parkrand solltet ihr euch unbedingt noch ansehen. Sie gehörte früher zu dem

Opulente Markttage haben am Place des Lices die Ritterturniere abgelöst.

Stadt der Kontraste: Die Altstadt von Rennes verströmt Charme und Nostalgie, im modernen Rennes regieren Wirtschaft und Bürokratie.

RUND UM RENNES

Benediktinerkloster, das außerhalb der Stadtmauern stand. Der Park selbst ist aus dem Klostergarten entstanden. Hinter der Kirche, von hier aus nicht sichtbar, werden wir einen schön restaurierten Kreuzgang mit Skulpturen und Brunnen erleben. Ich glaube, er wird ein guter Schlusspunkt für eure ersten Eindrücke von Rennes sein! Wie wäre es mit einem Ausflug nach Châteaubriant und Vitré? Nach Fougères könnt ihr dann übermorgen fahren. Allerdings ohne mich, denn an diesem Tag habe ich ein wichtiges Verlagsgespräch in Paris. Mit dem TGV ist das ein Klacks. Morgens hin und am Spätnachmittag zurück. Früh genug, um uns am Abend nochmals zu treffen! D'accord?"

Ein neuer Tag begrüßt uns mit strahlendem Wetter. Gut gelaunt machen wir uns auf den Weg in Richtung Süden nach Châteaubriant. Auf halber Strecke legen wir im mittelalterlichen **Bain-de-Bretagne** eine kurze Kaffeepause ein. „Besonders schön sind hier die südlich gelegenen Wälder mit dem idyllischen **Étang de la Bornière**, einem von den Städtern viel besuchten Wassersportzentrum", erzählt uns Odile. „Überhaupt sind wir hier in einer landschaftlich äußerst reizvollen Gegend. Schade nur, dass sie als langweiliges Hinterland empfunden wird und nur zur schnellen Durchreise mit Auto oder Bahn genutzt wird.

Fast an die 90 Prozent der vielen Bretagne-Besucher zieht es geradezu magnetisch an die Küsten. Es sind also überwiegend nur Naturliebhaber, die hier Wald und Flur genießen."

Die zauberhafte Landschaft, von Hecken, Teichen und Wäldern durchsetzt, zieht sich bis **Châteaubriant** hin. Der Festungsberg, trutzig aus den ihn umringenden, schieferbedeckten Häusern aufragend, ist schon von weitem sichtbar. Vorbei an der Kirche **St-Jean-de-Béré** aus dem frühen 11. Jahrhundert nähern wir

Am westlichen Rand der Place de la Mairie liegt das Theater von Rennes.

uns der mächtigen Château-Anlage und halten zu ihren Füßen auf dem **Place de Charles-de-Gaulle**. Der Blick nach oben ist beeindruckend. Odile macht einen guten Vorschlag: „Lasst uns durch den Park um das Château herumgehen und erstmal einen Gesamteindruck gewinnen, bevor wir es von innen besichtigen." Sie setzt sich in Bewegung, allerdings ohne die Erklärungen zu unterbrechen: „Man kann von hier aus sehr schön erkennen, dass sich die Anlage aus einem frühmittelalterlichen Teil und einem in der Renaissance-Zeit angefügten Trakt besteht. Die alte Burg, von der nur der Donjon und Ruinen zu sehen sind, entstand als eines der Bollwerke der bretonischen Herzöge gegenüber den Herr-

Trutziges Vermächtnis des Monsieur Brient: Das „Châteaubriant" reiht sich ein in die Kette wehrhafter Befestigungen an der Ostgrenze der Bretagne.

schaftsansprüchen des französischen Hofes in Paris. Dazu gehörten auch die Festungen in Vitré und Fougères. Sie galten als uneinnehmbar, was aber von den königlichen Truppen nicht so ohne weiteres akzeptiert wurde. Châteaubriant zum Beispiel hatte mehrfach Belagerungen, Plünderungen und Zerstörungen zu überstehen. Die Leiden der Einwohner hörten erst auf, als zu Beginn des 16. Jahrhunderts die Bretagne in die Grande Nation einverleibt wurde. Der vom Hof eingesetzte Gouverneur Jean de Laval, der Graf von Châteaubriant, wollte standesgemäß residieren und ließ deshalb der düsteren Trutzburg das heitere Renaissance-Palais gegenüberstellen."

Am Ende unseres Rundgangs, der uns auch am romantischen Flüsschen **Chére** entlangführt, kommen wir durch das Eingangstor in den von einem mächtigen Kastanienbaum dominierten Innenhof. Vor uns liegt das elegant gestaltete Gebäude-Ensemble. Ein hübscher Treppenpavillon führt hinauf zum Repräsentierbalkon und zu einem von den Besuchern ehrfürchtig bestaunten Raum. Ist es der riesige, kunstvoll mit Schnitzereien verzierte Kamin oder die Kassettendecke, die so viel Anteilnahme erregen? Odile kennt den wahren Grund: „Es ist eine pikante Geschichte, die Besucher in diesem Raum erschauern lässt. Jean de Laval, der Hausherr, vermählte sich mit Françoise de Foix, als sie gerade zarte zwölf Jahre alt war. Krankhafte Eifersucht ließ ihn das Mädchen wie seinen Augapfel hüten. Vor allem als sie zu einer atemberaubenden Schönheit heranreifte und die Kunde davon auch das Ohr von König François I. im fernen Paris erreichte. Obwohl sich Jean de Laval dagegen wehrte, konnte er nicht verhindern, dass sie schließlich doch an den Hof gelockt wurde und dort prompt zur Geliebten des Königs avancierte. Aber irgendwann langweilte sie Francois I., und er schickte sie kurzerhand nach Châteaubriant zurück.

Der Graf hatte seine Demütigung nicht verwunden und rächte sich nun auf seine Weise an der treulosen Ehefrau. Er ließ diesen Raum mit schwarzem Tuch ausschlagen und sperrte sie wie eine Gefangene ein – zehn Jahre lang. In einem Wahnsinnsanfall, so die Überlieferung, öffnete er ihr mit dem Schwert die Pulsadern und ließ sie verbluten. Sie starb 1537. Im nächsten Raum, in der Betkapelle, liegt die Grabplatte der Unglückseligen. Soweit zum Drama, das die Gemüter damals lange Zeit heftig bewegte!"

Unser Kurs führt wieder in Richtung Norden. Etwa zehn Kilometer vor unserem nächsten Ziel, dem kleinen Marktflecken La-Guerche-de-Bretagne, stoßen wir auf einem Hügelchen unter schattigen Bäumen auf eines der schönsten Beispiele bretonischer Megalithkultur: **La-Roche-aux-Fées**, der „Feen-Felsen". Seinen Namen verdankt dieser eindrucksvolle Dolmen einer Legende: Feen ließen die bis zu 45 Tonnen schweren, rötlich schimmernden Schieferfelsen angeblich hierher fliegen. Kaum zu glauben angesichts ihres Gewichtes und der Ausmaße: 22 Meter lang, sechs Meter breit und vier Meter hoch ist die Anlage. 33 Tragsteine bilden die Seitenwände, darauf ruhen acht mächtige Decksteine – überschattet von uralten Eichen- und Kastanienbäumen. Da im Inneren keinerlei Funde gemacht wurden, ist unklar, ob es sich um eine Begräbnis- oder eine Kultstätte aus dem 3. Jahrhundert vor Christi handelt.

Gebannte Blicke von der Trainerbank verfolgen das aufregende Boule-Spiel.

Die Bretonen – abergläubisch, wie sie nun mal sind – haben das Ganze einfach umfunktioniert. Odile lächelt spitzbübisch, während sie uns einmal um den Feen-Felsen herumführt: „Ihr vollzieht damit einen uralten Brauch. Es war nämlich lange Zeit für Brautpaare ein beliebtes Ritual, in einer Vollmondnacht die Steine des Dolmen abzuzählen. Er rechts, sie links herum. Kamen am Ende beide zum gleichen Ergebnis, dann stimmte die geistige und gefühlsmäßige Wellenlänge zwischen ihnen, und die Voraussetzungen für eine glückliche Ehe waren gegeben. War die Abweichung zu groß, drohte der Partnerschaft Unheil, und es war besser, die Hochzeit zu überdenken. Irgendwann kam man auf die glorreiche Idee, den Brauch erst nach der Trauung zu vollziehen. Übrigens: Es sind genau 41 Steine!"

Wir kommen um die Mittagszeit in **La-Guerche-de-Bretagne** an, einem charmanten Städtchen. Rund um die Kirche und das Rathaus reihen sich historische Bauten und schmucke Fachwerkhäuser – manche mit Vorhallen, manche mit Arkadengalerien. Unter den Häusern sind auch einige schon recht windschiefe Exemplare. Schlank und gerade jedoch präsentiert sich der 75 Meter hohe Glockenturm der **Basilika Notre-Dame**. „Wenn ihr den Eindruck habt, dass dieses Städtchen ein verschlafenes Nest ist, dann solltet ihr mal am Markttag hier sein. Immer dienstags, seit dem Jahr 1121! Ja, ihr habt richtig gehört, seit 1121! Jahrhunderte lang drängeln sich auf den Plätzen am Rathaus und bei der Kirche regelmäßig Händler, Bauern und Marktbesucher. Auch heute noch ist das bunte, lebendige Treiben ein malerisches Bild. La Guerche war einst ein blühender Handelsplatz und machte seine Bürger so reich, dass sie all die schönen Häuser bauen konnten.

La-Guerche-de-Bretagne hat uns noch neugieriger gemacht auf **Vitré**, eine Stadt wie aus einem mittelalterlichen Bilderbuch. „Wäre ich nicht König von Frankreich, so würde ich Bürger von Vitré werden", soll Henri IV. gesagt haben, als er 1593 die Stadt besuchte. Odile steuert uns direkt zum Viertel **Tertres Noirs**. Von seinem Rand aus bietet sich ein überwältigender Blick über das Tal der still dahinfließenden Vilaine hinweg auf die märchenhaft anmutende Silhouette der Stadt. Das Château mit seinen kraftvollen Türmen und die Altstadt mit ihren dicken Mauern bestimmen das Bild. Dahinter ragt die schlanke Kirchturmspitze über die schiefergedeckten Satteldächer der Bürgerhäuser. Odile bringt es auf einen Nenner: „Sicherlich ist das das besterhaltene und prachtvollste mittelalterliche Stadtbild in der Bretagne!".

Es fällt schwer, sich von diesem begeisternden Anblick loszureißen. Uns drängt es jedoch in die Altstadt mit ihren Mauern, ihren kopfsteingepflasterten Gassen und ihren schönen Fachwerkhäusern. Wir schlendern durch die Rue Notre-Dame hin zur **Rue Beaudrairie**, Vitrés beeindruckendster Straße. Hier waren früher die wohlhabenden Meister der Lederzunft ansässig, wovon noch die wunderschönen Fachwerkhäuser mit den vorkragenden Obergeschossen zeugen. Romantisch steigt die **Rue d'Embas** mit

Für Feen ein Klacks, die 45-Tonner von La-Roche-aux-Fées aufzurichten.

dem fotogenen Hôtel du Bol d'Or den Hang hinauf, und auch die **Rue Poterie**, die Straße der Töpfer, hat ihre eigene Atmosphäre. Es scheint, als sei hier vor 500 Jahren die Zeit stehen geblieben und jeden Augenblick könnte Henri IV., der „gute König", um die Ecke schreiten. Und natürlich kommen wir auch am Stadtpalais der Marquise de Sévigné vorbei, der Verfasserin der berühmten „Lettres" aus dem 17. Jahrhundert. Am **Tour de la Bridole** beginnt die **Promenade du Val**, die zunächst entlang der Stadtmauer mit ihren Türmen und in der Folge auf die Stadtmauer selbst hinaufführt. Von hier oben blickt man auf das Gassengewirr im Altstadtviertel und den steilen Felshang hinunter in das grüne Tal der Vilaine.

Sie endet am mächtigen **Château**, drüben auf einer Felsnase über dem Tal der Vilaine. Es ist zweifellos ein herausragendes Beispiel mittelalterlicher Festungsbaukunst und wurde nie eingenommen. Ob auch hier Baumeister Vauban seine Finger im Spiel hatte? „Nein, nein!", entgegnet Odile. „Es entstand schon Mitte des 13. Jahrhunderts auf den Resten einer romanischen Palisadenburg. Die baulichen Erweiterungen folgten in den beiden nächsten Jahrhunderten, also vor der Zeit von Vauban. Ich bin jedoch sicher, dass er die Grenzfestungen des bretonischen Herzogtums eingehend studiert und dabei wichtige Erkenntnisse für seine eigenen, großartigen Festungsanlagen gewonnen hat."

Über die schwere Zugbrücke und durch den von zwei Pechnasen bewehrten Türmen flankierten, imposanten Torbau kommen wir in den Burghof. Mächtige Türme im Mauerwall – es sind insgesamt sieben – besetzen die markanten Punkte des dreieckigen Grundrisses. In der Nordwestecke, neben dem angebauten heutigen Rathaus, steht der 82 Stufen hohe Montafilant-Turm, der einen Rundblick über die Stadt und das Vilaine-Tal erlaubt. Im St-Laurent-Turm in der Südspitze, dem dicksten aller sieben Türme, ist ein Museum mit Gobelins, Skulpturen, Truhen und allerlei historischen Dokumenten untergebracht.

Hier, inmitten der Burganlage stehend, kann man gut verstehen, dass in Vitré ein wichtiges Kapitel französischer Geschichte geschrieben wurde. Es war die Zeit der Religionskriege 1562 – 1598. Zu jener Zeit war das durch seine Festung geschützte Vitré eine reiche Handels- und Handwerkerstadt und stand unter dem Schutz des einflussreichen Adelsgeschlechts der Coligny d'Andelot, das sich zum Calvinismus bekannte.

Im trutzigen Château von Vitré wurde bretonische Geschichte geschrieben.

Geheime Träume eines Königs: Henri IV. wäre in seinem Herzen vermutlich lieber ein Bürger von Vitré gewesen als König in Versailles.

Genug Geschichte: Wir gehen zurück in die von Besuchern überquellende Altstadt und suchen – ausgerechnet dort – einen Platz zum Ausruhen. In einem Eckhaus in der Rue Baudrière, unter einem lustig schaukelnden Restaurantschild mit einem pfannenbewaffneten Koch, finden wir ein aussichtsreiches Straßentischchen. Es macht Spaß, von hier aus dem bunten Treiben in den Gassen zuzuschauen und zu versuchen, das babylonische Sprachengewirr zu entzerren. Die zweite Getränkerunde wird serviert. Odile erzählt: „Meistens sind es eher tragische Geschichten, die die Jahrhunderte hindurch erzählt werden. Eine davon betrifft Pierre Landais, der Mitte des 15. Jahrhunderts wohlgelitten als Schneider in Vitré lebte. Sein Leben erhielt eine entscheidende Wendung, als Herzog François II. in die Stadt kam, um sich neu einzukleiden. Dem Herzog gefiel die eloquente Gewandtheit, mit der Landais seine Ware und vor allem sich selbst verkaufte, und so machte er ihn zu seinem Kammerherrn. Mehr noch, Landais wurde anschließend sein Vertrauter und schließlich der erste Berater des obersten Herrn der Bretagne. Als Zeichen seiner Machtposition ließ er sich später vor den Toren der Stadt das bemerkenswerte **Château de Bois-Cornillé** errichten. Die steile Karriere machte ihn keck, und er begann, die vom Adel und Klerus in Anspruch genommenen Vorrechte öffentlich in Frage zu stellen. Als er auch noch Bürgerliche Vertreter in die Ständeversammlung hieven wollte, war für die inzwischen höchst bedrohlich angewachsene Zahl seiner Neider und Feinde das Maß voll. Sie intrigierten beim König in Versailles so lange, bis dieser François II. zwang, seinen Günstling fallen zu lassen. Der Herzog konnte sich dem Druck des Königs nicht entziehen und auch nicht verhindern, dass Pierre Landais eingekerkert und gefoltert wurde. Es kam, wie es kommen musste: Im Prozess gab der gebrochene Pierre Landais alle Anschuldigungen zu, wurde verurteilt und musste am Galgen auf dem Richtplatz in Nantes sein Leben lassen." Mit einigen Pernods spülen wir diese schaurige Geschichte hinunter und machen uns anschließend auf den Weg zurück nach Rennes. Denn morgen muss Odile ja mit dem TGV nach Paris düsen.

Es ist früher Abend, also noch ausreichend Zeit, um irgendwo gemütlich zusammenzusitzen und den morgigen Tag zu besprechen. Diesmal steht der Besuch von Fougères auf dem Programm – einer jener Städte, die als Bollwerke gegen Normannen, Engländer und französische Könige entstanden sind.

Schiefergedeckte Dächer bestimmen das Bild in der Altstadt von Vitré.

Aufstieg und Fall eines tapferen Schneiders: Pierre Landais avancierte zum Berater des Herzogs, doch Neider brachten ihn später an den Galgen.

Die Fahrt nach **Fougères** ist kurzweilig, lauschige Wälder und gut bestellte Felder lösen einander in stetem Wechsel ab. Inmitten der welligen Landschaft liegen kleine, romantische Teiche und verträumte Weiler. Nach knapp 60 Kilometer, mitten in einer reizvollen Wald- und Heckenlandschaft, taucht unvermittelt die Stadt auf. Eigentlich hatten wir erwartet, bereits aus der Ferne die berühmte Festung auf einem Hügel oberhalb der Stadt thronen zu sehen. Immerhin ist sie eine der größten Festungsanlagen in Europa. Zu unserer Überraschung liegt sie unten im Tal der **Nançon**, unterhalb der Oberstadt auf einer felsigen Halbinsel. Offensichtlich haben sich die Erbauer den Flusslauf zunutze gemacht und ihn zur Sicherung der Festung um die Anlage herum geleitet. Die Lage von Fougères hat Victor Hugo deshalb mit einem Löffel verglichen: In der Talhöhlung liegt die Burg, von ihr aus steigt die Stadt hinauf auf die Hänge wie ein Löffelstiel. In ihrer Entstehungszeit war die Festung von der Talebene aus sicherlich nicht zu knacken. Später jedoch, als Kanonen zum Kriegsgerät gehörten, war sie den von den umliegenden Hügeln abgefeuerten Kugeln hilflos ausgeliefert. Und tatsächlich zeigt die Geschichte, dass es Belagerern oft genug gelang, Breschen in die Mauern zu schießen und das ursprünglich als uneinnehmbar konzipierte Bollwerk zu stürmen.

Als wir unmittelbar vor der Festung stehen, werden uns die gewaltigen Dimensionen der Anlage bewusst. Alles wirkt zwar nicht mehr ganz taufrisch, aber das ist kein Wunder: Die Festung ist immerhin mehr als acht Jahrhunderte alt!

Wir machen zuerst einmal einen Rundgang außerhalb der Ringmauer. Dreizehn Türme und bis zu sieben Meter dicke Wehrmauern vermitteln an jeder Ecke, an jeder Wölbung neue imposante Anblicke. Eine Brücke über die Nançon führt uns in das Innere der Burganlage. Durch das mit drei Türmen bestückte Vorwerk kommen wir in den ersten Hof. Bereits in diesem vorgeschobenen Trakt konnten Eindringlinge in die Zange genommen, beschossen und mit Pech übergossen werden. Eine zweite Brücke über einen weiteren Graben führt zum nächsten Mauerring. Von seinen Wehrgängen und den Türmen aus ließen sich durchgedrungene Feinde erneut mit Pfeilen und Pech bekämpfen. Erst nach dieser Hauptmauer gelangt man in den großen Innenhof. Hatten sich die Belagerer bis hierher durchgeschlagen, konnten sich die Verteidiger in die sogenannten Réduit hinter den dritten Verteidigungswall zurückziehen. War auch diese Mauer nicht mehr zu halten, suchten die Belagerten durch ein Ausfalltor ihr Heil in der Flucht.

In der Réduit stand einst ein imposanter Burgfried, von dem heute allerdings nur noch Reste zu sehen sind. Seine Funktion als Ausguck übernahm der **Tour Mélusine**. Mit stattlichen 31 Metern Höhe und 13 Metern Dicke ist er der mächtigste Turm der ganzen Anlage. Der Blick von seiner Plattform zeigt den Grundriss der Festung und ihre strategisch geniale Einbettung als Insel in die Flussschleife – aber auch die Blößen, die sie später den auf den umliegenden Hügeln positionierten Kanonen bot. Bei einem Rundgang klappern wir die nach den Eroberern

Als uneinnehmbar galt die Burg in Fougères – bis zur Erfindung der Kanonen.

und französischen Gouverneuren benannten Türme der Reihe nach ab und kommen dabei auch in das Museum im **Tour Raoul**. Paradoxerweise informiert es nicht über die Geschichte der Festung, sondern über Schuhe, deren Fabrikation in der wirtschaftlichen Entwicklung der Stadt eine bedeutende Rolle spielte und noch immer spielt.

Es ist inzwischen Mittag geworden. Wir verlassen die Anlage und spazieren hinauf durch den an den Hängen des Nançon-Tales terrassenförmig angelegten **Jardin Public**. Von seiner Aussichtsplattform haben wir nochmal einen schönen Blick auf die Festung. Anschließend kommen wir bei der Kirche **St-Léonard** und dem Rathaus vorbei in die Oberstadt. Hier interessiert uns der granitene **Beffroi**, der ackteckig aus den Resten der alten Stadtmauer aufragt und der neben dem in Dinan der älteste Wehrturm der Bretagne ist. Seine Turmglocke trägt das Jahr 1387.

Der anschließende Bummel führt uns durch das idyllische **Marchix-Viertel** in der Unterstadt, dessen enge, malerische Gassen voll mit Touristen sind, die einen Ausklang ihres Besuchs suchen. Besonders die hübsche **Rue Nançon** ist stark frequentiert. Schöne Motive, die schon lange vor uns viele Maler angezogen haben, bieten sich auch in der **Rue de la Providence** und bei der kleinen Brücke in der **Rue de Tanneurs**.

Nach unserer Rückkehr treffen wir uns nochmals mit Odile und berichten ihr von unserem Ausflug. Odile nickt zustimmend: „In Fougères bin ich recht oft, weil ich gern Gäste hinführe. Die Festung und das reizvolle mittelalterliche Marchix-Viertel kommen immer gut an. Das Städtchen liegt in einem Drei-Regionen-Eck fast genau auf der Grenze zwischen der Bretagne, der Normandie und Maine. Zusammen mit den weiteren Festungsanlagen, die ihr bereits besichtigt habt, versuchte sich die Bretagne durch diese Verteidigungslinie vor Fremdherrschaft zu schützen. Die Kriege, die bis zur Einverleibung des Herzogtums in das französische Königreich immer wieder stattgefunden haben, bewiesen die Notwendigkeit dazu. Es ist schon erstaunlich, welche große Fertigkeit in der Errichtung von Festungsanlagen bereits damals, im frühen Mittelalter, bestand. Auch wenn da und dort Fehler gemacht wurden, wie ihr in Fougères richtig erkannt habt. Man war eben auf Bogenschützen und Pechgießer eingestellt und dachte noch nicht an Kanonen.

Doch auch später gab es in Fougères heftige kriegerische Auseinandersetzungen. Es war in der Zeit der Chouannerie, kurz nach der Französischen Revolution im Jahr 1789. Fougères war eine Hochburg der konterrevolutionären Bewegung. Anführer der Royalisten im Kampf gegen die Revolutionsgarden war Marquis de la Rouerie, der aus Fougères stammte. Die Bewegung brach jedoch nach wenigen Jahren kläglich in sich zusammen. Auch der Marquis überlebte nicht. Victor Hugo und Honoré de Balzac ließen sich von den damaligen Vorgängen und Wirren so faszinieren, dass sie in Fougères recherchierten und dort auch ihre später entstandenen Romane „1793" und „Les Chouans" ansiedelten. Hugo verband seine Vorbereitungsarbeiten für das Opus „1793" mit einem leidenschaftlichen Techtelmechtel mit Juliette Drouet, einer der schönen Töchter der Stadt. Balzac dagegen ging die Sache wesentlich cooler an, nahm seinen Wohnsitz in Fougères und schrieb hier seinen Roman „Les Chouans".

Ihr seht, in der Festungsstadt gab es nicht nur Historie, sondern auch Histörchen. Langeweile gab es nicht, zwischen den dicken Mauern war eigentlich immer etwas los."

Jardin Public und die spätgotische St-Léonard.

BRETONISCHE BASTIONEN

SERVICE

Rund um Rennes **1**

„Les Marches", die Stufen, nennt man die Region im Osten der Bretagne. Für die französische Krone bildete die Gegend immer den heiß begehrten Westen eines vereinten Frankreichs. Von den politischen Begehrlichkeiten zeugen noch heute eindrucksvolle Burgen und Festungen.

■ Rennes

Rennes könnte man durchaus als moderne Stadt bezeichnen, wenn da nicht die Altstadt, Vieux Rennes, wäre. Im Jahr 1720 hat ein Großbrand weite Teile der historischen Stadt verwüstet und nur das Altstadtviertel übrig gelassen. Damit blieb, zum Glück, das Herz der Stadt erhalten. Der sofortige Wiederaufbau drumherum veränderte jedoch mit nüchternen Straßen, weiträumigen Plätzen und klassizistischen Bauten ihr Bild und auch ihren Charakter. Damit ist ausgerechnet die Hauptstadt die untypischste Stadt der Bretagne. Rennes kann nicht als reine Verwaltungsstadt bezeichnet werden, denn mit über 200.000 Einwohnern haben sich nach dem Krieg nicht nur die wissenschaftlichen, sondern auch die wirtschaftlichen Bereiche stark weiterentwickelt. Die Anbindung an das TGV-Netz hat zu der Expansion beträchtlich beigetragen.

UNTERKUNFT

*** ANNE DE BRETAGNE
12, rue Tronjolly
Tel. 02.99.31.49.49
Fax 02.99.30.53.48.
Im Stadtzentrum, trotzdem ruhig gelegen mit geschmackvoll eingerichteten Zimmern.

*** MERCURE
Rue Paul-Louis Courier
Tel. 02.99.50.61.32
Fax 02.99.78.33.44.
Gutes Stadthotel mit zeitgemäß ausgestatteten Zimmern.

*** PRESIDENT
27, avenue Janvier
Tel. 02.99.65.42.22
Fax 02.99.65.49.77.
In Bahnhofsnähe bietet das Hotel gehobenes Niveau, das sich in den individuell eingerichteten Zimmern angenehm ausdrückt.

** GARDEN
3, rue Duhamel
Tel. 02.99.65.45.06
Fax 02.99.65.02.62.
In ruhiger Lage im Stadtzentrum. Modern ausgestattete Zimmer mit Blick in den blumengeschmückten Patio. Preiswert.

** NOVOTEL
Avenue du Canada
Tel. 02.99.50.61.32
Fax 02.99.32.39.62.
Modernes Hotel am Stadtrand, ruhig im Grünen gelegen. Das Haus erfüllt auch individuelle Ansprüche seiner Gäste. Großes Schwimmband in gepflegtem Garten. Empfehlenswertes Restaurant.

RESTAURANTS

TI-KOZ
3, rue St-Guillaume
Tel. 02.99.79.33.89.
Die bretonische Innenausstattung ergänzt die Pracht der herrlichen historischen Fachwerkfassade. Angenehmer Aufenthalt bei exzellenten Gerichten.

LE PIRE
23, rue de Maréchal-Joffre
Tel. 02.99.79.21.41.
In einem kleinen Palais im Stadtzentrum. Stilvoll eingerichtet, ausgezeichnete Küche, sehr guter Service. Madame kümmert sich um die Gäste, der Patron um die Küche.

A LA DUCHESSE ANNE
5, place Guy-La-Chambre
Tel. 02.99.40.85.33.
Direkt neben der Porte St-Vincent am Eingang in die Altstadt. Die Spezialität des Restaurants im Stil der zwanziger Jahre sind Fischgerichte.

LA COTRIADE
40, rue St-Georges
Tel. 02.99.63.34.76.
In einem alten Haus aus dem 18. Jh., mit offenem Kamin behaglich eingerichtet. Vorzügliche, typisch bretonische Küche. Empfehlenswert: die Fischsuppe.

Rendezvous in Rennes – auf der Place des Lices sitzt man gemütlich.

SERVICE

LA FONTAINE AUX PERLES
96, rue de la Poterie
Tel. 02.99.53.90.90.
Feinschmecker fühlen sich in dem restaurierten Gutshof besonders wohl, denn das Ambiente und die exzellente klassische Küche sorgen perfekt für das Wohlbefinden der Gäste.

LE FLORIAN
12, rue de L'Arsenal
Tel. 02.99.67.25.35.
Wer es heimelig liebt, ist in dem kleinen Feinschmeckerlokal bestens aufgehoben. Reservierung ist ratsam.

SEHENSWÜRDIGKEITEN

VIEUX RENNES
Die historische Altstadt ist das Herzstück von Rennes. Nicht nur durch seine wunderschönen Gassen, herrlichen Fachwerkhäuser und Stadtpalais, sondern vor allem durch das pulsierende Leben auf den Plätzen, in den Geschäften und Lokalen. Sie ist das Erlebnis- und das Einkaufszentrum, das Einwohner und Touristen gleichermaßen anzieht. Besonders schön und lebendig an Markttagen und Wochenenden ist der Place des Lices. Sehenswert ist auch das Stadttor Porte Mordelaise, der frühere Eingang der Herzöge.

CATHEDRALE ST-PIERRE
Ein gewaltiges Gotteshaus inmitten der Altstadt. Nach einem verheerenden Großbrand, bei dem nur die beiden Türme stehen blieben, musste die Kathedrale neu aufgebaut werden. Vollendet wurde sie schließlich im Jahr 1844. Das Kircheninnere ist reich mit Stuck und Gold verziert. Als größter Schatz der Kirche gilt das prachtvolle Retabel vor dem rechten Querschiff.
Direkt neben der Kathedrale steht die Basilika St-Sauveur, die allerdings etwas bescheidener ausgestattet ist, jedoch mit einem prächtigen geschnitzten Goldbaldachin aufwartet.

PALAIS DE JUSTICE
Vom Renaissance-Stylisten Salomon de Brosse kunstvoll gebaut und prachtvoll ausgestattet. Der harmonische Bau bot dem Parlament und dem Gerichtshof, den höchsten Instanzen der Bretagne, eine angemessene Bleibe. Das geschichtsträchtige Palais wurde 1994 schwer beschädigt, als bretonische Fischer in ihrem Zorn über EU-Beschlüsse ein loderndes Zeichen setzten.

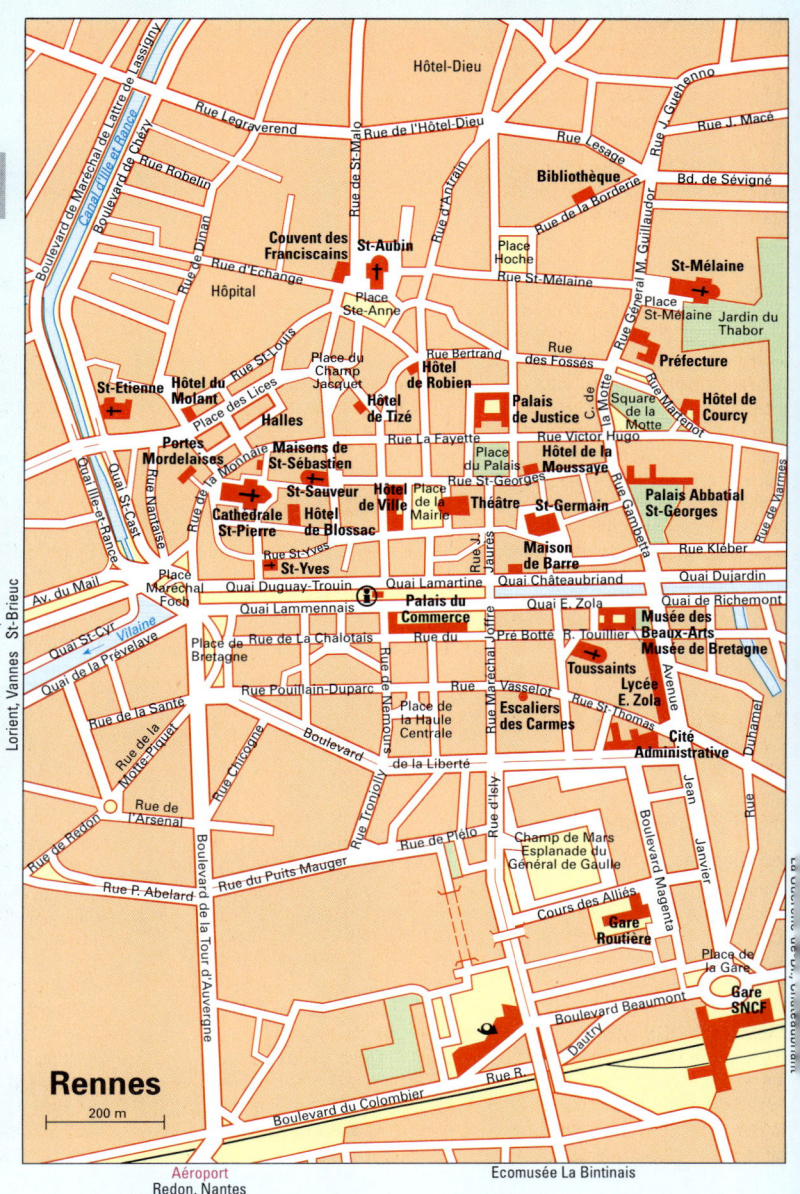

Châteaubriand verbrachte zwei Jugendjahre im Château Combourg.

Von dem Palais und vornehmen Häusern umgeben, ist der Place de Justice sicherlich der schönste Platz der Bretagne.

PLACE DE LA MAIRIE
Im klassizistischen Viertel setzt der große Platz mit Rathaus, Theater und Handelspalais eigene Akzente. Schmuckstücke des Rathauses sind außen der Uhrturm und drinnen der Hochzeitssaal mit seinen herrlichen Wandteppichen.

JARDIN DE THABOR
Der ehemalige Obstgarten der Benediktinerabtei ist seit dem 18. Jh. öffentlich zugänglich. Streng im französischen Stil – nach Plänen von Denis Bühler – wurden Fontänen, ein Musikpavillon, Teiche, eine Grotte und auch eine Volière angelegt. Angeschlossen ist ein botanischer Garten, in dem vor allem der Rosengarten einen Besuch wert ist

MUSEEN

MUSÉE DE BRETAGNE
Das Museum widmet sich der Geschichte und Entwicklung der Bretagne – schön geordnet nach den Epochen mit Exponaten und Dokumenten.

MUSÉE DES BEAUX ARTS
Eine als durchaus bedeutend zu bezeichnende Gemäldesammlung vom 14. Jh. bis heute. Auch mit Werken der Ècole de Pont-Aven, der bretonischen Schule.

Beide Museen sind im alten Universitätsgebäude in der Quai Emile Zola untergebracht.
Geöffnet: täglich (außer Di) 10 – 12 und 14 – 18 Uhr.

INFORMATION

COMITÉ DÉPARTEMENTAL DU TOURISME D'ILLE-ET-VILAINE
4, rue Jean Jaurés
Tel. 02.99.78.47.47
Fax 02.99.78.33.24.

OFFICE DE TOURISME
8, place du Maréchal-Juin
Tel. 02.99.30.38.01.

AUSFLÜGE

COMBOURG
Ca. 50 km nördlich von Rennes. Der kleine, malerische Ort wird dominiert vom Château, das mit seinen mächtigen Türmen und zinnengekrönten dicken Mauern eher wie eine Burg aussieht. Ursprünglich befand sich das Schloss im Besitz der Familie Du Guesclins, es ging jedoch später im 18. Jh. auf die Familie Châteaubriand über. Hier verlebte der Dichter und Staatsmann François-René Châteaubriand zwei Jugendjahre, über die er in seinem autobiografischen Buch „Erinnerungen" berichtete.
Vom Wehrgang des Schlosses bietet sich ein schöner Blick auf den Ort Combourg, seinen See sowie die alten Bäume des angrenzenden Parks.

SERVICE

BÉCHEREL
31 km nördlich von Rennes.
Mit der Klassifizierung „Petite cité du caractère" signalisiert der schmucke Ort seine im Mittelalter errungene Geltung. Reste der einst mächtigen Befestigungsanlagen sind noch erhalten, so fünf der neun Türme der Mauer. Das Château, Jahrhunderte hindurch Adelssitz, kann nicht besichtigt werden. Dafür aber eine der größten klassischen Parkanlagen der Bretagne (April – September täglich 9 – 19 Uhr, sonst Sa/So 14 – 18 Uhr).
Der Liebreiz des Ortes findet auch im Beinamen „Cité du livre", Stadt des Buches, seinen Ausdruck. Dreizehn Buchhandlungen pflegen das erstaunlich große Literaturinteresse. Höhepunkt ist der jeweils am ersten Sonntag jedes Monats stattfindende Büchermarkt.

CHÂTEAUBRIANT
Ca. 63 km südlich von Rennes. In einer schönen, waldreichen Landschaft liegt die alte, befestigte Stadt, die aufgrund der eindrucksvollen Burg viele Besucher anlockt. Vom mittelalterlichen Teil der Anlage steht noch der mächtige Donjon, der Wohntrakt und die Kapelle. Als Residenz des Gouverneurs wurde der Palais seigneurial in elegantem Renaissance-Stil hinzugebaut.

■ Vitré

Vitré gehört eindeutig zu den schönsten Städten der Region. Bereits der Anblick ihrer Silhouette von dem gegenüberliegenden Viertel Tertres Noirs aus ist überwältigend. Man wähnt sich ins Mittelalter zurückversetzt. Und, tatsächlich, die Stadt konnte ihr Aussehen seit 500 Jahren bewahren. Kein Wunder also, dass ihr die Klassifizierung „Petite cité de caractère/Ville d'art et d'histoire" verliehen wurde. Zu Wohlstand kam Vitré im Mittelalter als Produktions- und Handelsplatz für Lederwaren. Als der Markt zurückging, wurde durch Handel mit landwirtschaftlichen Produkten ein neuer Aufschwung eingeleitet. Heute leben knapp 15.000 Einwohner auch vom florierenden Tourismus.

Rund um Rennes 1

SERVICE

UNTERKUNFT

** MINOTEL
47, rue Poterie
Tel. 02.99.75.11.11
Fax 02.99.75.81.26.
Angenehmes, preiswertes Haus in historischem Umfeld, jedoch ohne Restaurant.

* PETIT BILLOT
5, place Mar. Leclerc
Tel. 02.99.75.02.10
Fax 02.99.74.72.96.
Von dem kleinen Hotel ist es nur ein Katzensprung zur Altstadt. Angenehmes Ambiente, gut eingerichtete Zimmer. Mit einem unabhängig vom Hotel geführten, sehr guten Restaurant.

RESTAURANTS

LA TAVERNE DE L'ECU
12, rue Beaudrairie
Tel. 02.99.75.11.09.
In einem prächtigen Fachwerkhaus in der typischsten Straße der Altstadt. Ebenso gediegen wie behaglich die Innenausstattung. Spezialität sind leckere Fisch-Gerichte, die der Patron selbst zubereitet.

LE PICHET
17, boulevard de Laval
Tel. 02.99.75.24.09.
Gediegenes Ambiente mit Blick auf einen gepflegten Garten. Sehr gute Speise- und Weinkarte.

SEHENSWÜRDIGKEITEN

VILLE CLOSE
Wie man sich wendet, wohin man auch schaut: überall Mittelalter pur. Ein malerisches Postkartenmotiv neben dem anderen in der Altstadt. Mächtige Türme, alte Stadtmauern, winkelige Gassen und sich eng aneinanderschmiegende Fachwerkhäuser. Kaum zu beschreiben, nur zu erleben!

LE CHÂTEAU
Auf einem Felsen der Altstadt vorgelagert, ragt stolz das Château auf und gibt dem Stadtbild seine faszinierende Prägung. Basierend auf einem dreieckigen Grundriss vermittelt der gewaltige Bau mit seinen hohen Türmen

Der mächtige Donjon von Châteaugiron ragt 38 Meter in den Himmel.

einen Eindruck von der Wehrhaftigkeit der Stadt, die oft genug auf die Probe gestellt wurde. Bei einem Spaziergang auf den Mauern sind das Château selbst, aber auch die Altstadt ausgezeichnet zu überschauen.

INFORMATION

OFFICE DU TOURISME
Place St-Yves
Tel. 02.99.75.04.48.

AUSFLÜGE

CHÂTEAU LES ROCHERS-SÉVIGNÉ
Südöstlich von Vitré liegt das Château der Marquise de Sévigné, die für Literaturfreunde ein Begriff ist. Sie war die Autorin vieler berühmt gewordener Briefe, die im Château aufbewahrt sind. Das Schloss ist nur für Literaturfans interessant. Es bietet, abgesehen von den Briefen, kaum große Überraschungen. Nett anzusehen sind aber der Garten und dahinter der waldartige Park.

CHÂTEAUGIRON
Ein liebenswürdiger Marktflecken etwas südwestlich von Vitré. Besuchenswert wegen seiner schönen Fachwerkhäuser, besonders in der Rue de la Madeleine. Im Mittelpunkt steht jedoch das Château, von dem nur noch Graben, Donjon, Uhrturm und Kapelle zu sehen sind. Der mächtige Donjon (38 m) aus dem 13. Jh. zieht natürlich die Blicke auf sich.

LA GUERCHE-DE-BRETAGNE
Das befestigte Städtchen südlich von Vitré, einst der Landsitz der Du Guesclins, konnte rund um das Rathaus eine Reihe schöner Fachwerkhäuser aus dieser Zeit bewahren. Sie bilden die Kulisse für den allwöchentlichen Höhepunkt, den berühmten Markttag, der seit 1121 am Dienstag abgehalten wird. Sehenswert auch der Chor und das Chorgestühl der Basilika Notre-Dame.
Westlich von La Guerche liegt mit dem Dolmen La Roche-aux-Fées eines der bedeutendsten Monumente der bretonischen Megalith-Kultur. 41 mächtige Steine bilden Vorhalle, Gang und Kammer des schönen Langgrabes.

■ Fougères

Die historische Festungsstadt liegt wie auf einem Präsentierteller auf einem Felsenhügel. Erst auf dem zweiten Blick wird dem Beschauer klar, dass in diesem Bild das Wichtigste fehlt: die Festung. Man muss nämlich ins Tal der Nanáon hinunterschauen, um sie zu entdecken! Dort liegt sie dann aber auch unübersehbar, denn sie gehört zu den größten Befestigungsanlagen Europas. Knapp 26.000 Einwohner zählt die Stadt, die 300 Jahre lang recht gut von der Herstellung von Segeltuch lebte. Mitte des 19. Jhs. kam die Schuhherstellung hinzu. Trotz des Rückgangs in diesem Handwerk gilt sie noch immer als die „Schuhstadt".

SERVICE

Rund um Rennes 1

UNTERKUNFT

** CAMPANILE
Route d'Ernée
Tel. 02.99.94.54.00
Fax 02.99.99.04.01.
Modernes, angenehmes Haus, das zu einer europäischen Hotelkette gehört.

** MAINOTEL
Beaucè
Avenue Beauve
Tel. 02.99.99.81.55
Fax 02.99.99.98.45.
Vor den Toren der Stadt im Grünen gelegen, bieten die gepflegten Zimmer und das adrett geführte Restaurant einen angenehmen Aufenthalt. Tennisplätze im großen Garten.

RESTAURANTS

LE HAUTE-SÈVE
37, boulevard Jean Jaurés
Tel. 02.99.94.23.39.
Hübsches Restaurant mit exquisiter Küche. Spezialitäten sind Fischgerichte.

L'AUBERGADE
2, rue Gourdel
Tel. 02.99.37.41.35.
Eine Auberge genau so, wie sie sein muss: mit anheimelnder Atmosphäre! Gepflegt auch die Küche, die mit herrlichen Fischgerichten brilliert.

SEHENSWÜRDIGKEITEN

LE CHÂTEAU
Ein Prachtexemplar mittelalterlicher Festungsbaukunst. In eine Flussschleife eingebettet, ergibt die Schlossanlage mit ihren 11 Türmen und den 30 m hohen und bis zu 5 m dicken Mauern ein beeindruckendes Bild. Bis zu der Zeit, als Kanonen allmählich zum Kriegsmaterial gehörten, galt sie als uneinnehmbar. Von den Türmen gefällt der 13 m dicke Tour Mélusine. Von seiner 31 m hohen Plattform lässt sich die Anlage am besten übersehen.

MARCHIX-VIERTEL
Zahlreiche Maler ließen sich bereits von den zauberhaften Motiven der alten Fachwerkhäuser rund um den netten Place du Marchix inspirieren. Hübsch ist vor allem der Blick von der Brücke über die Nanáon. Auch ein Bummel durch das alte Viertel darf keinesfalls versäumt werden!

ÈGLISE ST-LÉONARD
Über den sich terrassenartig am Hang hochziehenden Jardin public, der schöne Blicke auf die Festungsanlage gewährt, wird die Oberstadt erreicht. Als erstes fällt die Kirche mit ihrer reich verzierten Fassade ins Auge. Der Turm konkurriert mit dem achteckigen Befroi, der sich unweit der Kirche dominant aus den Resten der Stadtmauer erhebt.

MUSEUM

MUSÉE EMMANUEL DE LA VILLÉON
51, rue Nationale.
Museum in einem alten Fachwerkhaus mit Werken des Impressionisten Villéon, einem Sohn der Stadt. Geöffnet: täglich 11 – 12.30 und 14.30 – 17 Uhr.

INFORMATION

OFFICE DE TOURISME
Place Aristide Briand
Tel. 02.99.94.12.20.

AUSFLUG

FORÊT DE FOUGÈRES
In einem schönen Buchenwald nördöstlich der Stadt sind zwei verfallene Dolmen und eine Steinallee „Cordon des Druides", zu sehen.

Insider News

DEN LITERATEN AUF DER SPUR
Zwischen Combourg und Fougères gelegen, hatte das kleine Dörfchen Bazouges-la-Perouse im 19. Jahrhundert als Pilgerstätte romantischer Schriftsteller seine ureigene Geltung. Im Château de la Ballue gaben sich Größen wie Honoré de Balzac, Alfred Musset und Victor Hugo die Klinke in die Hand. Sie empfanden das Schloss als Symbol für den Chouans-Aufstand und machten es auch zum Inhalt ihrer damit verbundenen Romane. Literatur-Fans stoßen ebenfalls im nahen Château du Rocher-Por-tall und in dem beim Dörfchen Antrain etablierten Château de Bonne Fontaine auf die Spuren berühmter Schriftsteller. Antrain ist zudem touristisch interessant, denn es bietet außer alten Fachwerkhäusern mit der Èglise André eine der wenigen romanischen Kirchen der Bretagne. Der fünf Meter hohe Menhir Pierre-Longue ist eine sehenswerte Zugabe.

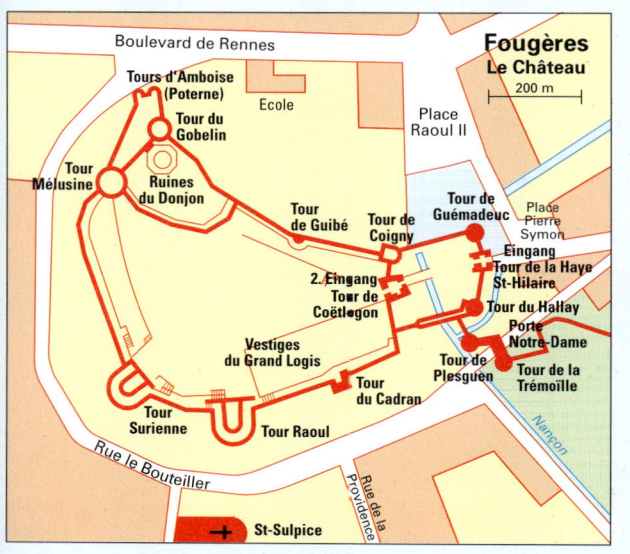

2 Côte d'Emeraude

Farbenspiel der Küste

Leuchtend grünes Meer, goldene Strände, Kaps über tiefroten Felsen und darüber der blaue Himmel – westlich des Mont-St-Michel beginnt eine bunte Sinneslust.

François Leroy, Mitte Fünfzig, ist „professeur de gymnase" und ein Lehrer von der sympathischen Sorte. Wir sitzen uns in der „Piccadilly Brasserie" in der Galerie du Théâtre in Rennes gegenüber. Gelassen schlürft er seinen Café noir. „Non, non, mon ami – ich bin kein Franzose, ich bin Bretone! Das ist für uns ein feiner, aber wichtiger Unterschied", betont er gleich zu Anfang des Gesprächs. „Dass die Bretagne 1532 ungewollt zu Frankreich kam, ließ sich leider nicht verhindern ... und zum Leidwesen aller Bretonen auch nicht rückgängig machen!" Also hat man sich arrangiert, aber mehr nicht. Und man beäugt seither misstrauisch alles, was aus dem fernen und ungeliebten Paris so daher kommt.

François' Mienenspiel lässt erkennen, dass ein wunder Punkt berührt worden ist. Deshalb rasch ein Themenwechsel: die Küstenreise in den nächsten Tagen. Da beginnen seine Augen zu leuchten, und er kommt ins Schwärmen: „Bereits der Mont-St-Michel ist une sensation! Und dann erst die herrliche Côte d'Emeraude! Sie werden schon sehen, warum wir sie liebevoll Smaragdküste nennen. All die feinsandigen Strände, die vielen heimeligen Buchten, die weit ins Meer hinausragen-den Landzungen, die atemberaubenden Kaps! Und das ewige, majestätische Kommen und Gehen des Meeres! Das erleben Sie so nur in der Bretagne!".

Voilà: François verspricht, uns ab morgen auf der mehrtägigen Tour zu begleiten. Er bestellt sich noch einen zweiten Café noir und kritzelt mit etwas ungelenker Hand die Höhepunkte der Küstentour auf die papierene Serviette. Dabei unterstreicht er das Stichwort Mont-St-Michel so kräftig, dass es die Serviette beinahe zerreißt. „Der Klosterberg liegt genau auf der Grenze der Bretagne zur Normandie – es gibt keinen schöneren Einstieg in eine Küstenfahrt!", meint er beinahe beschwörend, und wir lassen uns gern von ihm überzeugen.

Früh am Morgen machen wir uns mit viel Power, wie es auf Frankreichs Straßen Sitte ist, auf den Weg. Schon von weitem bietet die Silhouette des legendären **Mont-St-Michel** einen phantastischen Anblick. Mit jedem Kilometer, den wir näher kommen, werden die Konturen klarer. „Akropolis der Nebelschwaden" hat Thierry Maulnier dieses gewaltige Sakralbauwerk genannt, als „Pyramide der Meere" tituliert es Victor Hugo.

Das Meer in der Bucht von St-Michel sei so schnell wie ein galoppierendes Pferd, sagt man, denn hier gibt es die höchsten Gezeitenunterschiede in Europa: Bis zu 14 Kilometer zieht sich das Meer bei Ebbe zurück, bei Flut braust es mit bis zu 15 Kilometer pro Stunde Geschwindigkeit wieder heran und umtost den vorher im Watt gelegenen Klosterfelsen.

Der starken Ausstrahlung des Mont-St-Michel konnten sich die Pilgerscharen im Mittelalter ebensowenig entziehen wie heute die über den 1,5 Kilometer langen Damm unablässig anrollenden Besucherströme. Im Gedrängel der Touristen steuert François durch das schmale Tor der riesigen Befestigungsanlage. Im dichten Treiben der Grande rue beginnt das vielfältige Innenleben des Klosterberges, wie es sich heute darstellt. Das malerische Sträßchen ist schrecklich eng, außerdem steil und von alten Mauern und historischen Häusern gesäumt. Bunt anein-

Durch enge Gassen hinauf zum Klosterberg.

CÔTE D'EMERAUDE

andergereiht Lokale, Souvenirläden und Geschäfte. Touristen draußen und drinnen. Viele Sprachen schwirren durch die Luft. Es ist nicht leicht für uns, uns bis zum Ende der Straße zur Treppe hinauf zum Kloster durchzukämpfen. Wie um alles in der Welt haben es die Baumeister im 11. Jahrhundert geschafft, dieses gigantische, nach oben strebende Bauwerk auf einem kreisrunden Felsen im Meer mit 800 Meter Umfang zu errichten, förmlich aufzutürmen? Natürlich hat François eine Erklärung parat:

„Das System ist im Grunde einfach. Es wurde eben ein Gebäude auf das andere gesetzt. So wurden für das Fundament der Kirche die Felsen mit mehreren Krypten umbaut. Auch der sehenswerte Kreuzgang im Kloster verbirgt eine Reihe von Vorbauten unter sich. Aber, nicht immer ging alles glatt. Der im 15. Jahrhundert in prächtiger Flamboyant-Gotik gestaltete Choranbau musste den romanischen Vorgänger ersetzen, als er der Belastung nicht länger gewachsen war und schlicht in sich zusammenstürzte."

Der enge Weg hinauf zum Kloster ist steil. Immerhin misst der „Berg des Glaubens" bis zur Spitze der golden funkelnden Statue des Erzengels auf der Klosterkirche stolze 150 Meter. Auf der Terrasse zu Füßen der Kirche müssen wir erst einmal verschnaufen, schließen uns ermattet dem Seufzen der Meereswinde an und lassen uns durch den überwältigenden Rundblick über Meer, Bucht, Strände und Ebenen für den Kletterakt belohnen. Dann wandeln wir wie dereinst die frommen Mönche durch den einzigartigen Kreuzgang, der zwischen Himmel und Erde zu schweben scheint, hinüber zu den Abteigebäuden nördlich der gotischen Abtskirche. Sie werden von den Bretonen nicht zufällig „La Merveille", das Wunder, genannt, denn sie sind einer der unbestrittenen Höhepunkte mittelalterlicher Klosterbaukunst.

Wieder unten im Dorf steuert François in der unübersichtlichen Enge der Grande rue zielsicher das „La Mère Poulard" an, ein originelles Lokal. Dort lassen wir uns an einem der blank geschrubbten Holztische zu einem trockenen Cidre die berühmten Omelettes servieren. „Crêpes sind eine original bretonische Köstlichkeit, die man sich nicht entgehen lassen darf. Es gibt sie in den unterschiedlichsten Variationen. Ich persönlich mag sie am liebsten mit Krabben", meint François mit Kennermiene.

Wenn Flut die Ebbe ablöst, umbrandet tosendes Meer den Mont-St-Michel.

Fata Morgana im Watt: Mit einem Hauch von Entrücktheit erhebt sich der Mont-St-Michel aus dem Küstensand – zumindest bei Ebbe ....!

25

CÔTE D'EMERAUDE

Gestärkt geht es anschließend weiter entlang den Pappelreihen des Polders hinein in das 15.000 Hektar große **Marais de Dol**, ein seit dem 12. Jahrhundert trocken gelegtes Moorgebiet. Die von Hecken durchzogene Landschaft ist ab und zu durch mauernumfriedete Gehöfte und granitene Ferienhäuser aufgelockert. Das Autoradio dudelt vor sich hin und François erzählt: „Die Salzwiesen rechts und links werden immer wieder einmal überflutet und durch das Meerwasser getränkt. Als Folge davon liefern die hier weidenden Lämmer das schmackhafte Présalé-Fleisch, das die bretonische Küche äußerst delikat zuzubereiten versteht. Bereits der Gedanke daran lässt mir das Wasser im Mund zusammenlaufen." Und energisch, als wolle er seine genussvollen Gedanken an Lammbraten verdrängen, sagt er unvermittelt: „Lasst uns zum **Mont-Dol** fahren!"

Auf dem Berg angelangt, ist von der kleinen Wallfahrtskapelle **Notre-Dame-de-l'Espérance** das Marais gut zu überschauen. Die Granitkuppe selbst ist zwar nur 65 Meter hoch, wirkt jedoch in der eintönigen Ebene wie ein ausgewachsener Berg. Deshalb haben sich dann auch die Legenden des „Berges" bemächtigt und erzählen vom Kampf des Erzengels Michael mit dem Teufel, der hier stattgefunden haben soll. „Nach hochdramatischem Verlauf siegte am Ende natürlich der verehrungswürdige Heilige", kommentiert François und zeigt uns in den Felsen Einkerbungen, die als Abdrücke der Teufelsklaue während des Kampfes gelten.

Nur einen Katzensprung entfernt liegt **Dol-de-Bretagne**, die einstige religiöse Hochburg der Bretagne. Es ist, als kehrten wir ins Mittelalter zurück. Ein Städtchen zum Verlieben. Langsam schlendern wir durch die historische Altstadt mit ihren kopfsteingepflasterten Gassen und fachwerkgeschmückten Häusern, überragt von der streng gotischen **Cathédrale St-Sampson**, die als größter und schönster Kirchenbau der Bretagne gilt – allein das Hauptkirchenschiff ist 100 Meter lang und 20 Meter hoch.

Der beschauliche Bummel endet jäh, als François an einem Tischchen vor einem Bistro seinen alten Bekannten Patrick Amoit entdeckt. Welch ein Hallo! Umarmung, Küsschen links, Küsschen rechts. Wir setzen uns zu Patrick und erfahren, dass er Friseur im nahen Dinan ist. Aber nicht irgendein Friseur! Er schneidet nicht nur Haare oder legt Dauerwellen – nein, mehr: Patrick hat schon drei Bücher geschrieben! Und alle über die Kathedrale von Dol. „Pourquoi, Monsieur?", fragen wir neugierig. „Eigentlich komme ich nur wegen der Kathedrale ständig hierher. In ihr wurde im 9. Jahrhundert der erste bretonische Herzog gewählt. Dol wurde so zur religiösen Metropole der sieben bretonischen Bistümer", berichtet Patrick gestenreich. „Im Lauf der Jahrhunderte erlebten Stadt und Kathedrale 83 Bischöfe. Erst die Revolution setzte Glanz und Macht der Bischofsstadt ein Ende. Übrig blieb nur, Dieu merci, die herrliche Kathedrale. Mich fasziniert die aufregende Schönheit des langen Kirchenschiffes. Ich kenne jede Ecke, jeden Winkel."

Unser Weg führt weiter, denn die Küste ruft uns zurück – vor allem François, der zusehends Heimweh zu verspüren scheint. Es geht nämlich in Richtung Cancale, wo er aufgewachsen ist. Aber zunächst machen wir noch einen Stopp im Ort **Le Vivier-sur-Mer**, dem Muschelzentrum Frankreichs. Hier werden jährlich rund 12.000 Tonnen der beliebten Meeresfrüchte geerntet. Wir bummeln die Kaimauern des Hafens entlang und schauen dem lebhaften Treiben auf den Fischerbooten zu. An einer bunten Bude erstehen wir Austern – meeresfrisch! Das bringt François auf eine Idee: „Kommt, ich lade euch zu einem netten Erlebnis ein", dabei zückt er sein Portemonnaie und führt uns zum Amphibienfahrzeug „La Sirène de la Baie". Wir schaukeln vorbei an endlosen Muschelzäunen und weitflächigen Austernbänken durch die Bucht. „Nimmt man das eigentümliche Gefährt mittags oder abends, ist eine randvoll gefüllte Platte Fruits de mer im Preis mit eingeschlossen. Natürlich auch mit

Filigrane Architektur findet man in Dol-de-Bretagne.

CÔTE D'EMERAUDE

Austern aus Cancale. Meinem Cancale!", schwärmt François und ergänzt nach kurzer Pause: „Es ist nicht allein die Gunst des Gezeitenunterschieds, die unsere Austern so wohlschmeckend gedeihen lässt. Es ist vielmehr das Plankton unseres Meerwassers, das ihnen ihr charakteristisches Aroma verleiht", erklärt er, während er, so ganz nebenbei, gekonnt einen Schalenpanzer nach dem anderen knackt. „Die Flut versorgt die Austernbänke mit der aromatischen Nahrung, während die Ebbe, en passant, den abgelagerten Schlick wegspült. Zwei Austernarten züchten wir hier: zum einen die huîtres plates, die flachen Austern, die auf dem Meeresgrund ausgesät und mit Schleppnetzen eingesammelt werden. Und die huîtres creuses, die hohlen Austern, die man auf Zäune setzt und nach drei Jahren von Hand aberntet. Die Jahresproduktion beläuft sich auf stramme 25.000 Tonnen! Unsere Austern waren schon immer sehr begehrt. Selbst am königlichen Hof in Paris wurden sie mit Hochgenuss geschlürft", weiß François mit Augenzwinkern zu berichten. Denn wieder einmal hat er nachgewiesen, dass schon immer Frankreich die Bretagne brauchte ... und nicht umgekehrt.

Von Vivier-sur-Mer bis **Cancale** sind es nur noch wenige Kilometer, und François Wiedersehensfreude ist unübersehbar. Stolz zeigt er uns das hübsche Fischerstädtchen, das sich zu einem beliebten Seebad gemausert hat. Malerisch der **Porte de la Houle** mit seiner Fischerflotte und das angrenzende Hafenviertel mit engen, steilen Gassen. Hier wohnten einst die Fischer. Von der leicht vorgelagerten Pointe du Hock bietet sich ein schöner Blick auf die Felsen von Cancale und hinaus auf das Meer. Es ist gerade Ebbe, und wir haben das Glück mitzuerleben, wie sich das Wasser aus der riesigen Bucht zurückzieht und die Boote allmählich in den Sand sinken.

François erläutert: „Wir haben hier in der Baie du Mont-St-Michel mit 13,40 Meter den größten Tidenhub Europas. Die Gezeiten bewirken, dass sich alle 6 Stunden 20 Minuten das Meer von der Küste zurückzieht und die verborgenen Schönheiten der Strände enthüllt, um dann im gleichen Zeitraum zurückzufluten und alles wieder zu überdecken. Ihr sollt euch das Schauspiel zur Zeit der Tagundnachtgleiche am 21. März und den 23. September anschauen, da ist bei Flut der Teufel los.

Es ist mittlerweile bereits später Nachmittag. Ein fragender Blick hinüber zu François – er schaut auf die Uhr und nickt: „Allons, gehen wir!" Wir spazieren, eine halbe Stunde lang, hin-

Eng wie die Sardinen drängen sich die Häuser im Fischerort und Seebad Cancale.

P lankton ist auch gut fürs Portemonnaie. Dank des nährstoffreichen Meeres wurde Cancale zu einem Zentrum der Austernproduktion.

CÔTE D'EMERAUDE

aus zur **Pointe du Grouin**. Dort bietet sich ein Bild von wilder Schönheit: 40 Meter hoch ragen die steilen Felsen des Kaps über dem Meer auf und ermöglichen einen wundervollen Rundblick über Bucht und Küste. Zu Füßen der Felsen liegt das Vogelschutzgebiet **Ile des Landes** – eine Insel, auf der Kormorane, Möwen und andere Seevögel nisten. „Die Enten dazwischen, das ist eine rein bretonische Rasse. Übrigens: Genau dort, wo ihr jetzt steht, an dieser Felsenecke, beginnt die Côte d'Emeraude. Wir werden sie morgen entlangfahren", verkündet François. Und damit ist auch entschieden, dass wir in Cancale übernachten. Wo auch sonst, mag François denken.

Am nächsten Morgen macht die Smaragdküste ihrem Namen alle Ehre. Die rund 120 Kilometer lange, romantische Küstenstraße folgt nicht streng der Küstenlinie, sondern schlängelt sich häufig durch Heidelandschaften und Kiefernwäldchen. Zahlreiche Buchten, Landzungen und Kaps bieten jedoch einen romantischen Aussichtspunkt nach dem anderen. Reichlich Gelegenheit also, die Schönheiten der Küste zu erleben: Gischt und Klippen, Buchten und Strände. „Wir werden aber auch in den Fischerorten Halt machen und uns dort umschauen", meint François, wiedermal eine Gauloise zwischen den Lippen. „Wie Cancale haben sich zwar viele Fischerorte, dem Zug der Zeit folgend, in schmucke Seebäder verwandelt. Aber sie konnten dabei der Versuchung widerstehen, die Küste durch hässliche Bettenburgen zu verschandeln. Heureusement!"

François hat nicht zuviel versprochen, schon der erste Stop lohnt sich: **Rothéneuf**, heute mit St-Malo fast zusammengewachsen, kuschelt sich malerisch in eine von Dünen, Klippen und Kiefern durchsetzte Bucht. Der Badeort muss bereits im Mittelalter einen gewissen Charme versprüht haben, denn kein Geringerer als Jacques Cartier, der Entdecker Kanadas, ließ sich hier im 16. Jahrhundert in einem Bauernhaus nieder. Zum Manoir ausgebaut und mit alten Möbeln ausgestattet, ist es jetzt ein kleines Museum. Ganz in der Nähe lockt Skurriles: die **Rochers Sculptés**, eine kurz vor der Jahrhundertwende phantasievoll in die Strandfelsen gemeißelte Ansammlung grotesker Figuren. „Etwa 300 sind es. Und alle sollen mit den Rothéneufs zu tun haben, Piraten und Schmugglern, die im 16. Jahrhundert hier ihr Unwesen trieben". Sie stammen von Abbé Fouré, der mit 30 Jahren durch einen Schlaganfall halbseitig gelähmt und stumm wurde und sich deshalb als „Ermite de Rothéneuf" hierher zurückzog. 25 Jahre lang hat er dann unermüdlich all die Piraten, Seeungeheuer und andere legendäre Figuren aus den Felsen herausgemeißelt.

Eigentlich sind wir schon in **St-Malo**, denn 1967 wurde Rothéneuf eingemeindet, aber bis zur alten Korsarenstadt selbst sind es noch einige Minuten. „Steinkrone auf den Wellen" und „granitene Zitadelle" haben Gustave Flaubert und F. R. Chateaubriand, der berühmteste Sohn der Stadt, die Festungsstadt an der Mündung der Rance, genannt, die nie von der See her eingenommen wurde – dank ihrer mächtigen Festungsmauern und Bastionen, die seit dem 12. Jahrhundert die ganze Stadt umgeben. Kein Wunder, dass Freibeu-

Eine der bizarren Skulpturen, an denen Abbé Fouré sein Leben lang gemeißelt hat.

ter und Korsaren St-Malo später zu ihrem Stützpunkt machten. Auch davon kann François erzählen: „Die Korsaren, die berühmt-berüchtigten Freibeuter, lebten im Schutz der mächtigen Mauern. Im 17. und 18. Jahrhundert segelten sie mit ihren Fregatten über die Meere, eigneten sich Länder an, brachten Flotten auf und verbreiteten unter den Seeleuten Angst und Schrecken – mit weißem Kreuz auf blauer Flagge und mit einem königlichem Kaperbrief in der Tasche. Das damit legalisierte fragwürdige Geschäft war äußerst lukrativ und machte St-Malo zu einer blühenden, mächtigen Handelsstadt. Im Zweiten Weltkrieg wurde die Stadt bei einem alliierten Luftangriff zwar total zerstört, aber danach originalgetreu wiederaufgebaut. So fehlt ihr zwar heute das Patina der Zeit, aber sie konnte dennoch ihre ganz eigenwillige Schönheit bewahren."

Der Spaziergang hoch auf der Stadtmauer gibt François recht. Von hoch oben blicken wir hinab in enge, schlauchartige Gassen und gleichmäßig angeordnete Häuserzeilen, durch die einst und häufig Kanonen gerollt werden mussten. Überragt wird die Szenerie von **Saint-Vincent**, einer gotischen Kathedrale mit klassizistischer Fassade. Von der Befestigungsmauer ist nicht nur das benachbarte Seebad **Dinard**, sondern auch die dazwischen liegende Mündungsbucht der Rance gut zu überblicken. Das permanente Fluten des Meeres in das **Val de Rance**, das vom Fluss in das Küstenplateau eingegraben wurde, hat eine Tallandschaft von eigenwilliger Schönheit geschaffen.

Am südlichen Ende des Meeresarms liegt **Dinan**, eine der schönsten mittelalterlichen Städte der Bretagne. Also ist eine Schifffahrt angesagt. Diesmal zücken wir den Geldbeutel und laden François ein. Vom Hafen in St-Malo aus, entlang der **Môles des Noires**, schippern wir zunächst nach Dinard, dann hinein in die Bucht. Wir passieren die Schleusenkammer der **Usine marémotrice**, des ersten Gezeitenkraftwerks der Welt. François versorgt uns mit einigen technischen Daten: „Durch den 750 Meter langen Damm ist der Fluss zu einem 22 Quadratkilometer großen See aufgestaut worden, dessen Wassergefälle sowohl bei Flut wie auch bei Ebbe die 24 Rohrturbinen im Damm antreiben und über eine halbe Million Kilowattstunden Strom erzeugen kann. Das ist eine Leistung, die manchem Atomkraftwerk gut zu Gesicht stehen würde!"

Auf der Weiterfahrt erleben wir die eindrucksvollen steilen Klippen und grünen Hänge des immer enger werdenden Tales. Dann nach

Von der Hafenmole in St-Malo stachen einst die gefürchteten Korsaren in See.

Lizenz zum Kapern: Mit einem Freibrief des Königs in der Tasche machten die Korsaren von St-Malo sämtliche Weltmeere unsicher.

CÔTE D'EMERAUDE

der zweiten Schleuse, der Écluse du Chatelier, präsentiert sich die Rance wie ein Kanal.

Dinan an seinem Ende wird umspannt von einer kilometerlangen Festungsmauer mit insgesamt 16 Stadttoren und überragt von einer imposanten Burganlage aus dem 16. Jahrhundert. „Ville d'Art et d'Histoire" wird Dinan treffend genannt. Überall erinnern die Namen der Sträßchen und Gäßchen an die zahlreichen Adligen, Künstler und Händler, die jahrhundertelang Leben und Gesicht des Städtchens prägten. Überall prachtvolle Fachwerkhäuser, holzgeschnitzte Fassaden und blumengeschmückte Balkone. Nur ungern reißen wir uns los und gehen zurück zum Flusshafen, denn wir müssen zurück nach Dinard beziehungsweise St-Malo. Unser Stadtbummel in Dinan und das Essen – eine Schüssel dampfender Miesmuscheln! – haben Zeit gekostet. Und die Rückfahrt dauert ebenfalls 2 1/2 Stunden!

„Ich mache einen Vorschlag: Wir könnten doch in Dinard übernachten und anschließend noch einen Tag dranhängen", meldet sich François zu Wort. Nach einer kurzen Beratung stimmen wir zu. In St-Malo angekommen, überqueren wir den Damm, der St-Malo und Dinard verbindet. Der Lehrer empfiehlt einen Stopp auf der Mitte des Damms, oberhalb der Strudel und Wirbel der Turbinenanlage. Von hier aus können wir weit in die Rance-Mündung schauen, die sich breit zum Meer öffnet.

„Heute geht es ans **Cap Fréhel**", kündigt François am nächsten Morgen Ziel und Höhepunkt des Tages an. Westlich von Dinard setzt sich zunächst die Reihe der Badeorte fort, doch wir lassen St-Briac-sur-Mer, Lancieux, St-Cast-le-Guildo und die Baie de la Frênaye rechts liegen. Auf einer Bootsfahrt nähern wir uns dem rot-grau-schwarz schillernden Felsen zunächst vom Meer her. Der Anblick der urtümlichen Felsklippen versetzt uns in Hochstimmung.

Wieder an Land, ein kleiner Fußmarsch, und wir stehen auf den 72 Meter hohen, steil abfallenden Klippen. Wir können nicht genug sehen und steigen noch die 145 Stufen hinauf auf die Plattform des neuen Leuchtturms. Er ist übrigens mit einer Lichtreichweite von 100 Kilometern der stärkste in Europa. Der vom viel beschäftigten Festungsbaumeister Vauban 1702 errichtete alte Leuchtturm ist seit seiner Sprengung im Zweiten Weltkrieg nur noch in Resten als Mahnmal erhalten. Schmale Trampelpfade führen um den Kapfelsen herum zu Kolonien von Kormoranen, Alken, Lummen und Möwen – ein Vergnügen aber nur für Schwindelfreie!

Einen letzten Farbtupfer erhält die Côte d'Emeraude durch das attraktive Seebad **Pléuneuf-Val André**. Wie überall an der Küste sind auch hier in der Hochsaison die Strände prall gefüllt mit Seglern, Surfern und Badegästen. Trotzdem gibt es noch ausreichend viele schöne Plätzchen zum Plantschen und Sandburgbauen. Und auch stille Wege. François führt uns über den alten Zöllnerpfad, auf dem sich einst die Küstenwache mit Schmugglern herumschlug, zu dem anmutig in einer Bucht liegenden **Port Dahouët**. Heute sind es keine Piratenschiffe mehr, die im Hafen leise schaukelnd ankern, sondern bunte Fischerboote, betagte Kutter und schnittige Yachten.

Die Unterstadt von Dinan liegt an den Ufern der Rance – ein mittelalterliches Idyll.

DIE SMARAGDKÜSTE

SERVICE

Côte d'Emeraude 2

Entlang der Baie du Mont-St-Michel und der Côte d'Emeraude verläuft eine herrliche Küstenroute, die außerdem zu Abstechern ins Hinterland einlädt. Auf ihnen durchquert man die Départements Ille-et-Vilaine und Côtes d'Armor.

■ Mont-St-Michel

Offiziell noch in der Normandie gelegen, darf der Glaubensberg doch auf keiner Bretagne-Reise fehlen. Er faszinierte im Mittelalter die Pilgerscharen ebenso wie heute die endlosen Besucherströme. Seine einmalige Lage, die Schönheit seiner Architektur und seine tausendjährige Geschichte machen das viel gepriesene „Wunder des Abendlandes" zu einer Touristenattraktion. Der wie ein Fanal in der Bucht liegende Klosterberg, ein kreisrunder Granitblock von rund 800 m Umfang und 80 m Höhe, ist durch einen 1,5 km langen Fahrdamm mit dem Festland verbunden. Der große Tidenhub zieht bei Ebbe das Wasser 15 km ins Meer hinaus und zeigt, wie bedrohlich sich das Schwemmland immer mehr ausbreitet.

UNTERKUNFT

*** HÔTEL SAINT-PIERRE
Grande rue
Tel. 02.33.60.14.03
Fax 02.33.48.52.31.
Zu Füßen des Klosters in einem alten Fachwerkhaus mit besonderem Ambiente und einem recht guten Restaurant.

RESTAURANT

LA MÈRE POULARD
Grande rue
Tel. 02.33.60.14.01.
Auf dem Klosterberg zu sein, ohne dieses berühmte Lokal mit seinem originellen Kolorit besucht zu haben, wäre unverzeihlich.

SEHENSWÜRDIGKEITEN

VILLE CLOSE
Gleich nach der Porte de l'Avance, dem einzigen Tor in der Mauer, beginnt mit dem Dorf das vielfältige Innenleben des Klosterbergs. Die Grand rue ist eng, steil und malerisch von historischen Häusern und alten Mauern gesäumt. In den bunt aneinander gereihten Restaurants, Crêperien und Souvenirläden drängeln sich die Besucher aller Nationalitäten. Das bunte Treiben hat eine jahrhundertelange Tradition.

REMPARTS
Ein Bummel auf den Wehrmauern bietet vor allem vom Nordturm aus viele schöne Ausblicke. Dabei zeigt sich aber auch die Wehrhaftigkeit der Anlage, die den Berg uneinnehmbar gemacht hat.

KLOSTER
Nach der Überlieferung begann die Geschichte des Klosterbergs mit einer Betkapelle, die im Jahr 708 als Stiftung des Bischofs Aubert von Avranches errichtet wurde. 966 erfolgte die Gründung des Benediktinerklosters mit dem Bau einer karolingischen Abtei. Die zunächst romanischen, dann gotischen sakralen Gebäude wurden, ebenso aufwendig wie mühevoll, im 11. – 16. Jh. aufeinander getürmt. Danach folgten immer wieder Erweiterungen und Veränderungen. Letztes Bauwerk war der 1897 mit der goldenen Statue des Erzengels Michael auf seiner Spitze gekrönte Turm. Über die „Große Treppe" wird zunächst der Gardesaal, das frühere Ziel der Pilgerscharen, erreicht. Die sich anschließenden 90 Stufen der Abtstreppe führen zu der architektonisch eindrucksvollen Kirche mit den Krypten und zu den eher schlichten Abtsgebäuden. Hier, auf der westlichen Terrasse zu Füßen des Kirchportals, beginnen die Führungen. Dabei können die vielfältigen Kleinode sakraler Baukunst bewundert werden. Besonders beeindruckend ist „La Merveille", ein Trakt von gotischen Gebäuden mit dem Refektorium und dem Rittersaal des Ordens vom hl. Michael. Den Höhepunkt bildet der anmutige Kreuzgang. Seine mit normannischer Ornamentik versehenen Spitzbogenarkaden ruhen auf schlanken, doppelreihigen Säulen. 1811 wurde das Kloster in ein Gefängnis umfunktioniert. Erst seit 1969 wird es wieder von einigen Mönchen bewohnt.
Geöffnet: täglich 9.30 – 18 Uhr, Führungen stündlich.

MUSÉE MARITIME
Informative Darstellung der Gegebenheiten der Bucht und der Bemühungen, die Verlandung zu verhindern. Dokumentationen auch über die wechselvolle Geschichte des Klosterbergs.
Geöffnet: täglich 10 – 12 und 14 – 18 Uhr.

INFORMATION

OFFICE DE TOURISME
Corps du Garde des Bourgeois
Tel. 02.33.60.06.75.

■ Dol-de-Bretagne

Es ist, als kehrte man in die Vergangenheit zurück. Mittelalter pur in der historischen Altstadt mit kopfsteingepflasterten Gassen und fachwerkgeschmückten Häusern. Zwischendrin, immer mal wieder, ein Stadtpalais. Beim Bummeln kann man in Antiquitätenläden stöbern, in Boutiquen kramen und an einem der Tischchen vor den Bistros einen Café noir genießen. Ein Städtchen zum Verlieben!

UNTERKUNFT

** HÔTEL BRETAGNE
Place Châteaubriand
Tel. 02.99.48.02.03.
Angenehmes, preiswertes Hotel mit guter Ausstattung.

SERVICE

RESTAURANT

LA BRESCHE ARTUR
36, boulevard Deminiac
Tel. 02.99.48.01.44
Fax 02.99.48.16.32.
Traditionelle Küche, exzellent zubereitet.

SEHENSWÜRDIGKEITEN

ST-SAMPSON
Die gotische Kathedrale (Bauzeit: 12. – 15. Jh.) bildet den prachtvollen Mittelpunkt der Altstadt. Sie wird als schönstes und größtes Gotteshaus der Bretagne gepriesen. Schönes Glasfenster mit Medaillons (13. Jh.).

PROMENADE DES DOUVES
Der Park führt entlang des Stadtgrabens zum dicken Tour des Carmes, einem der einstigen 12 Verteidigungstürme und zu Aussichtspunkten mit schönem Blick auf den Mont Dol und die Marais-Landschaft.

MUSÉE D'HISTOIRE
In der Schatzkammer des im historischen Gebäude des Schatzamtes untergebrachten Museums findet man eine Sammlung von Schnitzfiguren alter bretonischer Heiliger und Madonnenbilder aus Fayence.
Geöffnet: Ostern – Sept. täglich 14 – 18 Uhr.

AUSFLÜGE

CHAMP-DOLENT
Mit 9,5 m Höhe und 8,7 m Durchmesser ist der Menhir eines der größten Steindenkmäler der gesamten Bretagne.

■ Cancale

Attraktion des herrlich gelegenen, charmanten Fischerstädtchens sind die 730 ha weiten Austernbänke, auf denen die weltweit beliebten „Huîtres plates" wachsen und gedeihen.
Auch Miesmuscheln werden produziert. Die ausgedehnte Fischereiflotte geht unter anderem auch auf die Jagd nach Seezungen, Schollen und Steinbutt. Es herrscht viel Betrieb in Cancale!

Die „Korsaren von heute" suchen nur noch das reine Vergnügen.

UNTERKUNFT

**** HÔTEL DE BRICOURT-RICHELEU
4,5 km außerhalb an der D 76
Tel. 02.99.89.64.76
Fax 02.99.89.88.47.
In einem schönen Park gelegenes luxuriöses, ruhiges Hotel mit Blick auf die Bucht. Gepflegtes Restaurant mit Fischspezialitäten.

** HÔTEL CONTINENTAL
Quai Thomas
Tel. 02.99.89.69.58
Fax 02.99.89.69.58.
Angenehmes Hotel mit Restaurant am Hafen.

RESTAURANT

MAISON DE BRICOURT
Rue Druguesclin
Tel. 02.99.89.64.76
Fax 02.99.89.88.47.
Top-Restaurant. Der richtige Platz, um einen schönen Tag zu krönen. Sehr gute Weine.

SEHENSWÜRDIGKEITEN

PORTE DE LA HOULE
Das mit großer Hektik verbundene Herumkarren der Austernkörbe, das Entladen der bei Flut zurückkehrenden Fischerboote und das Getümmel der Fischhändler, Fischer und Touristen machen den Hafen zu einem lautstarken Spektakel. Daran beteiligen sich auch die Verkäufer in den Buden am Kai, die Austern und anderes Meeresgetier fangfrisch anbieten. Ruhiger geht es in den engen Gassen des sich anschließenden Hafenviertels zu.

POINTE DU HOCK
Unterhalb der Oberstadt, der steilen Felswand etwas vorgelagert, bietet der Aussichtspunkt einen herrlichen, besonders bei Ebbe interessanten Rundblick über Küste und Bucht.

LE BOURG
Die hoch über Fischerhafen und Austernbänken gelegene Oberstadt. Hier leben und werkeln die Menschen, die nichts mit dem Meer und seinen Schätzen zu tun haben. Von der 189 Stufen hohen Plattform auf dem Turm der Kirche St-Méen hat man eine weite Sicht, jedoch nur für Schwindelfreie genießbar.

MUSÉE DES HUITRES
Parc St-Kerber.
Ein eindrucksreicher Rundgang durch die Welt der Austern mit einer informativen Diapanoramaschau. Hier erfährt man alles über die Austernzucht.
Geöffnet: Juni – September täglich 10 – 15 und 16 – 18 Uhr.

INFORMATION

OFFICE DE TOURISME
44, rue du Port
Tel. 02.99.89.63.72.

AUSFLÜGE

POINTE DU GROUIN
Der Sentier des Douaniers, der bei der Pointe du Hock beginnende Zöllnerpfad, führt 7 km weit hinaus zur Spitze der felsigen Landzunge. Ein Naturerlebnis 40 m hoch über dem schäumenden Meer!

SERVICE

Côte d'Emeraude 2

LE VIVIER-SUR-MER

Der kleine Fischerhafen in der Baie du Mont-St-Michel gilt als das Muschelzentrum Frankreichs. In den Zuchtparks, die lang gezogen an den Stränden liegen, werden jährlich rund 12.000 t der allseits beliebten Meeresfrüchte groß gezogen. Direkt am Hafen probiert, schmecken sie am besten.

■ St-Malo

Die alte Korsarenstadt mit ihrer hohen Ringmauer und den grauen Häusern gilt als schönste Stadt der bretonischen Nordküste. Mit den eingemeindeten Seebädern Paramé, Rothéneuf und St-Servan zählt sie 49.000 Einwohner. Zum florierenden Handel über das Meer kommt mittelständische Industrie.

UNTERKUNFT

*** HÔTEL LA CITÉ
25, rue Ste-Barbe
Tel. 02.99.40.55.40
Fax 02.99.40.10.04.
Gepflegtes Haus in der Ville close, nahe am Château.

RESTAURANTS

A LA DUCHESSE ANNE
5 place Guy La Chambre
Tel. 02.99.40.85.33
Fax 02.99.40.00.28.
Schönes Ambiente und vorzügliche Küche. Spezialität: gegrillter Hummer.

SEHENSWÜRDIGKEITEN

VILLE CLOSE
Ein Bummel durch die engen Gassen der malerischen Altstadt bringt einen Höhepunkt nach dem anderen. Eindrucksvoller Mittelpunkt ist die Kathedrale St-Vincent. Die 1944 hart umkämpfte und stark zerstörte Altstadt wurde originalgetreu wieder aufgebaut und konnte so ihren ursprünglichen Charakter bewahren.

REMPARTS
Ein Rundgang auf den Stadtwällen bietet herrliche Ausblicke auf Altstadt, Hafen, Küste und Meer. Zu ihren Füßen die bei Ebbe erreichbare einsame Felseninsel Grand Bé, auf der Chateaubriand, der große Sohn der Stadt, seine letzte Ruhestätte fand. In einem 120 m langen Gang der Stadtmauer zeigt ein Aquarium die Tiere des Meeres.

CHÂTEAU UND FORT NATIONAL
An der Nordostseite der Altstadt die mächtige Burg mit Türmen, in denen heute Rathaus und Museen untergebracht sind. Das Château (15. Jh.), von Herzog Franz II. und Tochter Diane de Bretagne erbaut, ist ebenso eine Besichtigung wert wie das vom Festungsbaumeister Vauban im Stadtteil St-Servan errichtete Fort National (17. Jh.). Von seinen Mauern schöner Blick auf St-Malo und Hafenbecken.

MUSEEN

MUSÉE D'HISTOIRE
Im Donjon des Châteaus untergebracht, vermittelt das Museum ein sehr lebendiges Geschichtsbild vom Leben in der alten Seehandelsstadt St-Malo. Geöffnet: täglich 10 – 12 und 14 – 18 Uhr.

MUSÉE INTERNATIONAL DU LONG-COURS CAP HORNIER
Im Tour Solidor aus dem 14. Jh. lernt man Leistung und Leben der mutigen Seefahrer in den letzten fünf Jahrhunderten kennen und schätzen. Geöffnet: täglich 10 – 12 und 14 – 18 Uhr.

INFORMATION

OFFICE DE TOURISME
Esplanade
St-Vincent
Tel. 02.99.56.64.48.

St-Malo Ville Close

SERVICE

AUSFLÜGE

SCHIFFSTOUREN
Schöne Ausflüge mit dem Schiff führen durch die Bucht von St-Malo, entlang der westlichen Küste mit Cap Fréhel, zur östlichen Küste mit den Chausey-Inseln, zur Insel Cézembre und durch das Val de Rance nach Dinan.
Information:
Emeraude Lines
St-Malo
Tel. 02.99.40.48.40.

■ Dinard

Die viktorianische Leidenschaft für Seebäder ließ kurz vor der Jahrhundertwende zunächst reiche Engländer, dann nicht minder bemittelte Amerikaner im zuvor bescheidenen Hafenstädtchen einziehen. Rasch entstanden dekorative Villen im Stil der Belle Epoque. Bald war der Ruf des mondänen Seebades begründet, der bis heute keinen Schaden genommen hat.

UNTERKUNFT

**** HÔTEL REINE HORTENSE
19, rue de la Malouine
Tel. 02.99.46.54.31
Fax 02.99.88.15.88.
Sehr gutes Haus an der Plage de l'Écluse, allerdings ohne Restaurant.

RESTAURANTS

ALTAÎR
18, boulevard Féart
Tel. 02.99.46.13.58
Fax 02.99.88.20.49.
Fischspezialitäten. Vorzügliche „Plats fruits de mer".

SEHENSWÜRDIGKEITEN

GRANDE PLAGE
Der feinsandige Vorzeigestrand, auch unter dem Namen Plage de l'Écluse bekannt, liegt geschützt zwischen Felsenkaps und wartet standesgemäß mit Casino und noblen Luxushotels als filmreifer Kulisse auf.

POINTE DU MOULINET
Die auf einem Damm entlang der Baie du Prieuré führende „Promenade du Clair de Lune", die Mondscheinpromenade, dient dem Sehen und Gesehenwerden. Hier herrscht Mittelmeer-Atmosphäre. Herrlicher Rundblick von der Pointe du Moulinet am Ende der Promenade.

LA VICOMTÉ
Ein sympathisches Stadtviertel. Als Ziel für einen Spaziergang, ausgehend von der familiären Plage du Prieuré, recht lohnenswert. Von der Pointe de la Vicomté schöner Rundblick auf Bucht, Rance-Mündung und Gezeitenkraftwerk.

MUSÉE DE LA MER
Das Museum für Naturkunde mit Aquarium, in dessen 24 Becken Fische und Schalentiere der heimischen Küsten zu beobachten sind. Geöffnet: Mai – Sept. täglich 10.30 – 12.30 und 15.30 – 19.30 Uhr, sonn- und feiertags 14.30 – 19.30 Uhr.

INFORMATION

OFFICE DE TOURISME
2, boulevard Féart
Tel. 02.99.46.94.12.

AUSFLÜGE

ST-CAST-LE-GUILDO
Geschützt im Halbrund einer schönen Bucht, zwischen den Felskaps Pointe de la Garde und Pointe de St-Cast, glänzt der kleine, beliebte Badeort mit kilometerlangen Stränden. Von beiden Kaps schöne Ausblicke auf die Côte d'Emeraude. Im urigen Fischerhafen entladen allmorgendlich die Fischer ihre Jakobs- und Venusmuschel-Ernte.

CAP FRÉHEL
Der 70 m hohe Steilfelsen ist das wohl spektakulärste Kap

SERVICE

Côte d'Emeraude 2

der bretonischen Küste. Die Szenerie bietet ein großartiges Naturschauspiel; es lässt sich am besten vom Schiff aus erleben. So grandios wie das Kap selbst ist der Rundblick. Darin macht dem Kap nur die Plattform des auf dem Felsen stehenden, 76 m hohen Leuchtturm Konkurrenz.

FORT LA LATTE
Gegenüber dem Cap Fréhel präsentiert sich die im 13. Jh. erbaute und immer wieder restaurierte Burg. Der mittelalterliche Charakter, der mit allen Attributen einer trutzigen Festung ausgestatteten Anlage, macht sie filmreif.

■ Dinan

Die „Ville d'Art et d'Histoire" ist ein Juwel unter den alten bretonischen Städten – in reizvoller Lage am Beginn des Rance-Tals gelegen, mit netten Gassen, stolzen Fachwerkhäusern und vielen Türmen. Der Tour de l'Horloge bietet einen schönen Rundblick über die anheimelnde Altstadt. Seinen Reichtum hatte Dinan im 15.Jh. dem Handel mit Tuch und Lederwaren zu verdanken. Inzwischen setzt die Industrialisierung für die 13.000 Einwohner neue Akzente. Als großer Sohn der Stadt gilt Bertrand du Guesclin (1320 – 1380), der im Hundertjährigen Krieg als „Ritter ohne Furcht" entscheidend dazu beigetrug, dass die Bretagne nicht in die Hände der Engländer fiel. Sein Herz ist in der Basilika St-Saveur beigesetzt.

UNTERKUNFT

*** HÔTEL D'AVAUGOR
1, place Champ
Tel. 02.96.39.07.49
Fax 02.96.85.43.04.
Angenehmes Haus inmitten eines schönen Gartens. Gespeist wird auf der Terrasse.

RESTAURANTS

MÉRE POURCEL***
3, place Mearciers
Tel. 02.96.39.03.80.
Traditionsreiches Restaurant in einem bretonischen Haus aus dem 15.Jh.

SEHENSWÜRDIGKEITEN

REMPARTS
3 km lang ist die Stadtmauer mit ihren 16 Türmen und Toren, die der Altstadt eine mittelalterliche Atmosphäre gibt. Von oben kann man schöne Ausblicke genießen.

CHÂTEAU
Das mächtige Schloss entstand durch das Zusammenfügen des 34 m hohen Donjons, der Porte du Guichet und des Tour de Coëtquen im 16.Jh.

INFORMATION

OFFICE DE TOURISME
6 rue de l'Horloge
Tel. 02.96.39.75.40.

AUSFLÜGE

BOURBANSAIS
Das elegante Château de la Bourbansais liegt mit seinen spitzen Türmchen und Pavillons am Ende einer prächtigen Buchenallee. Im typisch französischen Garten ein kleiner Zoo mit exotischen Tieren.

■ Pléneuf-Val André

Der Stolz des attraktiven Seebads ist der Sandstrand, der als einer der schönsten Badeplätze an der bretonischen Nordküste angesehen wird. Während der Hochsaison herrscht buntes, lebhaftes Treiben im Wasser, am Strand und im kleinen Hafen Piégu. Schöne Spazierwege entlang den Klippen hinaus zur Pointe de Pléneuf, die einen herrlichen Ausblick auf die Küste, das Meer und die Insel Verdelet, einem Vogelschutzgebiet, bietet. La Guette-Promenade lässt die weite Baie de St-Brieux überschauen, und auf dem Zöllnerpfad kommt man zum romantisch gelegenen Port Dahouët, einem kleinen Fischer- und Yachthafen.

UNTERKUNFT

* HÔTEL CLEMENCEAU*
131, rue Amiral Charner
Tel. 02.96.72.23.70.
Schlichtes, sauberes Hotel mit moderaten Preisen. Allerdings ohne Restaurant.

RESTAURANT

LA COTRIADE
Direkt am Quai des Hafens Piégu
Tel. 02.96.72.20.26.
Ausgezeichnetes Fischrestaurant mit schönem Ambiente.

INFORMATION

OFFICE DE TOURISME
Rue Winston Churchill
Tel. 02.96.72.20.55.

Insider News

LEBEN WIE EIN FÜRST
Wer unter den besseren Herbergen an der Côte d'Emeraude eine Bleibe sucht, kann bei Cancale in einem traumhaft über der Baie du Mont-St-Michel gelegenen Märchenschloss ein wahres Urlaubsglück finden. Das romantische, auf historischem Terrain errichtete Château wurde von Jane und Olivier Roellinger zum Nobelhotel „De Bricourt-Richeux" umgebaut, das seinen Gästen jeden Anspruch und Wunsch erfüllt.
In fünf Kilometern entfernten Restaurant „Maison de Bricourt" setzten die Betreiber des Château-Hotels dem Luxus noch eine Krone auf, denn Olivier Roellinger ist wohl der kreativste Koch der Bretagne. Stilgerecht in einem alten Stadtpalais untergebracht, serviert das Restaurant eine Küche, die ihresgleichen sucht. Den Höhepunkt bilden dabei seine deliziösen Zubereitungen von Krusten- und Schalentieren. Einsame Spitze auch seine Fischgerichte.

DE BRICOURT-RICHEUX
35260 Cancale
Tel. 02.99.89.64.76
Fax 02.99.89.88.47.

MAISON DE BRICOURT
1, rue Duguesclin
35260 Cancale
Tel. 02.99.89.88.47.

3 Côte de Granit Rose

Die Natur als Künstler

Rosafarbene Granitfelsen, durch Wind und Wellen zu bizarren Skulpturen geformt, prägen einen der schönsten Küstenabschnitte der Bretagne.

Verabredung mit ihm sind eine reine Glückssache, denn Paul Moutier ist ein viel beschäftigter Mann und nur schwer aus seinem umtriebigen Job herauszulotsen. Er ist Autoverkäufer und ständig auf Achse. Mit erkennbarem Erfolg! Die Leidenschaft seiner Landsleute zum Automobil kommt ihm dabei entgegen. Sie lieben ihr „voiture" über alles und genießen seine Vorzüge. Vor allem das Gaspedal. Wer sich auf den Straßen der Bretagne bewegt, kann es hautnah erleben.

Wir treffen Paul in **St-Brieuc**, wo er auch arbeitet, und zwar im Restaurant „Amadeus" in der **Rue Gouêt**. Die Straße mit ihren schönen Fachwerkhäusern gehört zu dem kleinen Rest von historischem Flair, das der Stadt verblieben ist. Denn bereits Ende des letzten Jahrhunderts haben übereifrige Stadtväter dem Druck des wirtschaftlichen Aufschwungs nachgegeben und für eine städtebauliche „Aufrüstung" die alten Stadtviertel geopfert. So ist St-Brieuc heute kein touristischer Anziehungspunkt mehr, sondern eine eher nüchterne Geschäftsstadt mit lebhafter Betriebsamkeit und fast schon chaotischen Verkehrsverhältnissen. „Nun, gar so schlimm ist es auch wieder nicht", spielt Paul das Straßenchaos herunter, nachdem er bei Raymond, dem Kellner, die Apéritifs bestellt hat. „St-Brieuc hat durchaus noch einige bemerkenswerte historische Gebäude zu bieten. Schaut euch zum Beispiel die **Kathedrale St-Etienne** an. Solch ein Gotteshaus findet man nicht überall. Sind euch die zwei wehrhaften Türme und die Schießscharten aufgefallen? Also das liegt daran, dass es sich um eine Kathedralen-Festung handelt – in Ermangelung einer richtigen Stadtmauer musste in kriegerischen Zeiten die Kirche den Bürgern von St-Brieuc Schutz bieten. Aber im Inneren ist sie eben auch ein durchaus sehenswertes Gotteshaus."

Inzwischen haben wir die Apéritifs hinter uns und bestellen Coquilles St-Jaques, Jakobsmuscheln, die Spezialität der Region. Raymond flitzt und Paul kommentiert fachkundig: „Nirgendwo sonst an Frankreichs Küsten werden so viele Jakobsmuscheln geerntet wie hier in der **Baie de St-Brieuc**. Doch leider werden es immer weniger, weil die große Nachfrage die Bestände schrumpfen lässt. Da sie im Gegensatz zu Austern und Miesmuscheln nicht gezüchtet werden können, gibt es für ihren Fang streng kontrollierte Vorschriften. Nur zwischen November und März dürfen die Trawler ausfahren und zeitlich begrenzt ihre rechenartigen Bodenschleppnetze auf dem Boden der Fanggründe auswerfen. Inzwischen wurde aber erkannt, dass durch das Aufwühlen des Meeresbodens der Lebensraum der Jakobsmuscheln in seinem biologischen Gleichgewicht empfindlich gestört wird. Die Fischer gehen deshalb immer mehr dazu über, sie bei Tauchgängen von Hand einzusammeln. Das macht sie natürlich nicht gerade billiger. Da es jedoch heute meine Einladung ist, braucht euch das nicht zu kümmern. Bon appetit." Raymond serviert, und wir genießen die Delikatesse.

Während unseres Mahls besprechen wir unsere Küstenfahrt. Wir wollen von St-Brieuc zur Côte de Granit Rose. So beschließen wir, die Küste mit ihren Badeorten und langen Stränden rechts liegen zu lassen und zügig bis nach Paimpol durchzufahren. „Dort habe ich Geschäfte zu erledigen, und ihr könnt in der Zwischenzeit eine Inselfahrt machen", regelt Paul den Ablauf. Kaum wieder im Auto greift, er zum Handy, seinem ständigen Begleiter, um Verabredungen zu treffen. Er ist fest davon überzeugt, heute ein Auto zu verkaufen. Nachdem er seine Termine vereinbart hat, sind wir wieder an der Reihe: „Von **Paimpol** aus fuhren früher die Kabeljaufänger in die Nordmeere. Pierre Loti, ein Sohn der Stadt, beschrieb 1886 in seinem Buch 'Die Islandfischer' unter die Haut gehend das harte Los der Männer aus Paimpol. Viele kehren vom Dorschfang nicht zurück. Noch heute kann man an der Friedhofsmauer von Ploubazlanek, einem Ort nördlich von Paimpol, auf lang gereihten Holztafeln die Namen verschollener Fischer lesen. Doch das ist alles lange her! An die alten Zeiten erinnert in Paimpol nur noch das **Musée de la Mer**. Heute konzentriert sich die Fischerei auf den Fang von Krustentieren und auf die recht einträgliche Muschelzucht."

Etwa eine Stunde sind wir auf der romantischen Küstenstraße nun schon unterwegs, ohne anzuhalten. Immer öfter guckt Paul nervös auf die Uhr. Kurz vor Paimpol bieten rechter Hand die teilweise restaurierten Ruinen der einstigen **Abtei von Beauport** selbst aus der Ferne einen eindrucksvollen Anblick.

In der Fischerstadt Paimpol fährt uns Paul mit unverkennbarer Eile zum Kai. „Zwar haben der Hafen und die Gassen um ihn herum ihren nostalgischen Charme bewahrt, für einen Badeurlaub ist Paimpol jedoch nicht zu empfehlen. Bei Ebbe sind Bucht und Strände voller Schlick, der auch durch ständiges Baggern nicht weniger wird. Deshalb würde ich Euch lieber gleich zur Landzunge am **Pointe de l'Arcouest** fahren, damit ihr dort das Boot nicht verpasst!" Der Grund, uns so schnell an Bord zu lotsen, liegt natürlich am Druck seiner Termine. Vom Kap aus bietet sich ein herrlicher Rundblick über die **Baie de Paimpol** bis hinüber zu dem Cap Fréhel, aber auch über das faszinierende Gewirr der vielen, verstreut vor der Küste liegenden Inseln und Felsen. Mittendrin das Ziel des von Paul „verordneten" Bootstrips: die Inselgruppe Ile de Bréhat.

Kaum hat sich die Personenfähre der Vedettes de Bréhat ächzend in Bewegung gesetzt, sehen wir Paul im Auto schon wieder am Handy. Wir winken ihm nochmals zu und überlassen ihn seinen Geschäften. Uns selbst überlassen wir dem Farbenspektakel der großartigen Inselwelt: rosafarben die Granitfelsen, sattgrün die Vegetation, azurblau das Meer. Darüber zahllose Seemöwen, die laut kreischend anküden, dass wir auf ein Vogelparadies zusteuern. Zwei Kilometer sind es bis zum **Port Clos**, dem malerisch in einer kleinen felsigen Bucht der Südküste der Doppelinsel gelegenen Hafen. Eine mediterran anmutende Atmosphäre empfängt uns: überall prächtige subtropische Pflanzen. Zypressen, Palmen, Agaven, Oleander und Feigen. Vor allem riesige Hortensien, hinter denen sich niedrige Häuser ducken. Kein Wunder, dass die Insel auch „Ile aux fleurs" genannt wird – der Golfstrom lässt grüßen!

Die beiden Hauptinseln, durch eine Brücke miteinander verbunden, sind zusammen kaum vier Kilometer lang und weniger als die Hälfte breit. Es gibt keinen Autoverkehr. Ab und zu rattert ein Traktor über die Sträßchen, unerlaubt als Auto-Ersatz missbraucht. Man geht also brav zu Fuß oder mietet sportbewusst ein Fahrrad. Wir wollen keine Sehenswürdigkeit der Inseln verpassen und entschließen uns, zu strampeln. Erstes Ziel ist das **Croix de Maudez** an der Nordwestecke der Südinsel. Dort, von der 25 Meter hoch gelegenen kleinen **Chapelle St-Michel**, lässt sich der rotbraune Archipel sehr schön

Die Abtei von Beauport wurde während der Großen Revolution aufgegeben.

Die Zeit der Kabeljau-Fischer ist in Paimpol längst vorbei. Jetzt geben Krustentiere und Muscheln wirtschaftlich den Ton an im Ort.

CÔTE DE GRANIT ROSE

überblicken: die beiden Hauptinseln, acht kleinere Eilande und viele aus dem Meer ragende Felsen. Zu unseren Füßen liegt die Bucht **La Corderie**, in der früher die Fischerboote ankerten. Heute schaukeln hier Segelboote verträumt in den Wellen. Wir fahren den holprigen Wanderweg entlang der Küste zur Brücke **Pont ar Prad** und wechseln hinüber zur Nordinsel. Dort verdeckt Grasland notdürftig die Kargheit der hügeligen Landschaft. Farbtupfer durch weidende Kühe und Schafe. Nur hin und wieder ein weiß getünchtes Haus. Draußen an der zerklüfteten Granitküste stehen die beiden Leuchttürme **Phare de Rosédo** und **Phare du Paon** auf steilen Klippen oberhalb der tosenden Brandung.

Zurück auf der Südinsel durchqueren wir **Le Bourg**, die einzige Ansiedlung auf den Inseln: eine Kirche mit einem niedlichen Glockenturm, ein von Platanen gesäumter Dorfplatz und drumherum ein paar Dutzend rosafarbene Häuser, eingefasst vom üppigen Grün ihrer Gärten – eine friedliche Idylle. Wesentlich lebhafter geht es an der Südküste am **Plage de Guerzido** zu – ein Badeparadies, das viele Inselbesucher anzieht. Wir schauen eine Zeitlang dem Treiben zu, um dann vom nahen Hafen ans Festland zurücktuckern.

Recht zufrieden sieht auch Paul aus, als er uns an der Anlegestelle abholt. Auf der Fahrt zurück nach Paimpol sprudelt es nur so aus ihm heraus: „Ich habe ein Auto verkauft! Ohne einen Altwagen in Zahlung nehmen zu müssen. Also ein gutes Geschäft! Ich spendiere eine Runde." Gut gelaunt steuert er auf ein Bistro zu, wo wir einen Schluck auf seinen Erfolg trinken. Paul hat seine Geschäfte erledigt, und so erreichen wir nach unserem Umtrunk zügig die nächste Station: das historische **Tréguier**, deren berühmtester Sohn der Schriftsteller Ernest Renan ist.

Jede Viertelstunde ertönt ein Glockenspiel in den Gassen von Tréguier.

Ruhepol im Atlantik: Autos sind auf der Ile de Bréhat absolut tabu, per pedes oder sportlich auf dem Drahtesel werden die Inseln erkundet.

Paul geht beim Anblick der mittelalterlichen Stadt das Herz auf: „Seht nur, die mächtige Kathedrale! Sie ist das Symbol für den großen Einfluss, den die Bischofsstadt auf das geistliche Leben der stets frommen Bretagne hatte. Achtzig Bischöfe regierten hier die Jahrhunderte hindurch bis zum Ende der französischen Revolution. Ihr müsst die Kathedrale unbedingt näher anschauen!" Wir fahren also entlang des Flusses Jaudy bis zum **Place de Gaulle**. Zwischen den beiden alten Stadttoren hindurch führt die **Rue Renan** hinauf zum **Place du Martray**. Hier, im Herzen der Stadt, stehen wir schließlich vor der mit ihren drei mächtigen Türmen fast erdrückenden Kathedrale, an der vom 13. bis zum 19.

CÔTE DE GRANIT ROSE

Wilde Küstenlandschaft an der Pointe du Château.

Jahrhundert gebaut wurde. Ein Glockenspiel fängt an zu klimpern. „Es intoniert einen alten Lobgesang: 'Heiliger Yves, unser Vater, wir flehen dich an, erhöre unser Gebet und segne deine Bretonen'", weiß Paul. „Die Kathedrale ist zwar dem heiligen Tugdual geweiht, der im sechsten Jahrhundert der erste der Bischöfe war – angebetet wird jedoch Saint-Yves, der Fürsprecher der Armen. Ihn liebt man. So führt denn auch der alljährliche Grand Pardon von der Kathedrale ins nahe **Minihy**, wo seine Reliquien liegen." Derart eingestimmt betreten wir das riesige Gotteshaus und bewundern die schöne Harmonie der schlichten, strengen Architektur. Einen tiefen Eindruck vermittelt uns vor allem der Kreuzgang mit seinen in filigraner Flamboyant-Gotik ausgestalteten Arkaden – ein Platz, um in stille Andacht zu ver-

sinken. Auf unserem Weg aus dem gedämpften Licht des Kircheninneren hinaus auf den sonnenüberfluteten Platz begleiten uns wieder die Klänge des neu einsetzenden Glockenspiels. Alle fünfzehn Minuten hallt es durch die Gassen von Tréguier, seit Jahrhunderten eine Hochburg der bretonischen Frömmigkeit, von der ihr großer Sohn Renan sagte: „Sie ist ein riesiges Kloster, in das nicht das kleinste Geräusch von außen eindringt."

Die Fahrt geht weiter am Westufer des Jaudy, nordwärts, zur Küste. Vorbei am kleinen Hafen **La Roche-Jaune**, von dem aus der Reisende einen schönen Blick über die Mündungsbucht des Jaudy und die ihr vorgelagerten Inselchen hat. Bei der **Pointe du Château** zeigt uns Paul die originell zwischen zwei massigen Granitblöcken eingezwängte **Maison entre les Roches**. „Es ist das meistfotografierte Haus der Bretagne", konstatiert Paul – was uns natürlich nicht davon abhält, selbst mehrmals auf den Auslöser zu drücken. Hier beginnt der schönste Küstenabschnitt mit den spektakulären rosa Granitfelsen, die allerdings nicht immer rosa leuchten. Zeigten sich die von Wasser und Wind erodierten Felsblöcke vorher in einem satten Ziegelsteinrot, haben sie jetzt eine weich schimmernde rosaorangene Färbung angenommen. „Phantastisch ist der Anblick vor allem, wenn bei untergehender Sonne der hohe Felspatgehalt die Felsen förmlich zum Erglühen bringt! Die exzentrisch-

Diese Wände halten eine Ewigkeit: die berühmte Maison entre les Roches.

CÔTE DE GRANIT ROSE

bizarren Formen der Granitblöcke haben schon immer die Phantasie der Betrachter angeregt. Jeder deutet die Physiognomie der Felsen anders: Die einen sehen Tierköpfe, die anderen machen eher ein menschliches Gesicht aus, wieder andere glauben, eine riesige Schildkröte oder Napoleons Hut zu erkennen. Manchmal könnte man gar glauben, dass die Steine leben. Die Städte an der Côte de Granit Rose wetteifern darum, wer die skurrilsten Felsformationen anzubieten hat. Die Stadt **Perros-Guirec**, die wir gerade ansteuern, ist einer der Wettbewerber", weiß Paul. „Und wir werden hier übernachten!" Wir schauen auf die Uhr und finden es dafür noch etwas zu früh. Aber Paul lässt sich nicht beirren: „Ihr werdet schon sehen, warum."

Über dem schicken Badeort liegt ein Hauch anheimelnder Nostalgie. Residenzen und Villen in parkähnlichen Gärten tragen noch immer Züge der Belle Époque, in der sie entstanden sind. Hotels und Casino verstärken diesen Eindruck. Den eleganten Häuserzeilen an den Boulevards vorgelagert liegen zwei schöne Badestrände, die schon zu Zeiten Badegäste anzogen, als Badeanzüge noch bis zu den Knöcheln reichten. Das vitale Städtchen ist auch heute als Ferienort recht beliebt und scheint überzuquellen. Inmitten einer Schar promenierender Besucher und begleitet von den Klängen eines Strandkonzerts bummeln wir hinaus zum **Pointe du Château**. Beim Blick über die Strände hinaus zur wild zerklüfteten Küste der Halbinsel **Ploumanac'h** verrät Paul endlich seine angekündigte Überraschung: „Dorthin werden wir jetzt marschieren, und zwar über den 'Sentier des Douaniers', den Zöllnerpfad. Ein bisschen Bewegung tut uns allen gut. Zumal ihr Attraktionen besonderer Art erleben werdet."

Dass wir fast drei Stunden unterwegs sein werden, verschweigt er. Aber wir bereuen nichts. Früher patrouillierten hier die Zöllner, um Piraten und Schmuggler abzuwehren, und oft kam es zu blutigen Auseinandersetzungen. Geblieben ist davon nur die dramatische Küstenlinie mit ihren bizarren Felsformationen, für die die Côte de Granit Rose berühmt ist: Naturkunstwerke mit Namen wie „Schloss des Teufels", „Pilz" oder „Hase" säumen die Küste wie Riesenspielzeug, über Jahrhunderte hinweg geformt von Wind und Wellen. Wir können uns kaum satt sehen. Beim Abendessen schlägt Paul vor, am nächsten Tag eine Bootsfahrt durch den Archipel **Les Sept-Isles** zu unternehmen, die wir schon vom Leuchtturm **Min-Ru** aus erspäht haben.

Die vor der Küste zwischen Perros-Guirac und Ploumanac'h verstreut liegenden Inseln sind Frankreichs bedeutendstes Vogelschutzgebiet und deshalb nicht zugänglich. Nur die **Ile-aux-Moines** mit ihrem Leuchtturm darf besucht werden. Auf allen anderen Inseln bleiben Tausende von Seevögeln unter sich: Kormorane, Trottellummen, Austernfischer, Sturmtaucher und Möwen scheinen sich, wenngleich laut kreischend, gut zu verstehen. Wir gleiten mit dem Ausflugsboot durch die schöne Inselwelt, bewundern die Flugkünstler und begeistern uns für die Basstölpel, die auf **Rouzic** ihre Brutstätten haben. So ganz nebenbei haben sie im Lauf der Zeit mit ihrem Kot die Insel weiß getüncht und ihr einen eigenen Anstrich verliehen. „Irgendwo sollen sogar Seehunde leben", erzählt Paul, aber wir spähen leider vergebens nach ihnen aus.

Noch immer schwebt ein Hauch der Belle Epoque über Perros-Guirec.

CÔTE DE GRANIT ROSE

Zurück an Land und wieder im Auto, wollen wir noch einige Eindrücke von Ploumanac'h mitnehmen und machen deshalb einen kurzen Halt in der Oberstadt. Nochmals ein Blick hinunter auf den Hafen und über die Küste mit den sich aneinanderreihenden, rosa Felsformationen. Sie scheinen einfach kein Ende zu nehmen. Und tatsächlich, nach wenigen Kilometern stehen wir in **Trégastel** an der **Plage du Coz-Porz** wieder inmitten der eindrucksvollen Steinskulpturen – ein Fotomotiv nach dem anderen. „Natürlich sind die Einheimischen auch hier überzeugt, dass sie die schönsten Felsen der ganzen Küste haben", kommentiert Paul, während er uns hinter die Mole am nördlichen Ende des Strandes führt. „Hier liegen und stehen besonders skurrile Felsmonumente, die alle ihre Namen haben. Da vorn zum Beispiel der 'Tête de Mort', der Totenkopf, und dahinter der 'Tas de Crêpes'. Seine wie Crêpes aufeinander gestapelten Schichten dokumentieren deutlich den Erosionsvorgang. Nun ja, der Wind und die Wellen ...! Auf der sich anschließenden **Ile Renote**, die durch eine Sandbank inzwischen zum Festland gehört, gibt es in der Grand Gouffre ebenfalls interessante Felsen, die allerdings nur bei Ebbe sichtbar werden. Wer immer noch nicht genug Steinfiguren gesehen hat, kann drüben auf der westlichen Seite, an der **Grève Blanche**, 'König Gradion' bewundern – einen Felsen, der einem gekrönten Haupt erstaunlich ähnelt." Wir begnügen uns, etwas fußmüde, mit einem Rundblick von der Statue oberhalb des am Strand liegenden Aquariums, der uns die pittoresken steinernen Gebilde entlang der Küste überschauen lässt. Paul zuckt die Achseln: „Wir haben leider Flut. Bei Ebbe hätten wir ein wahres Felsenmeer vor Augen. Davon sichtbar sind im Augenblick nur die vielen Inseln und Inselchen der **Triagoz-Gruppe**.

Übrigens, wir sind hier an der **Corniche Bretonne**, die in Perros-Guirec beginnt und in Trébeurden endet. Diese nach meinem Empfinden eindruckvollste Küstenstraße der Bretagne werden wir jetzt weiterfahren. Allons!"

Gelb blühender Ginster, leuchtendes Heidekraut und dazwischen immer wieder die rosa schimmernden Felsformationen ziehen an unseren Augen vorbei. Ein erstaunlicher Ausblick reiht sich an den anderen. Irgendwann, recht bald, taucht die stille **Ile Grande** mit ihren Stränden auf. Wir fahren über den Damm, um zwischen ihren Granitblöcken eine Besonderheit zu entdecken: eine ganze Allee megalithischer Steine! Paul fasst sich plötzlich an den Kopf:

Ein wahrhaft monumentales Gleichgewicht hat die Natur hier geschaffen.

Steine, die die Phantasie anregen: Die Felsen erinnern an Napoleons Hut, an eine Schildkröte, an einen Totenkopf oder an Pfannkuchen.

CÔTE DE GRANIT ROSE

„Jetzt hab' ich doch glatt vergessen, euch am Ortsausgang von Trégastel-Plage die Dolmen und die Steinallee von Kerguntuil zu zeigen. Und den Menhir von St-Uzec, der eine Reliquie besonderer Art darstellt. Der riesige Hinkelstein, der den abergläubischen Bretonen im Mittelalter mystische Furcht einflößte und zu allerlei Hokuspokus verleitete, war dem Klerus offensichtlich lange Zeit ein Dorn im Auge. Im 17. Jahrhundert ließ der Bischof deshalb kurzerhand ein Kreuz in die Spitze und christliche Symbole in die Frontseite schlagen. So entstand ein in der Bretagne einmaliges Monument. Schade, dass wir daran vorbeigefahren sind. Nun denn, ich zeige euch dafür eine ganz andere Rarität!"

Nach wenigen Kurven taucht unvermittelt, inmitten der bunt blühenden Heide, eine sich vom tiefen Blau des Himmels gleißend-weiß abhebende Kuppel auf. Welch ein futuristischer Anblick! Wir schauen Paul an. „Das ist Frankreichs Ohr ins All. Hier in **Plemeur-Bodou** befindet sich die Zentralstation für die Kommunikation mit den vielen durch den Weltraum ziehenden Satelliten. Die imposante Schüssel hat einen Durchmesser von 64 Meter! Wenn euch die gewaltige Antenne und die moderne Telekommunikations-Technik interessiert, können wir eine Besichtigung machen." Eine willkommene Abwechslung und eine Gelegenheit, die wir uns natürlich nicht entgehen lassen.

Sag's in Bretonisch: freundlicher Plausch mit zungenbrecherischen Lauten.

Nach so vielen Eindrücken wird es wirklich höchste Zeit für einen Apéritif. Deshalb fahren wir ins nahe **Lannion**, ein mittelalterlich geprägtes Städtchen mit verwinkelten Altstadtgassen, schönen Fachwerkhäusern und der vom Templerorden im 12. Jahrhundert erbauten **Eglise de Brélévnez**. Zielstrebig steuert Paul ein nettes, doch rappelvolles Bistro an. Unüberhörbar im Stimmengewirr immer wieder zungenbrecherische Lautfolgen: Bretonisch. Auch Paul versteht es nicht. Er gehört also nicht zu der halben Million Bretonen, die den Dialekt noch beherrschen. „Es sind vor allem die Älteren, die noch Bretonisch sprechen. Sie benützen es unter sich als Umgangssprache. Achtet einmal darauf: Hier in der Basse-Bretagne, dem westlichen Landesteil, sind zum Beispiel die Straßennamen in beiden Sprachen ausgeschildert. Aber gebt euch keine Mühe, Bretonisch zu verstehen. Keine Chance! Es ist keltischen Ursprungs, mit dem Walisischen und auch, im weitesten Sinne, mit dem Gälischen verwandt. Nach ihrer Vertreibung aus England, im 4. bis 7. Jahrhundert, brachten die Einwanderer diese Sprache mit. Und, erstaunlich genug, sie hat sich bis heute halten können!"

Eine Sprache mit sieben Siegeln: Das Bretonische ist schwer zu erlernen, doch nach Meinung der Bretonen war es die Sprache Adams und Evas im Paradies.

CÔTE DE GRANIT ROSE

Wir trinken unseren zweiten Apéritif aus und machen uns wieder startklar. In St-Michel-en-Grève verabschieden wir uns von der Côte de Granit Rose und beschließen, über die **Corniche de l'Amorique** bis Morlaix zu fahren. „In Morlaix muss ich mich von euch verabschieden. Die Pflicht ruft", informiert uns Paul. Den Bretonen wird ja nachgesagt, sie seien schwer aus ihrer Reserve zu locken – mehr noch, sie seien lethargisch-verschlossene Dickschädel. Aber nicht nur durch Paul hat sich gezeigt, dass sie nach einer Anwärmphase aufgeschlossen und überaus herzlich sein können

Entlang der **Baie de Lannion** setzen wir unsere Route fort. Paul steuert, der bewaldeten Küste folgend, auf den **Grand Rocher** zu. Achtzig Meter hoch ist der imposante Felsen. Die kleine Klettertour hinauf zum Aussichtspunkt beschert einen einzigartigen Rundblick über die Bucht mit dem langen Sandstrand **La Lieue de Grève**. Die an Windungen reiche Höhenstraße entlang der zerfransten Felsenküste ist voll schöner Eindrücke und malerischer Rundblicke. Buchten, Strände und kuschelige Badeorte reihen sich dicht einander. Im Badeort **Primel-Trégastel** erwarten uns erneut Steinformationen, die an die Côte de Granit Rose erinnern. Der Spazierweg auf der Landzunge hinaus zum Kap führt durch eine Galerie rötlicher Felsen, die inmitten einer Landschaft blühenden Heidekrauts eigenwillige Akzente setzen. An der **Pointe de Primel** gönnen wir uns den obligatorischen Rundblick, der den Reiz auch dieses Küstenabschnitts bewusst macht. Es folgen mit **Le Diben** und **Térénez** zwei idyllische bretonische Fischerorte, bevor uns auf der Halbinsel von **Kernéléhén** ein eindrucksvoller prähistorischer Fund rund 6500 Jahre zurückversetzt: der **Cairn de Barnenez**, ein aus Feldstein stufenweise aufgeschichtetes Fürstengrab. „Fast wäre dieses frühgeschichtliche Monument unerkannt zerstört worden", berichtet Paul „Bis in die fünfziger Jahre diente nämlich der Grabhügel als simpler Steinbruch. Erst dann wurde klar, dass man drauf und dran war, eines der ältesten Steinzeitmonumente der Welt zu zerstören. Archäologen lösten die Steinbrucharbeiter ab. Und tatsächlich, als der aus Feldstein stufenweise geschichtete Tumulus auf seine 90 Meter Länge und 40 Meter Breite freigelegt wurde, stieß man auf Gänge und Grabkammern. Sie wurden rekonstruiert, und so wurde aus einem Steinbruchbetrieb ein äußerst beachtliches Museum!"

Die vom Cairn de Barnenez fjordartig tief ins Land einschneidende Bucht führt zum Hafen der historischen Stadt **Morlaix**. Ihr auffälligstes Merkmal ist das in 58 Meter Höhe das enge Tal überspannende zweistöckige Eisenbahnviadukt. Darunter liegen alte Quartiere mit schön verzierten Fachwerkhäusern, die von der Blütezeit der alten Handelsstadt zeugen. Erker, Statuen, Brunnen, Waschhäuser und Mauern schaffen eine heimelige Atmosphäre. Genau hier sucht Paul ein nettes Bistro, um sich in Ruhe von uns zu verabschieden. „Bistros sind das Wohnzimmer der Franzosen, wo man hervorragend über Gott und die Welt parlieren, von der Liebe träumen, die Zeitung lesen und den Lauf der Dinge beobachten kann. Oder einfach mit guten Freunden ein

Gemütlich dümpeln Boote an der Küste an der Pointe de Primel.

CÔTE DE GRANIT ROSE

Gläschen trinken!" Schließlich finden wir ein Lokal mit Blick auf das säulenverzierte Rathaus, und nehmen bei einem guten Tropfen Rotwein Abschied. Ein letzter Tip von Paul: „Ihr solltet noch einen Ausflug nach St-Pol-de-Léon und Roscoff machen, wenn ihr schon mal in Morlaix seid. Beides sind Städte mit einer interessanten Geschichte. Vraiment, es war für mich auch schön, meine Heimat quasi mit den Augen von Touristen zu erleben. Au revoir!"

Am nächsten Morgen beschließen wir, für unseren Ausflug den kürzesten Weg zu nehmen. Und so fahren wir durch die alte Landschaft Léon über die Route Nationale auf die einstige Bischofsstadt **St-Pol-de-Léon** zu. Schon von weitem grüßt die mit der hohen Nadel der **Chapelle Notre-Dame-du-Kreisker** und den beiden Türmen der **Ancienne Cathédrale** unverwechselbar geprägte Silhouette der Stadt herüber. Ein Bummel durch die **Rue Général-Leclerc**, die die beiden dominanten Gotteshäuser miteinander verbindet, führt an mittelalterlichen, schieferverkleideten Häusern vorbei. Sie erinnern an die Zeit, als die Bischofsstadt geistiges, aber auch weltliches Zentrum einer traditionell stark religiös geprägten Region war. Heute ist sie Mittelpunkt des wichtigsten bretonischen Anbaugebietes für Artischocken, Blumenkohl und Zwiebeln, wie sich auch auf der Weiterfahrt nach **Roscoff** zeigt. In der alten Hafenstadt bestimmten früher nicht fromme Bischöfe, sondern die Korsaren und Schmuggler das Geschehen. Ihrem legendären Wagemut verdankte das einstige Piratennest seinen ersten Wohlstand. Als die Korsaren verschwunden waren, blieben am Ende einer ins Meer ragenden Klippe dunkle Häuser zurück. Farbe kam erst mit einem mühsamen, sich durch Kanalüberquerungen stetig steigernden Handel zurück. Der Fährbetrieb nach England wurde installiert und brachte viele Gäste. Vor allem, als um die Jahrhundertwende in Roscoff die Thalasso-Therapie, die Meerwasser-Heilkunde, geboren wurde und zu einem lebhaften Gesundheits-Tourismus führte. Heute ist das Städtchen ein hübsches Seebad. Inmitten alter Gassen und grauer Granithäuser steht die gotische Kirche **Notre-Dame-de-Croas-Batz** mit einem verspielt ausgestalteten Renaissance-Glockenturm. Für uns ist sie Ausgangspunkt für einen Spaziergang vorbei am Hafen und entlang der geschützten Strände, hinaus zur **Chapelle Ste-Barbe**, wo sich ein letzter, herrlicher Rundblick über die Stadt, den Hafen, die Ile de Batz und die Baie de Morlaix bietet. Au revoir Côte de Granit Rose!

Wuchtig überspannt die Eisenbahnbrücke das mittelalterliche Morlaix.

Blick ins „Wohnzimmer der Franzosen": Das Bistro als Mischung aus Bar und Café gewährt einen tiefen Einblick in die Lebensart der Nation.

FELSMONUMENTE IN ROSA

Einem Freilichtmuseum gleicht die Côte de Granit Rose, die sich vom Pointe de l'Arcouest bis nach Trébeurden hinzieht. Berühmt sind die kunstvollen Felsformationen, wie sie Menschenhand nicht monumentaler, nicht kunstvoller gestalten könnte.

Côte de Granit Rose 3

Von der Baie de St-Brieuc bis zur Baie de Lannion gehört die Küste zum Département Côte d'Armor. Der westliche Teil, bis nach Morlaix am westlichen Ende der Baie de Morlaix, ist der Stolz des Départements Finistère. Doch nicht allein die Küstenstrecke ist besuchenswert, auch die Städtchen im Hinterland sind voller Reiz.

■ St-Brieuc

An der Côte de Goëlo, nur drei Kilometer vom Meer entfernt, liegt die alte Bischofsstadt auf einem Granitplateau zwischen den beiden tief eingegrabenen Tälern des Gouedic und des Gouet. Durch zwei hohe Viadukte mit der umliegenden Region verbunden, ist die lebendige Geschäftsstadt ihr Handels- und Industriezentrum. Touristische Höhepunkte findet der Besucher kaum, auch wenn da und dort einige sehenswerte historische Bauwerke die Eintönigkeit moderner Fassaden durchbrechen. Im Zuge des wirtschaftlichen Aufschwungs um die Jahrhundertwende wurden die alten Viertel einer neuen Bebauung geopfert, so dass heute nur noch ein kleiner mittelalterlicher Stadtkern rund um die Kathedrale vom Glanz alter Zeiten zeugt.

UNTERKUNFT

** DE CLISSON
36, rue Gouët
Tel. 02.96.62.19.29
Fax 02.96.61.06.95.
Nahe der Altstadt. Angenehme, großzügig ausgestattete Zimmer.

** LA CHÊNE VERT
Plérin
Richtung St-Laurant-de-la-Mer
Tel. 02.96.74.63.20
Fax 02.96.74.75.49.
Etwas außerhalb, dafür aber ruhig im Grünen gelegen. Mit allen Annehmlichkeiten eines gut geführten Hauses.

RESTAURANTS

L'AMADEUS
22, rue Gouët
Tel. 02.96.33.92.44.
Lebenswürdiges Ambiente. Eine gute Adresse für regionale Küche. Spezialität: lecker zubereitete Schalentiere.

LA CROIX BLANCHE
61, rue Genève
Tel. 02.96.33.16.97.
Garten-Restaurant mit vorzüglicher Küche. Spezialisiert auf Meeresfrüchte wie Coquilles Saint-Jacques und Muscheln.

SEHENSWÜRDIGKEITEN

CATHEDRALE ST-ETIENNE
Umgeben von den Resten der historischen Bausubstanz ist der festungsartige Bau, mit seinen Schießscharten und Pechnasen auf dem 28 m hohen Tour Brieuc, nicht auf Anhieb als Gotteshaus zu identifizieren. Tatsächlich war er im kriegerischen Mittelalter als Ersatz für eine fehlende Stadtbefestigung oft die letzte Zuflucht für die Bürger. Erst als im 18.Jh. das Kirchenschiff einzustürzen drohte, bekam der Bau bei der Restaurierung durch sakrale Elemente seinen Charakter als Kathedrale.

ALTSTADT
Enge Gassen, gesäumt von schönen alten Häusern, verbreiten einen Hauch von historischem Charme. Im Mittelpunkt die Place du Martray und die Rue Gouët. Sehenswert auch die alten Markthallen. Samstags wird die Altstadt zu einem riesigen Markt, der alles bietet, was das Herz begehrt und der Geldbeutel erlaubt.

INFORMATION

OFFICE DE TOURISME
7, rue St-Gouéno
Tel. 02.96.33.32.50.

AUSFLÜGE

GUINGAMP
Schöne Bürgerhäuser aus hellgrauem Granit und dunklem Holzfachwerk umrahmen die Place de Centre. Sie ist mit dem Renaissance-Brunnen das Herzstück des lebenslustigen Städtchens im Tal der Trieux. Die Mischung aus ursprünglicher Gotik und Renaissance macht die Basilika Notre-Dame-de-Bon-Secour zu einem eigenwilligen Gotteshaus.

MONCONTOUR DE BRETAGNE
Mittelalterliche Gassen, Reste der alten Stadtmauer und gut erhaltene Stadttore geben der hübschen Kleinstadt am Ufer des Flusses Evron eine nette Atmosphäre.

QUINTIN
Städtchen inmitten des satten Grüns des Couet-Tales mit kleiner Altstadt und zwei sehenswerten Schlössern. In der Nähe der fast 5 m hohe Menhir La Roche Longue.

ST-QUAY-PORTRIEUX
Das alte Fischerstädtchen Portrieux mit seinem malerischen Hafen ist mit dem um die Jahrhundertwende entstandenen Seebad St-Quay eine harmonische Verbindung eingegangen. So vermischt sich behäbige Geschäftigkeit in der Hafenzeile mit mondänem Treiben auf der Promenade.

■ Paimpol

Die alte Hafenstadt, einst Hort der bis nach Island führenden Hochseefischerei, konnte sich den Charme vergangener Zeiten

SERVICE

bewahren. Heute ist Paimpol ein viel besuchter Ferienort, dessen schlickdurchsetzte Strände sich allerdings für einen reinen Badeurlaub nicht anbieten. Vielmehr ist das Städtchen ein idealer Ausgangspunkt für Ausflüge in eine reizvolle Umgebung.

UNTERKUNFT

**** LE RELAIS BRENNER
Pont de Lézardrieux
Tel. 02.96.20.11.05
Fax 02.96.22.16.27.
Eingebettet in einem parkähnlichen Garten mit schönem Meeresblick. Komfortable Zimmer. Exzellentes Frühstücksbuffet. Mit einem Gourmet-Restaurant mit viel Flair!

RESTAURANT

REPAIRE DE KERROC'H
29, quai Morand
Tel. 02.96.20.50.13.
Direkt am Bootshafen mit herrlichem Ausblick und vorzüglicher Küche. Spezialität: fangfrische Fischgerichte.

SEHENSWÜRDIGKEITEN

ALTSTADT
Mittelpunkt der Altstadt ist der Hafen, über dem ein liebenswerter Hauch maritimer Nostalgie liegt. Um ihn herum charmante Plätzchen, enge Straßen und kuschelige Gassen mit Fachwerkhäusern. Jeder Bummel endet in einem der vielen Lokale im Hafen, von wo aus man dem bunten Treiben der Fischer, der Händler und der Touristen genüsslich zuschauen kann.

MUSÉE DE LA MER
Rue de Labenne.
Nahe des Hafens, südöstlich des Quai Duguay Trouin. Meeres-museum mit Ausstellung über das Leben der Seefahrer und Hochseefischer von Paimpol um die Jahrhundertwende.
Geöffnet: Mai – Sept täglich 10 – 12 und 15 – 19 Uhr.

INFORMATION

OFFICE DE TOURISME
Rue Pierre Feutren
Tel. 02.96.20.83.16.

AUSFLÜGE

BEAUPORT
Ein historisches Juwel ist die Ruine der Abbaye de Beauport, die auf einem Hügel über der Küste thront. Jahrhundertelang war das Kloster das religiöse Zentrum der Region. In der Revolution wurde der Orden verjagt und das Kloster dem Verfall überlassen. Heute ist es in Privatbesitz und kann besichtigt werden.
Geöffnet: Juli – Sept täglich 10 – 12 und 14 – 19 Uhr.

POINTE DE L'ARCOUEST
Die Landspitze, gesäumt von zerklüfteten Felsen, bietet nicht nur schöne Wanderwege, sondern an der Pointe de l'Arcouest einen herrlichen Blick entlang der Küste und auf die davor liegende Ile de Bréhat. Hier liegt auch die Anlegestelle der Schiffe zur Insel.

ILE DE BRÉHAT
Zehn Minuten nur dauert die Fahrt zu der zweigeteilten, durch eine Brücke miteinander verbundenen Insel (3,5 km lang, 1,5 km breit). Der milde Golfstrom macht die Südinsel zum Blumenparadies. Schön das kleine Le Bourg mit einem von Platanen gesäumten Dorfplatz und einer Kirche, die mit ihrem hübschen Glockenturm überrascht. Hinter großen Hortensiensträuchern verstecken sich hübsche weiße Granithäuschen. Nicht versäumen sollte man die Chapelle St-Michel in 25 m Höhe. Die Nordinsel ist eher karg. Dominant dort die beiden Leuchttürme, die aus der zerklüfteten Felsküste aufragen. Attraktion der Inseln ist der herrliche Strand Grève du Guerzido, der viele Wasserfreunde und Sonnenanbeter anzieht. Die Insel ist für den Autoverkehr gesperrt, das beste Fortbewegungsmittel ist das Fahrrad.

TRÉGUIER
Die mächtige Kathedrale St-Tugdual und das alte Kloster bezeugen die große Vergangenheit der einstigen, tiefe bretonische Religiosität ausstrahlenden Bischofsstadt. Drumherum schöne mittelalterliche Fachwerkhäuser, die ihren Mittelpunkt an der Place du Martray haben. Die Rue Renan, mit dem Geburtshaus des Historikers und Schriftsteller Ernest Renan, führt hinunter zum Stadttor und Hafenquai. Lohnend ein Ausflug zum Château la Roche Jagu südlich der Stadt.

■ Perros-Guirec

Die Anziehungskraft der prächtigen rosafarbenen Felsformationen ließen das Seebad bereits um die Jahrhundertwende entstehen. Noch heute ist die anheimelnde Atmosphäre der Belle Époque spürbar.

UNTERKUNFT/RESTAURANT

GRAND HOTEL DE TRESTRAROU
Boulevard J. Le Bihan
Tel. 02.96.23.24.05
Fax 02.96.23.21.50.
Nahe dem Casino mit sehr schönen Zimmern und Restaurant mit Blick auf das Meer. Gut geführtes Haus und ausgezeichnete Küche.

STRÄNDE

Die Hauptattraktion des Badeortes sind natürlich die Strände mit ihren bizarren Felsskulpturen. Lang gezogen der mondäne Plage de Trestraou mit Casino und Thalassotherapie-Zentrum, kuschelig die familiäre Plage de Trestriguel unterhalb der Pointe de Château. Von hier aus hat man einen herrlichen Rundblick.

INFORMATION

OFFICE DE TOURISME
21, Place de l'Hotel de Ville
Tel. 02.96.23.21.15.

AUSFLÜGE

PLOUMANAC'H
Der über den wohl attraktivsten Zöllnerpfad der bretonischen Küste, den Sentier des Douaniers, erreichbare Nachbarort von Perros-Guirec ist ein Kontrahent im Wettbewerb um die schönsten Steinformationen. Dank der „Naturkunstwerke" im Parc Municipal hat der schmucke Badeort keine schlechten Karten. Malerisch der Hafen und – der Bucht vorgelagert – die fotogene Silhouette des

SERVICE

Côte de Granit Rose 3

Château Costaérès. Der Blick zum Märchenschloss gilt als ein Höhepunkt der bretonischen Küste.

LES SEPT-ILES
Am Plage de Trestraou liegt die Anlegestelle der Boote für die Fahrt durch das Archipel, seit 1912 ein Vogelschutzgebiet. Nur die Ile aux Moines mit ihrem 83 Stufen hohen Leuchtturm darf betreten werden. Interessant der Blick vom Boot auf die 6000 Paare zählende Basstölpelkolonie auf der Ile Rouzic.

TRÉGASTEL
Sowohl bei Ebbe als auch bei Flut, wenn die Feinsandstrände abtauchen, fasziniert die grandiose Felslandschaft. Die Einwohner, die sich in den beschaulichen Ortsteil Trégastel-Bourg zurückgezogen und das Strandgebiet den Gästen überlassen haben, halten die Felsen – natürlich – für die schönsten ...! Gut besucht, oft überfüllt ist der feinsandige Hauptstrand Plage du Coz-Porz. Weitere schöne Strände zwischen den fabelhaften Felsformationen. Am Ortsausgang die prähistorische Allée Couverte de Kerguntuil (Dolmen und Langgrab).

PLEUMEUR-BODOU
Die französische Zentralstation für die Kommunikation mit den durch den Weltraum ziehenden Satelliten. Ein Museum informiert über moderne Telekommunikation. Geöffnet: täglich (außer Sa) 10 – 18 Uhr.
Im nahen Planetarium kann man eine simulierte Reise durch unser Sonnensystem unternehmen. Geöffnet: Jul – Aug täglich 10.45 – 17.45, sonst täglich 14 – 17.45 Uhr. Für Kinder: Unterhalb des Planetariums die Village Gaulois, der Nachbau eines gallischen Dorfes. Geöffnet: im Sommer täglich 10 – 18 Uhr.

■ Lannion
Das Städtchen mit dem kleinen Flusshafen weiß an das Mittelalter anzuknüpfen. Auf der Place du Centre und in den Straßencafés kann man dem rauhen Bretonisch zuhören, das noch von vielen Einwohnern als Umgangssprache gepflegt wird.

■ Morlaix
Unter einem hohen Viadukt findet ein tief ins Land schneidender Ford im Hafen von Morlaix seinen Abschluss. Der rege Seehandel im Lauf der Jahrhunderte machte die Stadt zum Zentrum der Region – eine Rolle, die sie prägte und auch im Stadtbild ihren Ausdruck findet. Alte Viertel mit Fachwerkhäusern aus dem 15. bis 17. Jh. und reich ausgestatteten Kirchen lohnen einen Stadtbummel.
Das zweistöckige Viadukt, 58 m hoch über der Stadt, bietet nicht nur von unten einen äußerst imposanten Anblick, sondern erlaubt auch von oben einen herrlichen Blick.

UNTERKUNFT

✶✶ L'EUROPE
1. rue d'Aiguillon
Tel. 02.98.52.11.99
Fax 02.98.88.83.38.
Modernes Hotel im Stadtzentrum. Angenehme Atmosphäre. Gut eingerichtet und ausgestattet. Sehr gutes Restaurant im Hause.

RESTAURANT

MARÉE BLEU
3, rampe St-Mélanie
Tel. 02.98.63.24.21.
Nettes Ambiente. Gute Küche und Weine.

INFORMATION

OFFICE DE TOURISME
Places des Otages
Tel. 02.98.62.14.94.

AUSFLÜGE

ST-POL-DE-LÉON
Ehemaliger Bischofssitz inmitten der fruchtbaren Landschaft Léon. Besonders anziehend die einstige Kathedrale und die Chapelle du Kreisker mit dem wunderschönen Glockenturm. Inmitten des hübschen Städtchens rund um den Marktplatz die Altstadt mit historischen Häusern.

ROSCOFF
Der gepflegte Charakter der malerischen Hafenstadt brachte ihr die Titel „Petite Cité de Caractère" und „Ville fleurie" ein. Die Fährverbindung mit England bringt dem Badeort (Meereswasserheilbad) viele Besucher. Wer sich nicht an den Sandstränden vergnügt, bummelt durch die Altstadtgassen mit ihren Granithäusern, steigt auf den Renaissance-Glockenturm von Notre-Dame-de-Croas-Batz oder besucht das Meeresforschungszentrum (Geöffnet: während der Hauptsaison täglich 10 – 19, So 10 – 12.30 und 14.30 – 19 Uhr). Die Granitburg Kérouzéré mit ihren mächtigen Ecktürmen bietet sich zu einem Ausflug an.

Insider News

VERSTECKTE PERLE
Das schnuckelige Städtchen Carantec, auf einer malerischen Halbinsel in der Bucht von Morlaix gelegen, ist eine hinter vorgehaltener Hand versteckte Perle der Côte de Granit Rose. Der historisch gewachsene Badeort, der von der Natur mit einer überaus reizvollen maritimen Landschaft voller winziger Inselchen glänzend ausgestattet ist, erfreut seine Gäste mit feinen Sandstränden und kapriziösen Badebuchten.
Die Insel Louëf, das Château du Taureau, der Aussichtsfelsen La Chaise du Curé, sowie die Vogelschutzinseln und anderes mehr machen die Insel zusätzlich besuchenswert.

ESSEN WIE EIN BRETONE
Crêpes gehören auf den Speisezettel der Bretagne wie das tägliche Baguette. Wer die Köstlichkeit in Vollendung genießen will, muss unbedingt der berühmten „Crêperie De Marie Hamon" in Perros-Guirec einen Besuch abstatten – mit großem Hunger, denn meist bleibt es nicht bei einem Crêpe allein!
Crêperie de Marie Hamon
Rue de la Salle
Perros-Guirec.

49

4 Côte des Abers

Am Ende der Welt

Die Hafenstadt Brest kann man getrost links liegen lassen, nicht aber die ertrunkenen Flusstäler und lebensrettenden Leuchttürme.

Erst am vorigen Abend sind wir in Brest angekommen, randvoll mit all unseren Eindrücken von der Côte de Granit Rose. Deshalb haben wir uns lieber ein gepflegtes Abendessen und eine Flasche trockenen Rotwein gegönnt, als noch in der ohnehin nicht sonderlich sehenswerten Hafenstadt herumzulaufen. Der Charme des Marinestützpunkts wurde durch einen mörderischen Bombenangriff 1944 weitgehend ausgelöscht.

Der freundliche Herr in der Leihwagen-Firma übergibt uns, zusammen mit dem Zündschlüssel, einen gut gemeinten Ratschlag: „Sie wollen Ihre Reiseroute in Brignogan-Plage beginnen? Dann sollten Sie besser gar nicht erst in die Stadt hineinfahren, sondern direkt den Weg nach Norden nehmen. Zum einen ist die Stadt wirklich nicht besonders attraktiv, und zum anderen können Sie auf der Strecke, wenn Sie schon hier sind, den berühmten Wallfahrtsort **Le Folgoët** besichtigen!"

Wir folgen dem Tip und fahren über die Route nationale in Richtung Nordosten nach **Lesneven**. Auf dem Weg blättern wir in den Reiseunterlagen, um uns auf Le Folgoët vorzubereiten. Pech gehabt: Leider werden wir den alljährlichen Höhepunkt in dem Städtchen verpassen: Immer am ersten Sonntag im September findet in **Le Folgoët** die berühmteste Wallfahrt der Bretagne statt. Tausende von Gläubigen pilgern dann zum Pardon zu Ehren Salaüns, des heiligen Narren, durch die Straßen. Die Wallfahrt geht – mal wieder – zurück auf eine der bretonischen Legenden. Danach lebte der besagte Salaün im frühen 14. Jahrhundert an einer Quelle im Wald von Folgoët, etwas zurückgeblieben und vertrottelt, aber voll tiefer Gläubigkeit. „Itron Gwer' chez hari", das Ave Maria, waren die einzigen Worte, die man ihn ständig murmeln hörte. Als er starb, blühte auf seinem Grab eine Lilie, auf deren Blütenblättern in goldenen Lettern „Ave Maria" geschrieben stand. Ein Wunder! Man entdeckte, dass die wunderschöne Blume aus seinem Mund wuchs und sah darin ein Zeichen Gottes. Die Kunde verbreitete sich im ganzen Land, und die Verehrung des Waldnarren nahm ihren Lauf. Über der Quelle am Rückzugsort Salaüns entstand später eine prachtvolle Kapelle, die dann, als die Pilgerströme immer größer wurden, zur Kirche ausgebaut wurde. Ihre Anziehungskraft blieb Jahrhunderte hindurch ungebrochen.

Andächtig stehen auch wir vor der durch ihre Betagtheit etwas mitgenommenen Basilika **Notre-Dame-du-Folgoët**. Ihr bretonischer Name „Itron Varia ar Fol Coat", Kirche unserer lieben Frau vom Narren im Wald, knüpft an die überlieferte Legende an und gibt ihr damit einen besonderen Stellenwert unter den vielen eindrucksvollen Kirchen der Bretagne. Herrlich ist vor allem der Nordturm der Fassade. An der Mauer des Chorhaupts steht der Brunnen Salaüns, aus dem die Pilger trinken. Im Inneren faszinieren fünf Altäre, eine schöne Fensterrose über dem Chor und ein wunderschöner Granit-Lettner aus dem 15. Jahrhundert – ein Meisterwerk der bretonischen Steinmetzkunst. Beim Hinaustreten überblicken

Notre-Dame-du-Folgoët birgt Meisterwerke der bretonischen Steinmetzkunst.

wir den riesigen Rasenplatz, auf dem es bei den Pardons von Gläubigen nur so wimmelt, der jetzt aber verlassen vor uns liegt.

Nach **Brignogan-Plage** ist es anschließend nicht mehr weit. Wir freuen uns schon auf die sich durch das Gekreische der Möwen ankündigende Küste und natürlich auf das Meer. Dort fackeln wir nicht lange und springen in die schäumenden Wellen – Badespaß ist angesagt!

Am Strand lernen wir Ginette und Jean-Claude kennen. Mehr oder weniger zufällig, wie das so ist: Man liegt Badetuch an Badetuch, nickt sich gelegentlich freundlich zu und kommt dann irgendwann miteinander ins Gespräch. Ginette scheint von beiden der eher kontaktfreudige Part zu sein. Wir erfahren, dass die beiden in Brest eine Apotheke betreiben und jedes Jahr zwei-, dreimal hierher kommen. „Der Ort selbst ist recht langweilig. Die Küstenlandschaft mit ihren Badestränden ist jedoch wunderschön. Hier gibt es ein gutes Dutzend davon. Die mal einzeln, mal zusammengewürfelt verstreuten riesigen Granitbrocken geben jedem seine eigene Prägung. Diesen Strand hier, die **Plage des Chardons Bleus**, liebe ich wegen seines wild romantischen Charakters", schwärmt Ginette. Allmählich taut auch der bisher etwas zurückhaltende Jean-Claude auf: „Wir liegen hier am Beginn der Nordwestecke der Bretagne, und damit fast schon am Ende der Badezonen. Drüben an den Ufern des Aber Wrac'h gibt es noch ein paar nette Strände. Das hat mit dem Klima zu tun, das rauher und unwirtlicher wird. Damit verändert sich auch das Bild der Landschaft. Die Küste, die immer bizarrer und immer zerklüfteter wird, macht das deutlich. Schön zu sehen ist das von dort vorn, von der **Pointe de Pontusval** aus. Lasst uns doch einfach hingehen!"

Gewaltige Felsformationen machen das Kap, dem auf einem kleinen Inselchen ein Leuchtturm vorgelagert ist, zu einer aufregenden Plattform. „Der Blick entlang der Küste mutet an wie ein Blick ans Ende der Welt. Nun ja, es ist ja auch nicht mehr sehr weit bis dorthin, wo es nur noch das ewige, weite Meer gibt. So ist übrigens auch unser Département zu seinem Namen gekommen. Das Wort Finistère leitet sich ab aus den lateinischen Wörtern 'finis terrae', was nichts anderes als 'Ende der Welt' bedeutet", kommentiert Jean-Claude, der bei dieser Gelegenheit seine Lateinkenntnisse an den Mann bringen kann.

Ein Blick hinüber zum Leuchtturm auf der Pointe de Pontusval.

Gottes eigene Handschrift auf einem Blütenblatt begründete in Le Folgoët die tiefe Verehrung des skurrilen Eremiten Salaün.

CÔTE DES ABERS

Auf dem Rückweg vom Strand steuert er uns ortskundig zu einer der wenigen Sehenswürdigkeiten in der Nähe des Städtchens. Inmitten wirr verstreut liegender Felsbrocken erhebt sich ein schlanker, stattliche acht Meter hoher Menhir. Die Besonderheit des **Men-Marz** ist ein Kreuz, das an seiner Spitze aus dem Stein geschlagen wurde. Jean-Claude kennt die Hintergründe: „Offensichtlich war der Hinkelstein den christianisierenden Mönchen ein Dorn im Auge, und so griffen sie zu Hammer und Meißel. Das war irgendwann im sechsten Jahrhundert – zu der Zeit also, als heidnische Dämonen den Kelten noch fürchterliche Angst einflößten. Viel geholfen hat die Korrektur aber nicht. Ein bisschen Aberglaube steckt den Bretonen noch immer in den Gliedern. Nirgendwo gibt es so viel Geisterglauben wie hier. Nicht umsonst wird die Küste hier 'Côte des Legendes' genannt!"

Am Abend im Restaurant erzählen wir unseren neuen Freunden, dass wir die Küste bis nach Brest abfahren und erleben wollen. Ginette ist begeistert: „Wir sind auch im Aufbruch. Nur in der Sonne liegen, macht auf die Dauer keinen Spaß. Ein wenig Abwechslung tut uns auch gut. Wenn ihr wollt, begleiten wir euch. Sicher können wir euch das eine oder andere Interessante entlang der Küste zeigen. Wir kennen zum Beispiel Guy Picoche vom Phare de Saint Mathieu recht gut. Wenn wir Glück haben, hat er gerade seine Schicht, und wir können ihn besuchen. Einen Leuchtturm zu besichtigen, ist immer ein Erlebnis! Seid ihr einverstanden?"

Der Vorschlag gefällt uns sehr gut, und auch Jean-Claude nickt zustimmend. Also machen wir uns am nächsten Morgen auf den Weg entlang der Côte des Aber. Sie beginnt – für uns jedenfalls – bei Plouguerneau und endet an der Pointe de St-Mathieu, dem 24 Kilometer westlich von Brest gelegenen Westkap der Bretagne. Es ist zugleich das Westkap von ganz Frankreich. Ihren Namen hat diese Küste von den Abers, einem bretonischen Wort für „ertrunkene" Berg- oder Flusstäler, ähnlich den spanischen „Rias" oder den norwegischen Fjorden. Entstanden sind diese fjordähnlichen Buchten vor Millionen von Jahren durch eine Absenkung der damaligen Küstenlinie, die es dem Meer ermöglicht hat, sich die vorher existierenden Täler zu „erobern" und seinem uralten Gesetz von Ebbe und Flut zu unterwerfen. Das kann man zum Beispiel zweimal täglich am **Aber Wrac'h** erleben, einem der drei Abers, die der ganzen Nordwestküste der Bretagne ihren Namen gegeben haben. Die beiden anderen heißen übrigens Aber Benoêt und Aber Ildut.

Im Hintergrund ragt der Phare de l'Ile Vierge in den bretonischen Himmel.

Mit Hammer und Meißel gegen Feen und Faune: Mönche schlugen christliche Symbole in die Menhire, um die heidnischen Bretonen zum Glauben zu bekehren.

CÔTE DES ABERS

Die landschaftliche Struktur entlang der Ufer ist völlig unterschiedlich: mal felsige Hügellandschaften, mal landwirtschaftlich genutzte Ebenen, dann wieder Ufer mit dichten Baumbewuchs, dessen Äste bis auf das Wasser herunterhängen. Aber auch Sandstrände, die zum Baden einladen. Die Gegend östlich des Aber Wrac'h ist recht unwirtlich. Es ist eine karge, von Stürmen drangsalierte Landschaft, hinter deren windzerzausten Hügeln sich kleine Häuser ängstlich ducken. Wild auch die Küste, die einer ununterbrochen tosenden Brandung zu trotzen versucht. Bei seinem ständigen Anrennen hat das Meer seine Kraft spielen und bizarr zerklüftete Felsformationen entstehen lassen. Zwei-, dreimal hält Jean-Claude an, um uns Bilder dieser einmaligen Szenerie zu zeigen.

Das mit Liebreiz geizende Städtchen **Plouguerneau** ist für uns nur Durchfahrtstation, denn wir wollen den mit 82,5 Metern höchsten gemauerten Leuchtturm der Welt sehen und fahren deshalb zum kleinen Hafen **Lilia**. Von hier aus tuckern nämlich die Boote hinüber zum **Phare de l'Ile Vierge**.

Zwar liegt gerade ein Boot ausfahrbereit an der Mole, doch Jean-Claude schaut misstrauisch gen Himmel und winkt ab: „Ich fürchte, wir können uns die Bootsfahrt zur Insel und die schweißtreibenden 397 Stufen den Turm hinauf schenken. Wie so oft, ist es im Augenblick zu dunstig. Da können wir beim besten Willen nichts sehen." Als er unsere enttäuschten Gesichter sieht, beruhigt er uns und verspricht: „Keine Bange, ihr verpasst schon nichts! An dieser Küste folgt ein Leuchtturm auf den anderen. Eigentlich müsste sie 'Côte des Phares' heißen. Es gibt also noch jede Menge Gelegenheiten, wie ein 'Gardien du Phare' weit über Küste, Brandung und Meer zu blicken."

Zufrieden überlassen wir also diesen Leuchtturm den Touristen, die sich gerade dicht an dicht in die Boote drängeln.

Wir genießen stattdessen den schönen Blick hinaus zum Turm. Dicht bei ihm ist ein vereinsamter, weißer Stumpf zu sehen. „Das ist der ausrangierte alte Leuchtturm, der im Schatten seiner großen Bruders vor sich hinträumt", erläutert Jean-Claude und wendet sich dann dem weiteren Verlauf unserer Route zu: „Wir sind hier am **Aber Wrac'h**, dem ersten der schönen, fjordähnlichen, nicht sehr tiefen Flussmündungen, die der Küste ihren Namen gegeben haben. Es ist ein atemberaubendes Schauspiel, wenn die grollende Flut die mit Algen bewachsenen Felsen und Inselchen überrollt und die Ebbe sie anschließend sanft wieder freigibt. Die dicht bewachsenen Ufer erschweren allerdings das Erleben der herrlichen Naturereignisse des Aber, denn nur wenige Pfade führen ans Ufer. Die schönsten Eindrücke lassen sich deshalb nur mit einem Boot vom Wasser aus gewinnen. Dabei entdeckt man auch die vielen kleinen Buchten, in denen Segelboote still vor sich hindümpeln – versteckt durch die bis an das Wasser hinunter wachsenden Bäume. Zu sehen sind aber auch Austernbänke und Fischfarmen. Übrigens solltet ihr einmal Meeresforellen probieren, denn sie sind eine echte Delikatesse!" Jean-Claude schnalzt mit der Zunge und gibt damit das Zeichen für die Weiterfahrt.

Eines der „ertrunkenen" Flusstäler der Bretagne: das Aber Wrac'h.

CÔTE DES ABERS

Zwischen Plouguerneau und Lannilis überqueren wir den Aber auf einer Brücke. Am Westufer, etwa auf halber Höhe des Mündungstrichters, liegt der Urlaubsort **L'Aber-Wrac'h**. Lebhaftes Treiben herrscht im Yachthafen, erholsame Stille dagegen am langen Sandstrand der unmittelbar angrenzenden **Baie des Anges**, der Engelsbucht. Im Hintergrund sind die Ruinen des Klosters **Notre-Dame-des-Anges** zu sehen, das 1507 von Cordeliers-Mönchen, also von Franziskanern, gegründet wurde. „Wir haben hier schon so manchen Badetag zugebracht und uns sehr wohl gefühlt", kommentiert Ginette unseren Rundblick über den hübschen Badeort. Draußen an der nahe gelegenen Spitze der Landzunge, an den **Dunes de Ste-Marguerite**, fasziniert der Blick hinaus auf die von vielen Inselchen durchsetzte Mündungsbucht, in der sich Segler und Surfer mutig den Meereswinden stellen. „Wrac'h heißt 'Hexenbucht', also schon wieder ein Bezug auf die Zeit der Legenden.

Auf der anderen Seite seht ihr bereits den **Aber Benoît**. Sein Name bedeutet 'Gesegnete Mündung'. Zumindest die hier auf den Sanddünen zum Trocknen ausgelegten Tang- und Algenpflanzen rechtfertigen diese Bezeichnung, denn sie sind für die Einwohner eine wichtige Erwerbsquelle", erzählt Jean-Claude. Der erste Gesamteindruck vom Aber Benoît ergibt sich erst unmittelbar an seiner engen Mündung. Er ist schmaler als sein Kollege, außerdem schiffbar und wirkt deshalb nicht so romantisch. Gesäumt wird er von hügeligen Wiesen und kleinen Wäldern, an denen entlang die Schiffe auf ihrem Weg zum Naturhafen nahe **Tréglonou** gleiten.

Dort überqueren wir wiederrum den Aber und kommen über Ploudalmézeau zu einem einem Küstenabschnitt, der 1978 weltweit traurige Berühmtheit erlangte. Im Naturhafen von **Portsall** führt uns Jean-Claude an das Ende der Hafenmole zu einem riesigen, teilweise zerbrochenen Schiffsanker. „Dieses Denkmal erinnert an die 'marée noir', die größte Öltanker-Katastrophe, die Europas Küsten jemals heimgesucht hat. Der Riesentanker 'Amoco-Cadiz' zerbrach an den gefürchteten **Rochers de Portsall**, und 220.000 Tonnen Rohöl flossen ins Meer. Die Ölpest erreichte zuerst den Hafen von Portsall und breitete sich dann wie ein Teppich binnen weniger Tage über 300 Kilometer an der Küste aus – von der Pointe de St-Mathieu bis zur Ile de Bréhat. Es war furchtbar mit anzusehen, wie das Leben an der Küste erstarb. Seevögel, Fische, Austernbänke, Algen – alles wurde getötet. Und natürlich die vom Meer abhängige Wirtschaft. Auch der Tourismus. Viele Existenzen wurden zerstört. Tausende von Helfern versuchten, das Chaos zu mindern. Aber es war vergebene Liebesmühe. Die Natur selbst war es, die im Lauf der Jahre Meer und Land sich regenerieren ließ.

Inzwischen ist die Küste am Ende der Welt wieder in Ordnung. Vergessen ist die Tragödie jedoch lange nicht, und es sind zweifellos die Bretonen, die sich in Frankreich seither am engagiertesten um die ökologischen Belange kümmern. Denn die Natur hat schon immer ihr Leben als Bauern und Fischer bestimmt. Kein Wunder, dass die Bedrohung der Natur das ökologische Bewusstsein der Menschen weckte und schärfte."

Traurige Berühmtheit erlangte Portsall durch die Havarie der „Amoco Cadiz".

CÔTE DES ABERS

Am Ausgang der Bucht von Portsall – dort, wo unübersehbar die Burgruine von **Trémazan** ins Blickfeld rückt – beginnt einer der schönsten Abschnitte der Côte des Aber. Reizvoll von sattgrünen Wiesen überzogen, fließt die hügelige Landschaft förmlich auf die rotbraunen Felsen den hellen Sandstränden zu, um sich dort der dröhnend anrollenden Altantikbrandung zu stellen – ein faszinierendes Naturschauspiel, das den Wanderer auf dem schmalen Weg entlang der Küste bis nach Argenton begleitet.

Am granitenen Hafenstädtchen **Lanildut** erreichen wir den **Aber Ildut**. Er lässt sich am besten vom **Rocher du Crapaud** aus überblicken. Dieser „Krötenfelsen" bewacht den Eingang der malerischen Mündungsbucht. Gemütlich hinein- und hinaustuckernde Schiffe, vor allem die pontonähnlichen Algenernte-Boote, machen die Bedeutung des Hafens als Umschlagplatz evident. Hinsichtlich seiner Landschaft unterscheidet sich der Aber Ildut kaum von den beiden größeren Abers. Dem felsigen, bewaldeten Nordufer liegen flache Strände und Dünen gegenüber. Ruhig ist es hier, doch schon weiter draußen an der Küste geht es wesentlich lebhafter zu.

Vom Touristenort **Lampaul-Plouarzel** aus zieht sich der Strandabschnitt **Grève de Gouérou** in Richtung Süden. Seine sauberen Strände und Badebuchten locken im Sommer stets viele Besucher an.

Etwa drei Kilometer landeinwärts, inmitten von Ginsterbüschen, residiert der größte Hinkelstein der Bretagne: Schlank, rank und elf Meter hoch ragt der **Menhir de Kerloas** auf. Für die Dellen in einem Meter Höhe des Menhirs weiß Jean-Claude die Erklärung: „Sollte damals eine Ehe glücklich bleiben, musste das Brautpaar in der Hochzeitsnacht die Bäuche an den beiden Beulen hier reiben. Dieser Brauch hielt sich bis ins 19. Jahrhundert. Wer weiß, wie viele Menschen sich noch heute durch klammheimliches Berühren der Dellen kleine oder gar große Wunder erhoffen?"

Beeindruckt und etwas amüsiert, fahren wir wieder an die Küste. Das 'Pen ar Bed', das Ende der Welt, wartet auf uns. An der **Pointe de Corsen** ist es endlich erreicht. Denn dieses Kap markiert den westlichsten Punkt Frankreichs. Von dem fünfzig Meter hohen, majestätischen Steilfelsen eröffnet sich ein atemberaubender Blick über die vorgelagerten Inseln hinweg, hinaus auf die unermessliche Weite des Meeres.

„Angesichts dieser beschaulichen Szenerie glaubt man kaum, dass das nur zeitweise stille, jedoch ausgesprochen strömungsstarke Gewässer zu unseren Füßen, der **Chenal de la Helle**, für Schiffe eine sehr gefährliche Passage darstellt", informiert Jean-Claude. „Deswegen steht dort drüben der **Phare de Trézien**, der mit seinem Leitfeuer die Schiffe lotst. Seit der Öltanker-Katastrophe von 1978 dürfen Ozeanriesen allerdings hier überhaupt nicht mehr durchfahren."

> Scheinbar wieder alles in bester Ordnung? Die Natur selbst hat die Spuren der Tankerkatastrophe bereinigt.

Kann Ehen glücklich machen: Menhir de Kerloas.

CÔTE DES ABERS

Auf der Weiterfahrt in Richtung Süden kommen wir durch die schön gelegene, ehemalige Korsarenstadt **Le Conquet**, aus derem alten Fischerhafen Schiffe nach Ouessant und Molène ablegen. „Bei klarer Sicht sind die Inseln von der nahen **Pointe de Saint-Mathieu** aus gut zu sehen. Dort beginnt die Aber-Küste. Sicher, ich könnte auch sagen, dort endet sie. Aber bei den Kelten hieß dieses Kap nun mal 'Penn Ar Bed', was 'Anfang der Welt' bedeutet. Also ist dort auch der Anfang der Aber-Küste", erklärt Ginette mit der ihr eigenen Logik.

Hoch auf steilen Felsen steht dort ein von kreischenden Möwen umkreister 54 Meter hoher Leuchtturm, auf dem mit großen Lettern 'Saint-Mathieu' gepinselt steht. Zu seinen Füßen liegen die gespenstisch verfallenen Ruinen eines Klosters. Davor ein Wehrturm, der 1740 zum ersten Leuchtturm umfunktioniert wurde – insgesamt ein ungewöhnliches Ensemble, das der abwechslungsreichen bretonischen Nordwestküste noch einen besonderen Farbtupfer aufsetzt.

Während wir auf die Ruine zusteuern, zieht Jean-Claude los, um nach Guy Picoche, dem Leuchtturmwärter, zu schauen. Ginette erzählt inzwischen die Geschichte des Klosters. „Das ursprüngliche Kloster wurde im 6. Jahrhundert gegründet. In seinem Reliquienschrein soll angeblich der Schädel des Apostels Matthäus aufbewahrt worden sein. Sicher nur eine Legende, die sich auch deshalb nicht beweisen lässt, weil das Kloster im 13. Jahrhundert geplündert und zerstört wurde. Die Ruinen hier stammen von der Abtei, die im 16. Jahrhundert von Benediktiner-Mönchen wieder aufgebaut wurde und lange Zeit eine weit über die Grenzen der Region hinausgehende kulturelle Bedeutung hatte."

Ginette wird unterbrochen, denn Jean-Claude kehrt mit Monsieur Picoche zurück, dem Leuchtturmwärter: ein kleines, zierliches Männchen und überhaupt nicht der Typ, den man sich unter einem gestandenen bretonischen „Gardien du phare" vorstellt. Als ob er unsere Überraschung bemerkt hätte, kommt er gleich auf den Punkt: „Oh, ich fürchte, dass ich Ihnen bei meiner Führung einige der Illusionen, die Sie vermutlich mit dem Mythos 'Leuchtturmwärter' verbinden, nehmen muss."

Behende trippelt er dann vor uns die Stufen hinauf und blickt sich ständig besorgt um, ob wir nicht irgendwo auf den 167 Stufen verloren gehen. Etwas außer Puste erreichen wir schließlich die Lampenetage. Monsieur Picoche hat offenbar keine Atemprobleme und legt sofort los: „Als erstes müssen Sie die phantastische Aus-

Im Hafen von Le Conquet legen die Schiffe zur Insel Ouessant ab.

Gute Aufstiegschancen für Leuchtturmwärter: Stufe um Stufe meisternd, erreichen sie in der Regel immer die Spitze ihres Unternehmens!

CÔTE DES ABERS

sicht bewundern. Ich komme nun schon jahrelang Tag für Tag hier herauf, und trotzdem kann ich mich nicht satt sehen. Vor allem dann nicht, wenn die Sicht so klar ist wie heute. Die beiden Inseln da draußen sind **Ouessant** und **Molène**. Das Meer dazwischen ist der Chenal du Four, der mit seinen gefährlichen Strömungen weiter nördlich in den Chenal de la Helle übergeht. Nicht unbedingt eine Lieblingsstrecke für die Schiffskapitäne! Im Osten sehen Sie die Goulet de Brest, die enge Einfahrt in die Brester Bucht. Und dort drüben liegen im Vordergrund die Pointe de Penhir und dahinter die legendäre Pointe du Raz. Entschuldigen Sie!", Monsieur Picoche unterbricht kurz, weil er irgendwelche Hebel bedienen muss. „Von hier aus sind eine ganze Menge Leuchttürme zu sehen. Drüben, an der Rade de Brest, steht der **Pierres Noires**, auf einem der Küste vorgelagerten Riff inmitten der Brandung, für kein Schiff erreichbar! Die Ablösung des Wärters und die Versorgung des Turms erfolgt teilweise heute noch mit einer Seilbahn. Jedes Mal ein höchst riskanter, halsbrecherischer Vorgang! Es macht also einen Unterschied, ob ein Phare an Land oder sich selbst überlassen in der tosenden Brandung des Meeres steht."

Begonnen hat es im Mittelalter mit Leuchtfeuern an Land. An gefährlichen Schiffspassagen lodernden mit Hilfe von Steinkohle, Teer und Holz entfachte Feuer. Auch die Einsiedlermönche hier in der Abtei Saint-Mathieu signalisierten den Schiffen auf diese Weise Nacht für Nacht ihre exponierte Position. Das vom Wetter abhängige System der Leuchtfeuer war jedoch für die Seefahrer unzuverlässig. Wenn die Stürme wild gegen die Klippen klatschten, gingen natürlich die Feuer aus, und den Seeleuten fehlte jegliche Orientierungs-Möglichkeit. Und selbst, wenn sie brannten, waren sich die Kapitäne nicht sicher, ob es nicht die Hinterlist von Küstenpiraten war, die sie an den Riffs zerschellen lassen sollte. Schiff kaputt – Ware Strandgut! Und Strandgüter waren für die Küstenbewohner echte Gottesgeschenke.

Erst als im 19. Jahrhundert neue Lichtquellen entwickelt wurden, lieferten die Küsten dauerhafte und verlässliche Lichtsignale. Das war die Zeit, in der die Leuchttürme nicht nur auf das Land, sondern auch ins Meer gestellt wurden. Allein schon der Bau, der meist qualvolle Kampf mit Naturgewalten, war die Hölle. Oft dauerte es viele Jahre, bis ein Turm fertig gestellt werden konnte. Doch auch wenn der Betrieb endlich aufgenommen werden konnte, war es mit den Abenteuern noch lange nicht vorbei. Es bedurfte mutiger, leidensfähiger Männer, die bereit waren, das harte Los eines Leuchtturmwärters zu tragen. Verständlicherweise, denn es war wahrlich nicht lustig, bei einem Sturm oft wochenlang in einem engen, glitschigen Turm gefangen zu sein. Und zähneklappernd Gott anzuflehen, die Mauern den gewaltigen Prankenschlägen der unaufhörlich anrollenden Brandung widerstehen zu lassen.

„So erging es zum Beispiel 1989 den Männern im **Phare Ar-Men**, einem auf einem winzigen Felsen vor der Ile de Sein stehenden Turm", erzählt Picoche. „Zwei Wochen lang waren sie total abgeschnitten, einer Hölle ausgesetzt und glaubten, jeden Augenblick draufgehen zu müs-

An der Pointe de Saint-Mathieu – beginnt oder endet hier die Welt?

sen. Unsere alten Leute behaupten jedoch, dass es 1923 noch schlimmer war. Die Wellen schlugen damals über dem 37 Meter hohen Turm zusammen und hielten die Wärter über 100 Tage lang gefangen. Kein Mensch auf der Insel glaubte an ein Überleben der Männer – und doch öffneten sich irgendwann die mit Eisenstangen verrammelten Türen und Fenster. Es gehört eine kräftige Portion Abgebrühtheit dazu, solchen Infernos zu trotzen!"

Erneut zieht Monsieur Picoche an einem Hebel seiner nur ihm vertrauten technischen Installation, während er mit seiner „Geschichtsstunde" fortfährt: „Das Jahr 1823 war die Geburtsstunde der modernen Leuchtfeuertechnik. Der Physiker Augustin Fresnel erfand damals die Zonenlinsen, die das bis dahin breit verstreute Licht zu einem gut sichtbaren Strahl bündelten. Unsere damit ausgestattete Anlage hier sendet zum Beispiel alle 15 Sekunden einen Lichtblitz, der bei klarer Sicht annährend 46 Kilometer weit reicht und jedem Schiff anzeigt, welcher gefährlichen Ecke des Finistère es gerade gegenüberliegt. Die stärkste Leistung aller europäischen Leuchttürme bringt die auf dem 55 Meter hohen Le Créac'h auf der Ile d'Ouessant installierte Anlage. Ihr Lichtstrahl ist noch in mehr als 63 Kilometer Entfernung zu sehen. Übrigens: Dort, beim Turm, dokumentiert ein Museum die Geschichte der Leuchttürme und zeigt eine interessante Linsensammlung. Und dort wird auch dokumentiert, wie die moderne Technik immer mehr Leuchtturmwärter aus den Leuchttürmen ans Land zurückgeholt hat. Das An- und Ausknipsen der Lampen wird nämlich heute von elektronischen Sensoren gesteuert, die den Betrieb der Lichtblitze an die Lichtverhältnisse auf dem Meer anpasst. Alles vollautomatisiert! Der Mythos, der sich lange Zeit um die alten Leuchttürme rankte, ist inzwischen passé, nur noch Legende", erzählt Monsieur Picoche schulterzuckend. Seiner Miene ist nicht zu entnehmen, ob es ihm leid tut oder nicht. Er beginnt, die Treppe wieder hinunterzusteigen, und lässt damit erkennen, dass die private Audienz beendet ist. Wir werfen noch einmal einen Blick in die Weite und folgen dem Wärter, diesmal ohne Atembeschwerden. Nach einem kleinen Spaziergang zur Landspitze verabschieden wir uns von der Pointe de Saint-Mathieu, von Monsieur Picoche und von 'seinem' Leuchtturm.

Jetzt heißt es schnell zurück nach Brest, denn Ginette und Jean-Claude haben dort einen wichtigen Termin. An einer Bushaltestelle setzen wir sie ab und fahren weiter. Unser Ziel ist der berühmte Calvaire von **Plougastel-Daoulas**, drüben auf der Halbinsel Plougastel. Wir überqueren auf dem Weg die drei gewaltigen Bögen der **Pont Albert-Louppe**, die den Mündungstrichter des Elorn überspannt. Drüben tauchen wir fast schlagartig ein in das Idyll einer nahezu unberührten Landschaft. Aber der Schein trügt: Hinter den grünen Hecken, durch die sich die Straße schlängelt, breiten sich patchworkartig parzellierte Agrargebiete aus – Obst- und Gemüseplantagen, so weit der Blick reicht. Nur ab und zu taucht ein Gehöft auf, stattdessen jede Menge gläserne Gewächshäuser. Die Halbinsel wird wegen ihrer Fruchtbarkeit schließlich gern 'Garten von Brest' genannt. Vor allem für ihre herrlichen Erdbeeren ist sie berühmt! Zentrum des Obst- und Gemüsehandels ist Plougastel-Daoulas. In dem verschlafen wirkenden Städtchen langen wir schnell am zentral gelegenen **Place de l'Eglise** an und bestaunen vor der Kirche den berühmten Calvaire. Für den Unterbau verwendeten die Steinmetze Anfang des 17. Jahrhunderts ockerfarbenen Sandstein, die 180 Figuren und drei Säulen wurden aus grauem Granit gefertigt. Dadurch wirkt das eindrucksvolle Kunstwerk zunächst etwas düster. Erst bei näherer Betrachtung erkennt man die Harmonie des Ganzen und die Eindringlichkeit der Figurengestaltung.

Bald machen wir den Besuchern, die sich um uns drängen, Platz und gehen zurück zum Auto. Schließlich warten Ginette und Jean-Claude in Brest auf uns. Gemeinsam wollen wir den Abend verbringen und den Abschied feiern.

> Gruß in die Ferne: Dank der Zonenlinsen sind die Lichtblitze noch in 46 km Entfernung zu sehen!

LEGENDEN & LEUCHTTÜRME

Die Attraktion der Nordwestküste ist nicht die dramatische Felsküste allein, sondern sind vor allem die hoch auf den Klippen und sturmumtost im Meer stehenden Leuchttürme. Doch ihr legendenumwobener Mythos schwindet, denn die Technik übernimmt immer mehr die Rolle der einstigen Helden, der Leuchtturmwärter.

Côte des Abers 4

Die Küste im Nordwesten der Bretagne säumt ein Land, das weitere Höhepunkte des Départements Finistère bietet. Hier ist das Land weitgehend sich selbst überlassen und den Gewalten der Natur ausgesetzt. Für alle Naturverbundenen ein lockender Anreiz!

■ Brest

Vor allem die ideale Lage in der einmaligen Bucht hat Brest (160.000 Einwohner) als Hafenstadt großen Segen gebracht. Die Funktion als Kriegshafen brachte auch Zerstörung wie zuletzt im Zweiten Weltkrieg. Mittlerweile ist sie allzu nüchtern wieder aufgebaut worden. Nur noch die Reste der alten Befestigungsanlagen verströmen etwas Charme. Inzwischen hat sich Brest einen guten Ruf als Universitäts- und Kunststadt erworben.

UNTERKUNFT

** ATLANTIS
157, rue Jean Jaurès
Tel. 02.98.43.58.58
Fax 02.98.43.58.01.
Zentral gelegenes, modernes Hotel mit guter Ausstattung. Recht gutes Restaurant.

** PAIX
32, rue d'Algésiras
Tel. 02.98.80.12.97
Fax 02.98-.43.30.95.
Inmitten der Stadt- und des Einkaufszentrums. Gut geführtes Haus mit komfortablen Zimmern.

** PARC
45, rue Vieux St-Marc
Tel. 02.98.41.32.00
Fax 02.98.41.49.95.
Modern eingerichtete Zimmer und schöner Garten. In der Nähe des Fischerhafens gelegen.

RESTAURANTS

LE FRÈRE JACQUES
15, rue Lyon
Tel. 02.98.44.38.65.
Schönes Restaurant mit einer ausgezeichneten Küche. Spezialität sind die exzellenten Soßen! Es ist immer gut besucht, deshalb empfiehlt es sich, im voraus eine Tisch zu reservieren.

LE NOUVEAU ROSSINI
22, rue due Cdt-Drogou
Tel. 02.98.47.90.00.
Das lichtdurchflutete Ambiente bietet den edlen Rahmen für ein exquisites Diner!

SEHENSWÜRDIGKEITEN

CHÂTEAU
Das „Monument historique" aus dem 15. Jh. beherrscht mit seinen mächtigen Türmen und Mauern den exponiertesten Platz der Stadt. Es galt von Meer und Land aus als uneinnehmbar. Gegenüber den Bomben aus der Luft hatte es allerdings keine Chance. Außer dem Museum gibt es aber nicht viel zu besichtigen. Von hier aus hat man eine schöne Aussicht über die Hafenanlage und die Bucht.

COUR DAJOT
Auf der alten Festungsmauer, die beim Château beginnt, zieht sich die schöne Promenadestraße oberhalb des Handelshafens entlang und erlaubt prächtige Ausblicke auf die Rade de Brest, mit 15.000 ha Wasserfläche eine der schönsten Buchten an der atlantischen Küste. Es macht Spaß, dem turbulenten Hin und Her der Schiffe, der Frachter und Fregatten zuzuschauen. Eine Hafenrundfahrt ist lohnenswert!

MUSEEN

MUSÉE DE LA MARINE
In Türmen des Châteaus dokumentiert eine interessante Ausstellung die Geschichte und Ausrüstung der Marine und des Hafens. Geöffnet: täglich außer Di 9.15 – 12 und 14 – 18 Uhr.

MUSÉE DES BEAUX ARTS
Im Haus 22 der rue Traverse ist eine ansprechende Sammlung von

Direkt vor der Burg aus dem 15. Jh. ankert die französische Marine.

SERVICE

Gemälden der letzten Jahrhunderte untergebracht.
Geöffnet: täglich (außer Di) 10 – 11.45 und 14 – 18.45 Uhr.

MUSÉE DE VIEUX BREST
In den alten Mauern des Tour Tanguy (gegenüber dem Château) präsentiert das stadtgeschichtliche Museum die bedeutendsten Etappen der Stadthistorie.
Geöffnet: Jun – Sep täglich 10 – 12 und 14 – 19 Uhr; Okt – Mai Mi/Do/Sa 14 – 17, So 14 – 18 Uhr.

OCÉANOPOLIS
Beim Port de plaisance du Moulin Blanc, dem Yachthafen, lädt das Innere des in seiner Form einem Krebs nachempfundenen Aquarium-Gebäudes in die faszinierende Welt des Meeres ein. Ein Besuch empfiehlt sich!
Geöffnet: täglich 9.30 – 18 Uhr. Am Montagvormittag geschlossen.

INFORMATION

OFFICE DE TOURISME
Place de la Liberté
Tel. 02.98.44.24.96
Fax 02.98.44.53.73.

AUSFLUG

PLOUGASTEL-DAOULAS
25 Kilometer Landweg lassen sich durch die beeindruckende Fahrt über die Pont Albert-Louppe einsparen. Mit drei gewaltigen Bögen, insgesamt 880 Meter lang, überspannt sie die Mündungsbucht des Elorn. Auf der Halbinsel Plougastel, dem vor allem durch seine Erdbeeren berühmt gewordenen „Garten der Bretagne", lohnt sich eine kleine Rundfahrt. Zumal Kernisi und die beiden Kaps Kerdéniel und Kermanez fantastische Rundblicke über die Rade de Brest bieten. Die Hauptattraktion des Städtchens Plougastel-Daoulas ist – neben der Abtei, die einst eine der berühmtesten der Bretagne war, – einer der größten und berühmtesten Calvaires der Bretagne direkt vor der Kirche. Er entstand 1602 – 1604 nach dem Ende einer Pestwelle nach dem Modell des Calvaire von Guimilian.

■ Lesneven

Eindeutig im Schatten der Pardons des nahen Nachbarortes Le Folgoët stehend, hat Lesneven touristisch keine große Bedeutung. Da jedoch ausreichend Fremdenverkehrs-Logistik vorhanden ist, wird der Ort gern als Durchgangsstation oder als Ausgangspunkt für umliegende Ziele genutzt.
Die dafür erforderliche zentrale Lage weisen die in alle Richtungen zeigenden Verkehrsschilder beim Denkmal des Général Le Flo nach. Ein Aufenthalt in dem hübschen Landstädtchen ist durchaus angenehm, zumal es einen akzeptablen Altstadtkern besitzt, in dem es sich aushalten lässt. Sehenswürdigkeiten, die eine Hervorhebung verdienen, gibt es nicht – es sei denn, man wolle die Statue des Generals, der nicht nur ein Sohn der Stadt, sondern auch Kriegsminister und Botschafter war, dazu küren.

UNTERKUNFT

BREIZ IZEL
25, rue Four
Tel. 02.98.83.12.33.
Angenehmer, preiswerter Aufenthalt in gut ausgestatteten Räumen. Ohne Restaurant.

INFORMATION

OFFICE DE TOURISME
Place du Marché
Tel. 02.98.41.32.00
Fax 02.98.41.49.95.

■ Le Folgoët

Das ganze Jahr über träumt der kleine Ort still vor sich hin. Nur gelegentlich kommen Besucher der herrlichen Basilika Notre-Dame. Zweimal jedoch, im Frühjahr und Spätsommer, wenn die berühmten Pardons riesige Pilgerscharen anlocken, quillt der riesige Festplatz vor der Kirche und auch der Ort hoffnungslos über.

■ Brignogan-Plage

Geschützt in der Baie du Pontusval gelegen, erfreut der Ort mit herrlichen Sandstränden, die durch aufeinander getürmte Granitblöcke geschmückt sind. Obwohl Brignogan-Plage selbst nicht besonders einladend wirkt, wird der Ort von vielen als Geheimtip gehandelt. Zumal die Küste links und rechts zu schönen Klippenwanderungen einlädt.
Im Ort ist der 8 m hohe Men-Marz mit seinem aus dem Granit geschlagenen christlichen Kreuz sehenswert. An der Küste, zu Fuß erreichbar, bietet die Pointe de Pontusval einen schönen Blick entlang der zerfransten Küste.

UNTERKUNFT/RESTAURANT

CASTEL-REGIS
Plage Garo
Tel. 02.98.83.40.22
Fax 02.98.83.44.71.
Direkt am Strand gelegen. Die meisten der gut ausgestatteten

Im Océanopolis-Aquarium lockt die faszinierende Welt des Meeres.

SERVICE

Der Kreuzgang der Abtei von Daoulas stammt aus dem 12. Jh.

Zimmer in Bungalows mit Blick auf das Meer. Im zugehörigen Restaurant werden leckere Fischgerichte serviert.

▪ Plouguerneau

Die Ausstrahlung des kleinen Ortes ist zurückhaltend. Keine touristische Höhepunkte, aber ein guter Ausgangspunkt zur Küste zum Phare de l'Ile Vierge, mit 82,5 m und damit mühevollen 365 Stufen der höchste Leuchtturm Europas. Und eine ideale Basis für die Erkundung des fjordähnlichen Aber Wrac'h, der in seiner ganzen Länge ein faszinierendes Naturereignis nach dem anderen liefert. Auf der Westseite der Mündungsbucht liegt der kleine Badeort L'Aber-Wrac'h mit einem Yachthafen und einem bedeutenden Segelzentrum sowie der nahe gelegenen Burgruine Notre-Dame-des-Anges.
Nur 5 km weiter der etwas bescheidenere, aber durchaus erlebenswerte Aber Benoît.

▪ Portsall

Ein Kalvarienberg, hoch auf dem Klippen über dem Hafen, ermöglicht den Blick auf die Felsen im Meer, auf die 1978 der Tanker „Amoco Cadiz" auflief, zerbrach und eine Ölkatastrophe allergrößten Ausmaßes auslöste. Ein wahrhaft schwarzer Tag in der Geschichte der Bretagne! Portsall war der erste Hafen, den die Ölpest lahm legte. Die ansonsten eher bescheidenen Höhepunkte des Ortes sind ein paar Schiffe im ruhigen Hafen, ein kleines Kirchlein, ein kuscheliger Sandstrand und am Ende der Bucht die Ruinen der einst dominant liegenden Burg von Trémazan.

▪ Lampaul-Plouarzel

Am nördlichen Eingang des zauberhaften Aber Ildut liegt der Minihafen Rocher de Crapaud, benannt nach dem die Ecke der Trichtermündung markierenden Felsklotz. Ihm gegenüber liegt der freundliche Badeort Lampaul-Plouarzel, entstanden aus einer alten Siedlung um das Kloster St-Pol.
Wie zahlreiche Megalith-Funde belegen, war die Gegend bereits in der Bronzezeit besiedelt. Drei Kilometer landeinwärts ein Prachtexemplar der Hinterlassenschaften, der Menhir von Kerlouas. Mit imposanten 8 m Höhe ist er der höchste stehen gebliebene Granitbrocken der Bretagne.

▪ Le Conquet

Den besten Blick auf den malerischen Aber und das Hafenstädtchen hat man von der Pointe de Kermorvan aus. Gemächlich tümpeln Fischkutter in dem ruhigen Gewässer, und nichts deutet darauf hin, dass Le Conquet einst ein gefürchtetes Korsarennest war. Statt Kaperschiffen ankern heute im urigen Hafen die Ausflugsboote zu den Inseln Ouessant und Molène (siehe Info-Teil zu Kapitel 12 „Vorposten im Meer", Seite 173).

AUSFLÜGE

POINTE DE ST-MATHIEU
Ein rot-weißer Leuchtturm und, direkt davor, eine graue verfallene Abteiruine bilden ein an den bretonischen Küsten einmaliges Ensemble. Die Mönche des im späten 6. Jh. gegründeten Klosters gaben mit lodernden Leuchtfeuern den Schiffen in den gefürchteten Gewässern vor dem Kap Hilfestellung. Durch die Entwicklung der Lichttechnik übernahmen später zunächst der Glockenturm und dann der neue Leuchtturm diese brisante Aufgabe.

POINTE DE PETIT-MINOU
Ein kleines Idyll am Eingang der Rade de Brest. Stille Küste mit schmalen Sandstränden, auf einer Klippe der etwas kurz geratene Leuchtturm und davor ein altes Fort. Früher erwehrte es sich der vielen Feinde, heute der wenigen Besucher, denn es darf nicht betreten werden. Gegen einen Spaziergang entlang der Küste hat es jedoch nichts einzuwenden.

POINTE DE CORSEN
50 m hoch über dem anbrandenden Meer bildet das Kap den westlichsten Punkt des französischen Festlands. Der weite Rundblick über das Meer, die Inseln und der Küste schließt den Phare de Trézien ein, der zur Sicherheit der Schiffe in den starken Meeresströmungen des Chanal de la Helle beiträgt.

Insider News

ZU EHREN DER ERDBEERE
Die Conférie de la Fraiserale de Plougastel am zweiten Sonntag im Juni hat ihren fest angestammten Platz im bretonischen Kalender. Tausende von Anhängern erleben als Höhepunkt des Erdbeerfestes einen gigantischen Umzug. Zu den Klängen der Bagadou ziehen die geschmückten Festwagen durch die Straßen am berühmten Calvaire vorbei und erfreuen allein schon durch die schönen, alten Plougastel-Trachten.

Côte des Abers

4

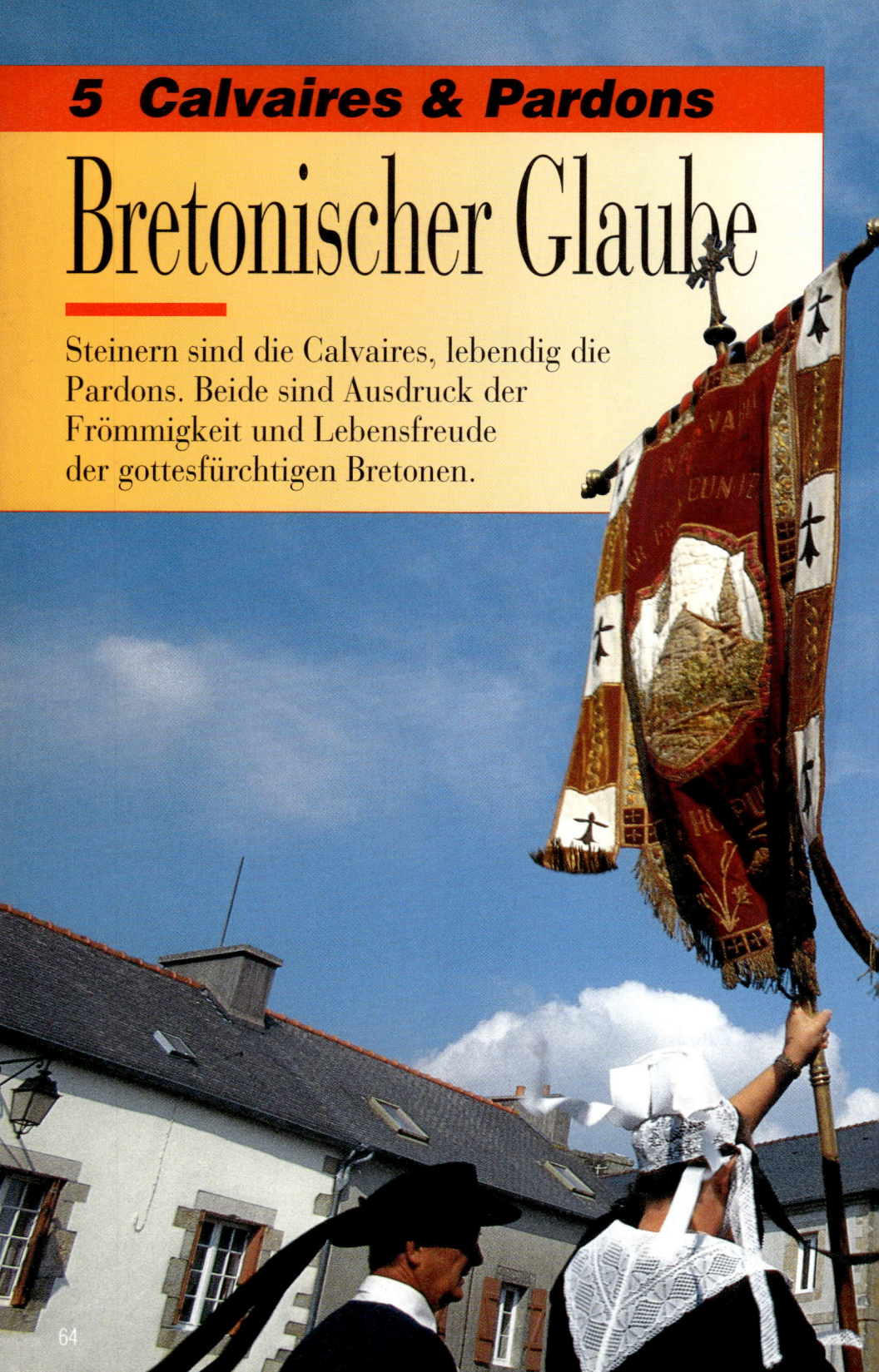

5 Calvaires & Pardons
Bretonischer Glaube

Steinern sind die Calvaires, lebendig die Pardons. Beide sind Ausdruck der Frömmigkeit und Lebensfreude der gottesfürchtigen Bretonen.

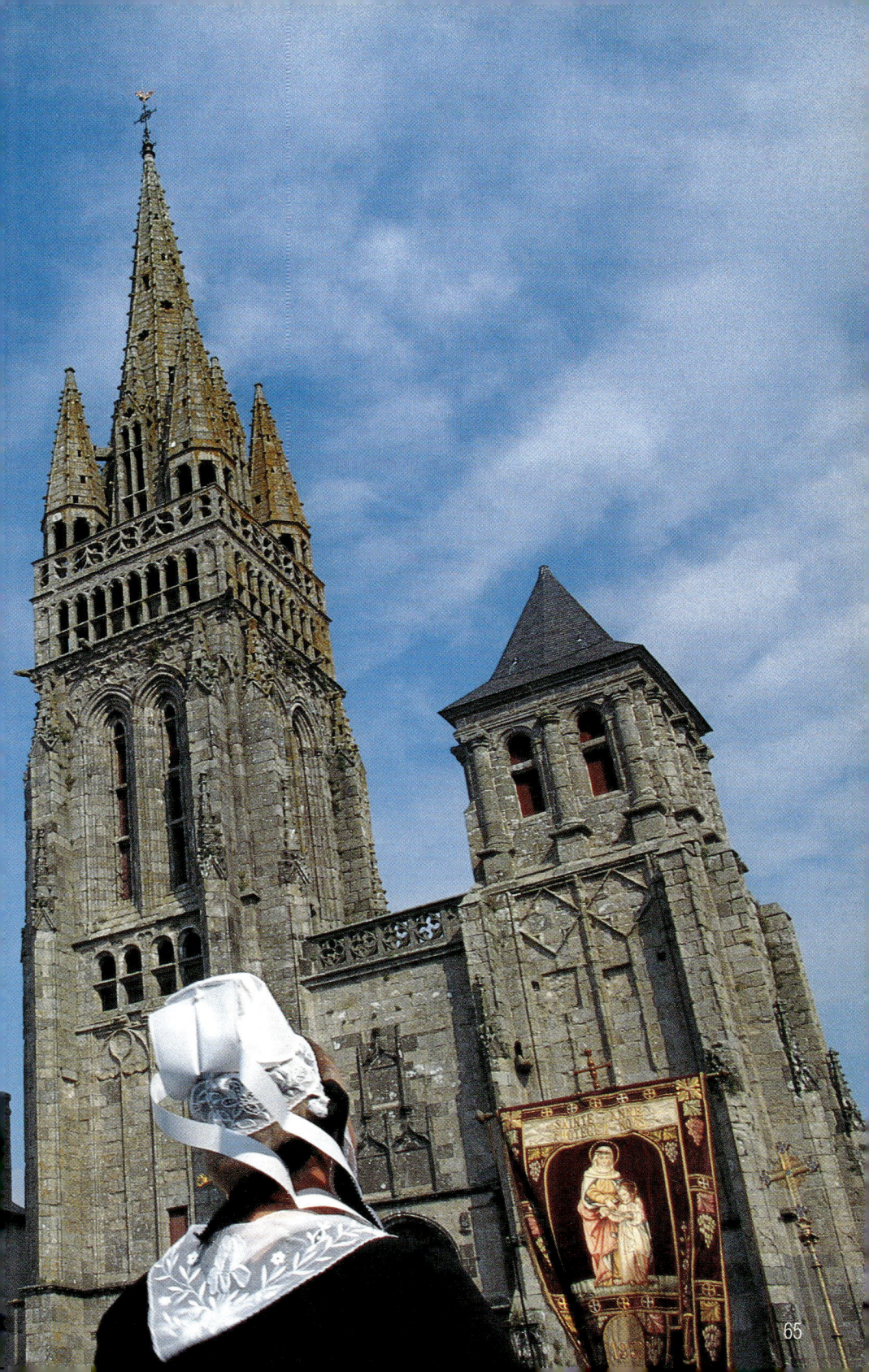

Wir sind in **Landerneau**, nur knapp 20 km östlich von Brest und von der lauten, überlaufenen Küste entfernt und bereits am Rand des stillen, friedlichen Hinterlandes. „Argoat", Waldland, – so bezeichnen die Bretonen diese Region, die einst von dichten Wäldern durchsetzt war. Die Wälder sind inzwischen kläglich zusammengeschrumpft: Ganze zehn Prozent der ursprünglich bedeckten Fläche sind es nur noch, und damit weit unter dem Durchschnitt Frankreichs mit achtzehn Prozent. Ein Jammer! Die Landschaft hat einen neuen, anderen Charakter

Ruhig und idyllisch fließt die Elorn durch das bretonische Hinterland.

angenommen, der durch verträumte Ortschaften, einsame Gehöfte, winzige Bethäuser, heckengesäumte Felder und fischreiche Wasserläufe geprägt ist. Ein Bild, das ihr zwar gut zu Gesicht steht, jedoch wenig touristische Anreize bietet. Aber ist das wirklich so?

Das historische Städtchen Landerneau ist ein idealer Ausgangspunkt für bretonische Eindrücke ganz besonderer Art. Calvaires, Pardons und Natur pur sind dabei die Stichworte. Doch alles schön der Reihe nach. Im Augenblick sitzen wir noch auf der Terrasse des Treffs „Le Goéland", schlürfen genüsslich einen Apéritif und sortieren gemeinsam die Erlebnisse unseres soeben absolvierten Stadtbummels. Beiderseits der Ufer des

Elorn haben wir viel gesehen. Zwei ehrwürdige Kirchen und schöne mittelalterliche Häuser, darunter auch das schieferverkleidete **Maison de la Duchesse Anne**. Am meisten jedoch hat uns das Bindeglied der beiden Stadtteile gefallen, die **Pont de Rohan**, eine sich flach auf sechs Bögen stützende Brücke, bestückt mit einer Handvoll malerischer Renaissance-Bauten, die teilweise heute noch bewohnt sind.

Zuvor waren wir gleich nebenan im Office de Tourisme und haben von einer netten jungen Dame einen Stoß Info-Material für unsere Tour zu den Calvaires und den Monts d'Arrée erhalten. „Falls Sie mehr Auskünfte brauchen, sollten sie sich in Landivisiau an Monsieur Pierre Hudot wenden – er ist nicht nur ein sehr liebenswürdiger Mensch, sondern gleichermaßen ein kompetenter Kenner der Calvaires und ihrer Geschichte", hat sie uns zum Schluss noch geraten.

Derart gut ausgestattet, studieren wir nun im „Le Goéland" die Unterlagen und legen unsere Route fest. Sinnvollerweise muss sie natürlich mit einem Besuch bei Monsieur Hudot beginnen, und so machen wir uns in Richtung **Landivisiau** auf den Weg.

Unter der angegebenen Adresse erwartet uns ein kleines, schmuckes Büro, das sich als Versicherungsagentur entpuppt. Die Bilder an den Wänden mit Motiven von Toren, Calvaires, Kirchen und Triumphpforten offenbaren die Leidenschaft des Mannes, der gelassen vor uns steht. Ruhig, aber mit schelmisch funkelnden Augen hört er sich unser etwas bang vorgetragenes Anliegen an. „Sie interessieren sich also für die Calvaires. Nun, ich war schon auf Ihr Kommen vorbereitet. Christine, die Dame vom Office de Tourisme in Landerneau, hat Sie mir bereits angekündigt. Sie hat ein gutes Wort für

CALVAIRES & PARDONS

Sie eingelegt. Also los, schauen wir uns ein Enclos paroissial an, einen ummauerten Kirchhof." Auf dem Weg zum Wagen fügt er hinzu: „Hat sie Ihnen erzählt, dass sie meine Tochter ist ...?"

Zunächst fahren wir nach **Lampaul-Guimiliau**. Es sind nur wenige Kilometer, die Monsieur Hudot für eine erste Einweisung nutzt. „Nirgendwo in der Bretagne findet man so viele umfriedete Pfarrbezirke wie hier im Tal der Elorn und in den **Monts d'Arrée**. Fast jedes Dorf hat sein 'Enclos paroissial', und – als habe es in der Entstehungszeit einen hartnäckigen Wettbewerb untereinander gegeben – eines ist aufwendiger, prächtiger als das andere. Zumindest bei den großen Drei – nämlich St-Thégonnec, Lampaul und Lampaul-Guimiliau – kann man gut nachvollziehen, wie die Enclos sich gegenseitig zu übertrumpfen versuchten. Man muss wissen, dass diese Gegend hier an der Grenze der Grafschaften Léon und Cournouaille im 17. Jahrhundert durch regen Flachsanbau und Segeltuchmacherei ausgesprochen wohlhabend war. Geld war also reichlich vorhanden. Der katholischen Kirche kam das gelegen, denn immer mehr ihrer Gläubigen liefen zu den protestantischen Hugenotten über. Und noch schlimmer: Weite Teile der Landbevölkerung begannen, sich wieder um die längst besiegt geglaubten heidnischen Hinkelsteine zu scharen. Um den alten und neuen Götzen zu trotzen, entfachte deshalb der Klerus eine Gegenreformation, zu deren harmloseren Maßnahmen der Bau besonders anbetungswürdiger Heiligtümer gehörte, eben der Enclos. Das Volk sollte wieder in den Hort der Kirche zurückkehren und dafür einen Platz finden. Das war die Geburtsstunde der Enclos, die durch kleine Gaben der armen und große Spenden der reichen Familien finanziert wurden.

Ein gutes Beispiel ist das Enclos hier in Lampaul-Guimiliau, obwohl hier, um bei der Finanzierung zu bleiben, im Vergleich zu anderen Anlagen weit weniger investiert wurde."

Bereits der erste Anblick ist überwältigend. Am Triumphbogen bleibt Monsieur Hudot stehen. „Lassen Sie uns eine kleine Pause machen und erstmal einen Gesamteindruck gewinnen." Er zündet sich eine Gauloise an und lässt seinen Blick dem aufsteigenden Rauch folgen. „Gut, dass wir einen so schön blank geputzten Himmel haben. Das war nach dem Regenguss heute morgen nicht zu erwarten. Nun ja, in der Bretagne

Eines der „großen drei" bretonischen Calvaires in Guimiliau.

Steinernes Zeugnis der Missionierung: Durch den Bau von Calvaires hielt die katholische Kirche ihre Schäflein bei der Stange.

kann sich das Wetter von Minute zu Minute ändern. Deshalb sagt man hier das Wetter nur für einen halben, maximal für einen Tag voraus. Denn die Wetterfrösche sind auch nicht vor Überraschungen sicher und versuchen, Blamagen zu vermeiden. Ein Enclos jedenfalls sollte man nur bei Sonnenschein anschauen. Graue Stimmung steht dem grauen Gemäuer nicht!"

Der Blick durch das Rundbogenportal und über die halbhohe Mauer gibt ihm Recht: helles Licht, blendende Goldflächen, kunstvoll gesetzte Farbtupfer, modellierende Schatten – das granitene Kunstwerk könnte sich strahlender nicht präsentieren! Monsieur Hudot drückt seinen Zigarettenstummel aus, führt uns durch das mit drei Kreuzen verzierte Tor und erzählt: „Irgendwo habe ich gelesen, dass das Triumphtor den Eintritt der Gerechten in die Unsterblichkeit symbolisiert. Das ist eine gute Deutung, denn immer war der Enclos das Bindeglied zwischen dem geistigen Leben der Gläubigen und dem mystifizierten Reich der Toten. Nicht umsonst bildete der Friedhof den Mittelpunkt der Anlage."

Gleich hinter dem Tor steht das einstige Beinhaus, das später als Grabkapelle genutzt wurde: schön der mit Laternentürmchen geschmückte Strebepfeiler und im Inneren der Altar, auf Statuen die Heiligen Rochus, Sebastian und Paulus. Unter ihren Augen wird allerlei Krimskram verkauft – ein Vorgang, den sie missbilligend beobachten. Auch Monsieur Hudot ist von dem Touristenrummel nicht angetan. „Eigentlich müsste dies ein Platz der Stille sein, denn es ist ein Haus der Toten. Die Friedhöfe in den Enclos waren klein, und um immer wieder Platz zu schaffen, wurden die Gebeine der Verstorbenen ausgegraben und im Beinhaus aufeinandergetürmt."

Vor der Kirche steht das Calvaire, das uns in seiner Schlichtheit allerdings ein wenig enttäuscht. Monsieur Hudot bemerkt unsere Reaktion: „Nun ja, Sie werden später weitaus prachtvollere Exemplare bewundern können, groß und figurenreich. Das Calvaire ist tatsächlich bescheiden. Aber wenn das Geld nicht reicht, muss man eben Schwerpunkte setzen. Das geschah auch beim Bau dieses Enclos. Sie werden noch sehen, dass jede Anlage ihr eigenes Herzstück hat, das dann entsprechend glanzvoll ausgestattet wurde. In Lampaul–Guimiliau ist es die Kirche, die den Glanzpunkt setzt."

Wir stehen inzwischen genau davor und schauen hinauf zum Glockenturm mit seinem merkwürdig stumpfen Abschluss. „Das war natürlich architektonisch nicht so gewollt. Der Turm war vorher einer der höchsten in der Bretagne. Aber durch Blitzschlag verlor er 1806 seine Spitze – leider, denn die ursprüngliche Harmonie des Baus ist dadurch empfindlich gestört", erläutert Monsieur Hudot, während wir in die Vorhalle des Südportals eintreten. Über dem Eingang Maria und das Jesuskind, zwischen den beiden Toren das Weihwasserbecken und in den Nischen an die Seitenwänden die Statuen der zwölf Apostel. „Dieses war der Versammlungsraum der Notabeln des Ortes. So nannte man in der Zeit vor der französischen Revolution die Personen der Oberschicht."

Wir treten in die Kirche ein und sind überwältigt von der

An die 200 Relieffiguren gruppieren sich um das Calvaire in Guimiliau.

CALVAIRES & PARDONS

Pracht ihrer reichen Ausstattung. Wahrlich ein Glanzstück! Dominant und eindrucksvoll der farbenfrohe Triumphbalken vor dem Hauptaltar. „Auf der Seite zum Kirchenschiff, dort wo die Gemeinde saß, zeigen die filigranen Schnitzereien Szenen aus dem Leben und Leiden Christi. Auf der anderen Seite zum Chorgestühl hin, dem Klerus und den Notablen vorbehalten, sind die Verkündigung und die zwölf Sibyllen dargestellt. Die Sibyllen, weissagende Frauen im alten Griechenland, hatten die Geburt Jesu angekündigt und wurden deshalb immer wieder als Motiv in christlichen Darstellungen eingebunden. Die ergreifend einfühlsam gestaltete Pieta über der Sakristei ist aus einem einzigen Stück gearbeitet. Wunderschöne Schnitzerein auch auf dem auf acht Säulen ruhende Baldachin des Taufbeckens. Schauen Sie sich unbedingt in Ruhe um!"

Auf dem Weg zurück nach Landivisiau und noch beschäftigt mit den Eindrücken unseres ersten Enclos-Besuchs, überhäufen wir Monsieur Hudot mit Fragen. Er antwortet verständnisvoll: „Mein Vorschlag ist, wir suchen uns zunächst ein ruhiges, nettes Lokal, essen eine Kleinigkeit und reden dabei noch ein bisschen über unsere Enclos paroissiaux."

Im Restaurant „L'Elorn" in der Rue Général-de-Gaulle erwartet uns eine vielversprechende Speisekarte. Schnell steht eine Flasche Bordeaux auf dem Tisch. Wir wollen gerade anstoßen, da prostet uns Monsieur Hudot zu, und zwar auf deutsch: „Zum Wohl!". Und, wieder mit Schalk in den Augen: „Sie sind überrascht? Nun, ich habe über ein Jahr in Deutschland gelebt und dort Ihre Sprache gelernt. Nicht sonderlich gut, aber immerhin gut genug, um zu wissen, dass unser Calvaire bei Ihnen mit 'Kalvarienberg' übersetzt wird." Die deutschen Worte machen ihm sichtlich Mühe, hören sich jedoch durch den französischen Akzent äußerst charmant an. „Machen Sie es mir aber bitte leicht, und lassen Sie uns lieber bei der französischen Sprache bleiben, s'il vous plait."

Kurz darauf erinnert er sich seines „Auftrags": „Wo waren wir stehengeblieben? Ach ja, beim Kalvarienberg. Das ist bei Ihnen eine Wallfahrtskirche auf einem Hügel und, auf dem Weg dorthin, vierzehn Stationen der Leidensgeschichte Christi. Ein Enclos paroissial dagegen ist ein in sich geschlossener Pfarrhof. Ein durch eine Mauer eingefasstes Areal, in das ein Triumphtor führt und das eine Kirche, ein Beinhaus, ein Calvaire und meist auch einen Friedhof enthält. Was Sie heute in Lampaul-Guimiliau gesehen haben, ist ein typischer Enclos. Gefehlt

In Lampaul-Guimiliau ist das Kircheninnere Glanzpunkt des Enclos.

Symbol von Leben und Tod: Das Portal der Enclos steht für den Eintritt in die Unsterblichkeit, der Friedhof für Vergänglichkeit.

69

CALVAIRES & PARDONS

hat nur der Friedhof, der inzwischen an anderer Stelle angelegt worden ist. Der Platzbedarf für die Toten ist eben größer als zu jener Zeit, als die Enclos förmlich aus dem Boden schossen. Wie bereits gesagt, religiöser Eifer und offensichtlich auch eine große Portion Geltungssucht ließen die Dörfer darum wetteifern, wer den schönsten Pfarrhof hat. Auf Ihrer Rundreise werden Sie noch die beiden schärfsten Rivalen, **St-Thégonnec** und **Guimiliau**, kennenlernen. Fast 200 Jahre lang versuchten die beiden Orte, sich gegenseitig zu überbieten. Am Ende hatten sie die beiden schönsten Anlagen der ganzen Bretagne. Herrliche Calvaires stehen aber auch in **Plougastel-Daoulas** und **Pleyben**. Allen gemeinsam ist eine im Geist der Renaissance geborene Kunstform, die als typisch bretonisch gelten darf: Kreuze, Figuren, Szenen – aus hartem Granit mal grob, mal filigran gemeißelt, zeigen sie eindringlich und ausdrucksstark das Leben Christi, seine Leiden, seine Kreuzigung, seine Auferstehung. Immer passend oder nicht passend mit eingebunden sind die Darstellungen der Apostel und Ortsheiligen.

Man kann sich an diesen Orten den Ablauf eines damaligen Gottesdienstes gut vorstellen: Wie ein Moritatensänger hielt der Pfarrer am Calvaire seine Predigt, zeigte an bestimmten Stellen auf die passenden Szenen, beglückte seine Gemeinde, wenn er einen Lobgesang anstimmte oder ließ sie tief erschauern, wenn er geißelnd von Tod und Fegefeuer sprach!"

Ein großes Erlebnis für bretonische Kinder – dabei sein beim Pardon.

Monsieur Hudot's Abneigung gegenüber der immer mehr zunehmenden Vereinnahmung von traditionellen Werten der Region durch die vielen Besucher ist für uns deutlich spürbar. Wir diskutieren darüber, und im Verlauf unseres Gesprächs kommt sein Zugeständnis, dass der Tourismus heutzutage eine wichtige Einnahmequelle für die Region darstellt und gerade die Calvaires dafür ein wichtiges Zugpferd sind. Und dass ein Pardon tatsächlich ein einzigartiges Erlebnis ist, das man Gästen nicht vorenthalten darf.

Es ist spät geworden. Wir bedanken uns bei Monsieur Hudot für seine Führung und vergessen nicht, ihm Grüße an seine Tochter aufzutragen. Eine letzte Empfehlung gibt er uns noch mit auf den Weg: „Haben Sie eigentlich den Pfarrhof von Pleyben mit auf Ihrem Programm? Sie wissen doch wohl, dass dort übermorgen, am Sonntag, ein Pardon stattfindet? Nein? Dann sollten Sie unbedingt hinfahren und ihn besuchen! Selbst stundenlange Erzählungen ersetzen nicht das unmittelbare Erlebnis einer bretonischen Wallfahrt."

Zwischen Tradition, Glauben und Kommerz: Die Calvaires sind in Gefahr, zur Touristenattraktion zu verkommen und ihren tieferen Sinn zu verlieren.

CALVAIRES & PARDONS

Am nächsten Morgen setzen wir unsere „Tour des Calvaires" fort. In **Guimiliau**, dem Nachbarort von Lampaul-Guimiliau, ist es dann tatsächlich – wir erinnern uns an die Ankündigung von Monsieur Hudot – der wunderschöne, kunstvoll verzierte Calvaire, der unsere Bewunderung erregt. Unter einem mächtigen Kreuz zeigen fast 200 Figuren auf der Plattform des achteckigen Sockels Szenen der Passion und im Fries Episoden aus dem Leben Christi. Unser Rundgang um die Anlage kommt uns wie eine Bibelstunde vor. An den Ecken der Sockelpfeiler stehen die Statuen der Evangelisten – eindrucksvoll inszeniert und jedes Detail ausdrucksstark in den Granit gemeißelt. Es fällt uns leicht, diesen prachtvollen Calvaire als einen Höhepunkt der Enclos paroissiaux zu begreifen. Aber auch die Kirche mit ihrer figurenreich gestalteten Vorhalle und einem holzgeschnitzten Taufbecken im Innern steht in nichts nach. Kein Wunder, dass dieser Kirchhof als der schönste in der ganzen Bretagne gepriesen wird.

So geht es in Richtung des letzten der drei berühmten Pfarrhöfe, nach **St-Thégonnec**, der nur einen Katzensprung entfernt ist. Und wieder hat Monsieur Hudot nicht zuviel versprochen: St-Thégonnec hat zweifellos den monumentalsten, vielleicht sogar den schönsten Enclos!

Drei Kreuze ragen in den Himmel. Zwischen den beiden Schächerkreuzen erhebt sich, sie meterhoch überragend, die große Mittelsäule, das mit zwei figurentragenden Querbalken ausgestaltete Kreuz Christi. Die Szenen der Figurengruppen auf dem Sockel zeigen Szenen der Passionsgeschichte. Darunter, in einer eingelassenen Nische, die Statue des heiligen Thégonnec mit dem Wolf, der nach der Legende den Esel des heiligen Mannes gerissen hatte und dafür den Karren ziehen musste. Das Besondere dieses Calvaire: Alle Figuren tragen die zeitgenössischen Kleider des 17. Jahrhunderts! Eindrucksvoll ist auch, neben dem mit Laternenkuppeln verzierten Triumphtor, die Kirche mit dem wuchtigen Viereckturm und der meisterhaft geschnitzten Kanzel in ihrem reich ausgestatten Inneren. Die ganze Anlage, in sich verschmolzen und ein harmonisches Ganzes, erübrigt eigentlich die Frage nach dem allerschönsten Enclos – jedes für sich ist ein Meisterwerk bretonisch-bäuerlicher Kunst.

Auf dem weiteren Weg kommen wir durch **Pleyber–Christ** mit einem bescheidenen Enclos in seiner Ortsmitte. Dann fahren wir weiter durch eine weite, baumlose Heide zum **Roc Trevezel**. Mit 364 Meter Höhe markiert er die erste höhere Erhebung der Monts d'Arrée. In grauer Vorzeit müssen die durch Erosion zusammengeschrumpften Gipfel respektable Bergmassive gewesen sein. Geblieben sind davon nur scharfe Grate, ausgezackte Granitwände und kahle Felsnadeln. Dazwischen karge Heidelandschaft, da und dort Ginsterbüsche. Ursprünglich bedeckten ausgedehnte Wälder die Hügel und Täler und zauberten eine Landschaft, in der sich die Gestalten der Märchen und Legenden tummelten.

Beim nahen **Réservoir de St–Michel** zum Beispiel: Hinter dem 800 Hektar großen Stausee und zu Füßen des Montagne St–Michel liegen dutzendfach geheimnisvolle Menhire und das verwunschene Teufelsmoor **Yeun Elez**. Irgendwo in den Überwucherungen versteckt sich an-

Schützend umringen die Häuser den Pfarrhof von St-Thégonnec.

CALVAIRES & PARDONS

geblich „Youdis", der sagenumwobene Eingang in das Totenreich der Druiden. Noch immer wird hinter vorgehaltener Hand erzählt, dass im fahlen Licht der Moorlandschaft zahllose Geister, die ihres verrucht–sündigen Lebens wegen im Reich der Toten keinen Frieden finden, ihr Unwesen treiben. Womöglich waren sie es, die das allererste französische Atomkraftwerk am Stausee zur Stilllegung gezwungen haben!

Auf der Weiterfahrt durch die stille, unberührt anmutende Landschaft stoßen wir immer wieder auf die Reste alter Eichenwälder. Sie waren einst Teil des Waldes **Brocéliande**, der früher das Hinterland der Bretagne bedeckte. Durch Dürreperioden, Waldbrände, aber auch durch Rodungen wurde er im Lauf der Jahrhunderte dezimiert.

Der kleine Ort **Huelgoat** weiß ein Lied davon zu singen. 1987 vernichtete ein fürchterlicher Orkan weite Teile seines romantisch–verwunschenen Märchenwaldes. Tristan und Isolde sollen dort ihr Techtelmechtel gehabt, Feen ihre Reigen getanzt und König Artus nach dem Heiligen Gral gesucht haben. Aber nicht dieser Wald allein, sondern der Ruf Huelgoats, eines der freundlichsten Städtchen im Landesinneren zu sein, hat uns angelockt.

Reizvoll zwischen Seeufer und Waldsaum gelegen, zeigt bereits der erste Eindruck, dass der beliebte Urlaubsort tatsächlich viel Charme versprüht. Wir fahren zunächst zur Uferstraße und unter den sich aneinander reihenden Lokalitäten finden wir eine Bistro-Bar, um unseren Durst zu löschen. Der schönste Platz ist eben auch in der Bretagne immer an der Theke!

Hier kann man nicht nur das urige Interieur bewundern, sondern auch gesprächsbereite Einheimische treffen. Und die Geschichten und Geschichtchen, die erzählt werden, sind meist wesentlich origineller als die Auskünfte des Touristenbüros. Wir haben Glück und finden einen Thekennachbarn, der gegen einen kleinen Schwatz nichts einzuwenden hat. „Sie sind erstmals hier in Huelgoat? Bien, unser Städtchen wird Ihnen gefallen. Und die Landschaft rundum auch. Freunde der stillen Natur kommen bei uns voll auf ihre Kosten – die übrigens nicht so hoch wie an den überlaufenen Touristenküsten sind. Unser ganzer Stolz ist natürlich der Wald. Er steckt voller Schönheiten. Sie haben vermutlich mitbekommen, dass wir 1987 einen Jahrhundert-Orkan hatten? Ja, es war wirklich schlimm. Inzwischen hat sich vieles wieder von selbst reguliert. Die Natur funktioniert ja, wenn man nicht an ihr herummanipuliert, wie ein munteres Stehaufmännchen. Sie werden von den erlittenen Schäden kaum etwas bemerken, sondern glauben, in einem Zauberwald zu wandeln, der der Phantasie freien Raum lässt. Das ist auch der Grund, warum hier so viele Sagen und Legenden entstanden sind. Hinter jedem Baum vermeint man einem Ritter aus König Artus' Tafelrunde zu sehen.

Die Schönheit des Waldes liegt natürlich in seinen Buchen, Eichen und Kiefern. Aber auch an seinen reißenden Bächen und den wie von einer riesigen Hand hineingestreuten Brocken aus Granit. Sie bilden ganze Felsenmeere, die in ihrer Anordnung zum Beispiel beim **Théâtre de verdure** zu einem Halbrund führen, das im Sommer Folklore-

In St-Thégonnec steht das vielleicht schönste Calvaire des Landes.

Aufführungen möglich macht. Sie sollten sich die Freude machen, einen der beiden eingerichteten Rundwege entlang zu wandern. Die **Promenade du Fer-à-Cheval** erfordert nicht mehr als eine halbe Stunde, die **Promenade du Canal** ist etwas länger. Kommen Sie doch nachher in mein Büro, damit ich Ihnen Landkarten geben kann."

Es stellt sich heraus, dass unser auskunftfreudiger Thekennachbar der Leiter des örtlichen Touristenbüros ist! Auf die Frage, wo wir am Abend gut essen können, empfiehlt er uns die „Auberge de la Truite". „Sie müssen zwar einige Kilometer bis nach Locmaria-Berrien fahren, werden jedoch neben guter Küche ein schönes Ambiente antreffen. Übrigens: Wie es schon der Name der Auberge besagt, tummeln sich in unseren Bächen vorzügliche Forellen. Sie sollten sie unbedingt kosten!" Das ist natürlich eine große Verlockung, der wir später nach unserem Spaziergang durch den Forêt de Huelgoat gern erliegen.

Es ist Sonntag. Pardon-Sonntag. Das Wort Pardon bedeutet übersetzt 'Vergebung'. Und so ist denn auch die Bitte um Vergebung der im Verlauf eines Jahres mal gering, mal reichlich angesammelten Sünden das Anliegen der Pardons. In ihrem Ablauf folgen sie einem traditionellen Ritual, in dem sich noch immer keltisch-heidnische Wesenszüge versteckt halten. Vormittags finden der Prunkgottesdienst, am Nachmittag die feierliche Prozession statt. In wunderschönen Trachten pilgern die Gläubigen singend hinter den Bannern, Reliquien und Figuren zu 'ihrer' Kapelle, wo sie ehrfürchtig die Gottesmutter oder ihren lokalen Heiligen anbeten und um Gnade bitten. Danach wird in fröhlicher Ausgelassenheit gefeiert – mit allem, was dazu und was nicht dazu gehört. Früher waren die gläubigen Bretonen dabei unter sich, heute sind die Pardons leider mehr zu einem Touristenspektakel geworden.

Wir sind früh losgefahren, um rechtzeitig in **Pleyben** anzukommen. Ein Blick zum Himmel zeigt uns Nebelschwaden, die trübe in den Monts d'Arrée hängen. Je mehr wir uns dem Wallfahrtsort nähern, umso mehr lösen sie sich auf. Gut so, denn wie sagte Monsieur Hudot: Graue Gemäuer mögen keine graue Stimmung. Erst recht nicht bei Pardons. Sie sind heute zwar zu folkloristischen Spektakeln geworden, aber noch immer sind sie bei den Alten und Älteren Ausdruck der besonderen bretonischen Frömmigkeit geblieben, die tiefen Ernst und überschwängliche Lebensfreude vereint. Und einen Schuss Heidentum, der dem Vatikan seit Jahrhunderten nicht so recht gefallen will.

Auf der Suche nach Feen und Kobolden im Märchenwald von Huelgoat.

Verzeihung für alle Sünden erfleht man bei den Pardons, einem traditionellen Ritual aus Messen, Prozessionen und frohem Feiern.

CALVAIRES & PARDONS

Bereits am Ortseingang sind Unmassen von Menschen zu sehen, die dem Enclose im Ortskern zustreben. Wir schließen uns kurzerhand dem Strom der Gläubigen an. Inmitten der ernst dreinschauenden, feierlich gekleideten Männer bewegen sich viele Frauen in prächtigen, farbenfrohen Trachten und Spitzenhauben. Dazwischen immer wieder Kinder, die sich bemühen, im Auftreten der Würde der Erwachsenen zu entsprechen. Während sie sich in Richtung Enclos bewegen, singen alle auf schwermütige Weise lateinische Litaneien und bretonische Lieder. In den Händen Kerzen und Heiligenfiguren, über den Köpfen farbenfrohe sakrale Banner und Fahnen.

Wir kommen schließlich zu dem von vielen Menschen besetzten und umringten Enclos. Die strengen Minen der Prozessionsteilnehmer hellen sich sofort auf, wenn sie unter den Wartenden Freunde oder Verwandte treffen. Die frohe Stimmung wird durch eine Kapelle musikalisch untermalt. Plötzlich, nicht weil ihnen die Puste ausgeht, sondern weil die Messe in der Kirche beginnt, halten die Musikanten inne.

Wir drängen uns in den Pfarrhof. Hier können wir einen Eindruck von dem mit Fahnen, Girlanden und Blumen reich geschmückten Enclos gewinnen. Hoch überragt von zwei stattlichen Türmen, zeigen sich Kirche, Sakristei, Beinhaus und Calvaire als eine großzügige und prächtige Einheit. Einen besonderen Eindruck macht der Calvaire: Auf einem großen Sockel sich an den Seiten in Form von Triumphbögen öffnend, zeigen Figurengruppen Szenen aus dem Leben Christi. Während zweier Jahrhunderte soll an diesem Meisterwerk gemeißelt und gewerkelt worden sein, bis es dann seine endgültige, kaum mehr zu steigernde Form gefunden hatte. Einen fotogenen Hintergrund bildet die Kirche mit den zwei unterschiedlichen Türmen.

Farbenfrohe Trachten und sakrale Fahnen prägen das Bild bei einem Pardon.

Optisch übertrifft der mit einer Laternenkuppel verzierte Renaissance-Turm seinen mit einer gotischen Spitze ausgestatteten Kollegen.

Die Gesänge in der Kirche deuten an, dass der Gottesdienst zu Ende geht. In die Menschen ringsum kommt Bewegung. Weiß gekleidete Priester treten aus der Kirche und zeigen der Gemeinde die Reliquien der Messe. Am Nachmittag wird sich dann der Festzug formieren. Die Gläubigen werden hinter den Bannern, Fahnen und Figuren singend zu ihrer Kapelle pilgern, um dort die Gottesmutter um Gnade zu bitten. Und danach wird fröhlich gefeiert mit Cidre, Tanz und Ringkämpfen, bevor man in der Nacht zufrieden nach Hause geht.

Homogener Höhepunkt: Kirche, Sakristei, Beinhaus und das prachtvolle Calvaire bilden in Pleyben einen harmonischen Enclos.

IM LAND DER BERGE

SERVICE

Calvaires & Pardons 5

Hinter den Küsten versteckte sich einst das sagenumwobene Waldland der Brocéliande. Lebendig gebliebene Legenden und Mythen erzählen noch heute davon. Allerdings sucht man die sagenumwobenen Wälder vergebens. Die Glanzpunkte in den Tälern und Bergen der Monts d'Arrée bilden die Enclos paroissiaux mit ihren schönen Kirchen und prachtvollen Calvaires.

Argoat, das Waldland, nennen die Bretonen das Hinterland im Département Finistère. Es gehört zum Parc naturel régional d'Amorique, der sich bemüht, die Naturlandschaft zu bewahren und da und dort den Wald durch Wiederaufforstung zur einstigen Pracht zurückzuführen.

Mit seinen Bergen und Tälern, Flüssen und Bächen ist es das stille Land der Naturfreunde. Auf Tourismus im größeren Stil stößt man nur dort, wo die viel gepriesenen Calvaires stehen.

INFORMATION

COMITÉ DÉPARTEMENTAL DU TOURISME DE FINISTÈRE
11, rue Théodore-Le-Hars
29104 Quimper
Tel. 02.98.53.09.00
Fax 02.98.53.09.02.

■ Landerneau

Die einst stolze Hauptstadt der alten Grafschaft Léon, durch lebhaften Handel mit Leinen und Leder zu Wohlstand gekommen, liegt verträumt an der Mündungsbucht des Élorn. Der Fluss fließt mitten durch die noch immer rührige Marktstadt. Beide Teile sind durch die malerische Rohan-Brücke miteinander verbunden. Landerneau ist ein idealer Ausgangspunkt für Touren zu den umfriedeten Kirchhöfen im Élorn-Tal und für Exkursionen in die Monts d'Arrée und Montagnes Noires.

UNTERKUNFT/RESTAURANT

**** LE CLOS DU POINTIC**
Rue du Pontic
Tel. 02.98.21.50.91
Fax 02.98.21.34.33.

In einem großen, ehrwürdigen Bürgerhaus. Modern eingerichtete, gut ausgestattete Zimmer mit Blick auf schönen Park. Sehr gutes, empfehlenswertes Restaurant.

SEHENSWÜRDIGKEITEN

PONT DE ROHAN
Das wohl reizvollste Fotomotiv der Stadt ist die mit hübschen Renaissance-Bauten ausgestattete Brücke. Mit ihren schieferverkleideten Häusern und ihrem Wehr bietet sie vom Rathaus aus den schönsten Anblick.

KIRCHEN UND BEINHAUS
In der Kirche St-Houardon (im westlichen Stadtteil) fallen der kuppelbekrönte Turm und die Renaissance-Vorhalle auf. Auf der anderen Uferseite wartet St-Thomas mit einer durch drei übereinander liegende Balkone schön gestalteten Vorhalle auf. Ihr gegenüber liegt ein sehenswertes Kapellchen, das einstmals als Beinhaus fungierte.

ALTE HÄUSER
Die alten Häuser mit ihren schönen Fassaden stehen vorwiegend auf der rechten Uferseite. Darunter auch die schieferverkleidete Maison d'Anne und die mit einer Sonnenuhr verzierte Maison du Ruhan. Alle Gebäude stammen aus dem 17. Jahrhundert.

AUSFLÜGE

PENCRAN
Der Pfarrhof mit Triumphtor, Beinhaus und Calvaire ist eher schlicht, jedoch als Ensemble von einer ausgewogenen Ästhetik, die sich harmonisch in das bäuerliche Umfeld einfügt.

LA MARTYRE
Der älteste Enclos der gesamten Grafschaft Léon mit einem Renaissance-Beinhaus und einer dreischiffigen Kirche. Die Höhepunkte bilden die Vorhalle mit ihren Skulpturen und im Inneren die Fenster, die Szenen der Passionsgeschichte darstellen.

Die Monts d'Arrée sind eines der ältesten Gebirge Europas.

SERVICE

LA ROCHE-MAURICE
Zu Füßen einer Burgruine schmiegt sich das Dorf mit einem sehenswerten Enclos an einen Hang. Neben dem auffällig großen Beinhaus besticht die Kirche mit der Säulengalerie ihres Turmes und den Ziselierungen der Vorhalle. Schön im Inneren der Renaissance-Lettner und die Buntglasfenster.

PLOUDIRY
Wiederum ein Dörfchen, das sich eines hübschen Enclos rühmen kann. Bemerkenswert in Ploudiry sind vor allem die Darstellungen des Todes an der Fassade des Beinhauses.

■ Landivisiau

Landivisiau ist wahrlich kein aufregendes Städtchen und bietet auch touristisch wenig Reiz. Die Bedeutung von Landivisiau liegt seit alters auf einem ganz anderen Gebiet: nämlich im Viehhandel. Dabei waren die Bretonen früher ganz unter sich. Heute hat die Stadt ihre überregionale Geltung als größter Viehmarkt Frankreichs. In unmittelbarer Nachbarschaft des Ortes findet man allerdings eine Reihe von Enclos paroissiaux, darunter die „Großen Drei". Die Touristenbusse, die behäbig durch die Stadt schaukeln, befinden sich also in der Regel nur auf der Durchfahrt.

UNTERKUNFT

**** RELAIS DU VERN**
Route Nationale N 12
Tel. 02.98.24.42.42
Fax 02.98.24.42.00.
Einfaches, aber angenehmes Hotel am östlichen Ortsausgang, zu dem ein gutes Restaurant gehört.

RESTAURANT

L'ELORN
10, rue Général-de-Gaulle
Tel. 02.98.68.38.46.
Ein Lokal, in dem man sich wohl fühlt und in dem es schmeckt. Die reichhaltige Speisekarte bietet dabei nicht nur exzellente Fischgerichte.

AUSFLÜGE

BODILIS
Sind es in Landivisiau die Rinder, so sind es in Bodilis die Pferde, die die Züchter und Händler anziehen. Kunstbeflissene kommen in der Kirche, einer wahren Schatzkammer bretonischer Skulpturen, voll auf ihre Kosten. Wohin man auch schaut: Schnitzereien aus Meisterhänden.

GUIMILIAU
Einer der drei berühmten Pfarrhöfe. Dank seiner ungefähr 200 Figuren der zweitgrößte Calvaire der Bretagne. Und die Kirche mit ihrer herrlichen Ausstattung gilt als eine der schönsten der Gegend. Allein die Eingangshalle mit ihren bildschönen Figuren ist schon einen Besuch wert!

LAMPAUL-GUIMILIAU
Im 200-jährigen Wettstreit haben sich Lampaul-Guimiliau und St-Thégonnec gegenseitig hochgeschaukelt und am Ende zwei brillante Höhepunkte bretonischer Enclos-Kunst geschaffen. Hier ist es weniger der Calvaire als vielmehr die Kirche, die mit ihren prachtvollen Schnitzereien im Inneren (Triumphbalken, Altar, Taufbecken, Pieta) die Glanzpunkte setzt.

ST-THÉGONNEC
Die Attraktion des nahen Kontrahenten ist der prachtvolle Calvaire,

Calvaire in St-Thégonnec.

der von einem mächtigen Kreuz überragt wird und dessen meisterhaft gemeißelten Figurengruppen eindrucksvoll die Leidensgeschichte Christi zeigen. Triumphtor, Beinhaus, Calvaire und Kirche bilden gemeinsam ein Ensemble, das nicht mehr steigerungsfähig scheint.

PLEYBER-CHRIST
Im Vergleich zu den übermächtigen „Großen" nimmt sich der Pfarrhof in Pleyber-Christ relativ bescheiden aus. Die Anlage kann zwar die gleichen Bestandteile vorweisen, jedoch in weit einfacherer Ausgestaltung.

PLOUGONVEN
Näher an Morlaix gelegen und deshalb auch von dort leicht erreichbar, bildet das Städtchen am Fuß der Monts d'Arrée mit seinem umfriedeten Pfarrhof ein interessantes Ausflugsziel. Sehenswert, neben der Kirche und dem Beinhaus, das Calvaire mit rund hundert einfühlsam gestalteten Figuren.

■ Huelgoat

Als „gut durchlüftete Sommerfrische" bezeichnet sich der Ort zwischen dem See und dem Fôret de Paimpol — ein Slogan, der viele Naturfreunde anzieht und und ihre Erwartungen auch nicht enttäuscht.
Nicht umsonst gilt Huelgoat als einer der schönsten Orte im Hinterland der Bretagne. Passionierte Wanderer finden im 600 ha großen Waldgebiet schöne Routen, und die Angler genießen den Fischreichtum der Wildbäche. Die Gäste verlieren sich tagsüber in der Weite der Natur, am Abend treffen sie sich in den vielen urigen Lokalitäten rund um den Marktplatz und an der Uferstraße des Sees wieder.

UNTERKUNFT

*** AN TRISKELL**
Route Pleyben
Tel. 02.98.99.71.85.
Kleines, schlichtes Hotel. Sauber und mit vernünftigen Preisen. Ohne Restaurant.

Die schier überbordende Figurenfülle am Triumphtor in Sizun.

SERVICE

Calvaires & Pardons 5

SEHENSWÜRDIGKEITEN

Der Stolz der Pfarrgemeinde ist das kolossale Triumphtor. Drei klassische Säulen-Bögen tragen die Balustrade mit einem Altar und den Kreuzen des Calvaires. Das Tor wirkt innerhalb des Pfarrhofs und gegenüber dem Dorf absolut überdimensioniert, vermag aber gerade deswegen zu beeindrucken.

AUSFLÜGE

KEROUAT
Ein typisches Dorf aus dem 19. Jh. mit originalgetreuen Gehöften. Wohnhaus, Stall, Scheune, Backofen und Mühle, an der das Schaufelrad läuft! Die Arbeit des Müllers, seine Lebensumstände, die Einrichtung von Haus und Mühle – alles kann besichtigt werden. Die Moulins de Kerouat sind eine Leistung der Park-Verwaltung.

COMMANA
Besonders sehenswert ist der Ahnen-Altar in der Kirche des eher schlichten Pfarrhofs. Aber auch die Vorhalle kann gefallen. In dem nahen Mogau-Bian ist ein schönes Langgrab mit 14 m Länge zu besichtigen. Auf einigen Tragsteinen sind Zeichnungen eingeritzt.

ROC TRÉVEZEL
Mit einer Höhe von 384 m ist der Felsen einer der Gipfel der Monts d'Arrée. Seine ausgezackte Spitze erlaubt einen herrlichen Rundblick über die Berge und Höhenrücken, so auch hinüber zum Gipfel des Bergstocks Montagne St-Michel.

RESTAURANT

AUBERGE DE LA TRUITE
Locmaria-Berrien
Tel. 02.98.99.71.85.
Ein mit bretonischen Möbeln hübsch und gemütlich eingerichtetes Restaurant mit guter regionaler Küche. Spezialität sind Flussfische aus den umliegenden Gewässern.
7 km östlich von Huelgoat.

SEHENSWÜRDIGKEITEN

FELSENMEER
Fast unmittelbar am See beginnend, kann nah beieinanderliegend das Chaos du Moulin, eine malerische Granitstein-Formation, die Grotte du Diable, das Felsenrund des Théâtre de verdure, die schwankenden Felsblöcke Roche Tremblante (Schaukeln sie noch, oder hat die Erosion den Effekt aufgelöst?) und die Ménage de la Vierge, ein weiteres Felsenmeer, erlebt werden.

PROMENADE DU FER-À-CHEVAL
Ein angenehmer, ungefähr halbstündiger Spaziergang durch den von Buchen, Eichen und Kiefern durchsetzten stimmungsvollen Wald.

PROMENADE DU CANAL
Ein zweistündiger Fußmarsch, der mit der Hufeisen-Promenade verbunden werden kann. Landkarten dazu sind im Office de Tourisme erhältlich.

AUSFLÜGE

BRASPARTS
Kleine Pfarrgemeinde in der kargen Heidelandschaft mit einem sehenswerten Enclos. Im Beinhaus kann man den sensenbewehrten Knochenmännern in die Augenhöhlen schauen.

PLEYBEN
Ein Tagesausflug von Huelgoat, der sich durchaus lohnt. Denn das Enclos des Ortes braucht sich hinter den „drei Großen" keineswegs zu verstecken. Vor allem der wunderschöne Calvaire mit seinen großartigen Figurengruppen, aber auch die Kirche mit ihren beiden Türmen machen einen Besuch zu einem großen Erlebnis.

■ Sizun

Das stattliche Dorf in der Landschaft Léon wird vor allem seines schönen umfriedeten Pfarrhofs wegen angesteuert. Der Ort liegt am Beginn einer Strecke interessanter Ausflugsziele und ist deshalb für viele Besucher der ideale Ausgangspunkt.

UNTERKUNFT

* VOYAGEURS
Tel. 02.98.68.80.35
Fax 02.98.24.11.49.
Bürgerliches Haus mit freundlicher Atmosphäre. In den schlichten, sauberen und preiswerten Zimmern lässt es sich wohl fühlen.

Insider News

PARDON MIT TRADITION
Die 1532 errichtete Kapelle Crann (nahe Commana, östlich von Sizun) hat alljährlich am ersten Sonntag im Juni mit dem traditionellen Pardon „Notre-Dame-du-Crann" ihren großen Tag. Die Prozession dort gehört zu den wichtigsten und meistbesuchten Troménies in der Bretagne und hat, wie die anderen auch, ihre Wurzeln im altüberlieferten Brauchtum.

6 Baie de Douarnenez

Küste der Kaps

Wie der Dreizack Poseidons ragt die Halbinsel Crozon ins Meer, und die Bucht von Douarnenez schwingt sich hinunter zum berühmtesten Kap der Bretagne.

Wir stehen auf dem **Menez-Hom**, einer 330 Meter hohen, kahlen Hügelkuppe, die aber wesentlich höher wirkt, weil sie unmittelbar aus dem umgehenden flachen Land ansteigt. Sie muss sich zwar hinsichtlich ihrer Höhe unter den bretonischen Bergen mit dem zweiten Platz begnügen, aber als Aussichtspunkt ist sie eindeutig die Nummer eins! Von der **Pointe de St-Mathieu** im Norden bis zur **Pointe du Van**, dem südlichen Ende der Baie de Douarnenez, reicht die Sicht. Alles dazwischen – die Bucht von Brest, die Halbinsel Crozon und die Armorique-Landzunge – liegt vor den schweifenden Augen wie auf dem Präsentierteller. Doch damit nicht genug: nur eine Drehung um die eigene Achse, und der Blick erfasst das gesamte Hinterland mit den **Montagnes Noires**, den **Monts d'Arrée** und den vielen dazwischen liegenden Flusstälern. Eigentlich braucht man die angebrachte Orientierungstafel gar nicht, um eine Entdeckung nach der anderen zu machen.

Vor uns liegt, auf dem Boden ausgebreitet, unsere Route der beiden nächsten Tage. Rund um die Baie du Douarnenez wird es gehen. Der Blick verfolgt die Strecke, die wir auf der Karte ausgetüftelt haben. Beginnen werden wir in **Crozon**, dem Zentrum der Halbinsel. Dort, vor der Kirche, wartet Patrick Nyssen auf uns, der uns begleiten will. Weit weg von hier, in Le Touquet, an einer der schönsten Stellen der nördlichen Kanalküste, haben wir den sympathischen, immer launigen Burschen zusammen mit seiner Mutter Anna im Urlaub kennen gelernt. Patrick ist Weinhändler und versorgt viele der Restaurants auf der Halbinsel mit erlesenen Weinsorten. Er versteht also nicht nur etwas von Weinen, sondern kennt sich auch in der Gegend gut aus.

Die **Presqu'Ile de Crozon**, die wir in gemütlichem Tempo durchfahren, gehört zum Naturschutzgebiet **Parc Régional d'Armorique**. Verständlich, denn sie zeigt sich mit Waldhängen und Blumenwiesen, Heide- und Ginsterflächen von ihrer schönsten Seite. Dazwischen verstreut liegen immer wieder hübsche Bauernkaten. Es gibt Landeskenner, die steif und fest behaupten, dass die Halbinsel von Crozon das eindruckvollste und typischste Landschaftsbild der Bretagne aufweist. Sie denken natürlich an die steile Klippenküste mit ihren Kaps und Meeresgrotten.

Schließlich erreichen wir Crozon und finden schnell den Treffpunkt an der Kirche St. Pierre. Patrick ist aber noch nicht zu sehen. Also gehen wir in die Kirche aus dem 19. Jahrhundert, die bekannt ist für ihr Retabel. Der bemalte Altaraufsatz zeigt mit 400 Holzfiguren das Martyrium der 10.000 römischen Soldaten, die von Kaiser Hadrian der Reihe nach auf dem Berg Ararat gekreuzigt wurden. „Nur weil sie sich zum Christentum bekehren ließen!", lässt sich plötzlich von hinten Patrick vernehmen. Um die Stille des Gotteshauses nicht zu stören, gehen wir hinaus und begrüßen uns dort mit Schulterklopfen und allem, was dazugehört. „Wollen wir nicht zur Bucht fahren, nach **Morgat**, und irgendwo am Hafen das Wiedersehen begießen", schlägt Patrick vor und findet damit natürlich Anklang.

Einsamkeit ist garantiert am Cap de la Chèvre.

Das Seebad Morgat, reizvoll eingebettet in eine in die Steilküste eingeschnittene Bucht, ist eine Perle unter den Schmuckstücken der Halbinsel, voller Charme und Heiterkeit. Die lange Strandpromenade ist gesäumt von Palmen und blühenden Zypressen. Davor erstreckt sich die Plage mit feinstem Sand – selbst bei Flut noch breit genug, um Badefreuden zu frönen. Wir aber sind gekommen, um einen Drink zu nehmen und finden nach endlosem Suchen in den überfüllten Straßen einen Parkplatz und eine Café-Bar, von der aus wir dem lebhaften Treiben im kleinen Hafen zuschauen können. Vertäute Fischertrawler, Yachten und Segelboote schaukeln still in den Wellen, als ginge sie der ganze Trubel nichts an.

Wir beobachten amüsiert die Schiffskapitäne, die sich auf marktschreierische Art um Fahrgäste für ihre Schiffstouren bemühen. Patrick erläutert, worum es geht: „Mit den flotten Motorbooten geht es hinaus zum Hochseeangeln. Ein feiner Sport, das höchste Glück für einen echten Angler. Denn in der Bucht schwimmen prachtvolle Fische, darunter ausgesprochen stramme Burschen. Gibt es etwas Schöneres, als sich in einem exquisiten Restaurant seinen eigenen Fang zubereiten zu lassen? Die Ausflugsboote da vorn fahren zu den Grotten, die größte Attraktion von Morgat. Sie gehören zu jedem Besuchsprogramm. Am besten fahren auch wir gleich dorthin! Kommt, trinkt eure Gläser leer und lasst uns einem der Kapitäne eine Freude – und ein Geschäft – machen!"

Eine Bootsfahrt in der Bucht ist tatsächlich ein Erlebnis! Wir klappern gemächlich nacheinander die vier Grotten ab, die an beiden Enden der Bucht liegen. Von den vielen Fahrgästen am meisten bewundert wird die **Grotte de l'Autel**, die mit 80 Meter Länge und 15 Meter Höhe beeindruckende Ausmaße erreicht. Wieder zurück an Land, erzählt Patrick: „Das waren Les grandes grottes. Natürlich gibt es auch Les petites grottes. Sie liegen am Ende des Strandes und können bei Ebbe zu Fuß besichtigt werden. Aber ich denke, wir können sie uns im Augenblick schenken. Wir haben schon genug Grotten gesehen. Wir sollten uns lieber ein wenig auf der Halbinsel umschauen." Nachdem wir nickend zugestimmt haben: „Es sind hauptsächlich Kaps, die wir im Verlauf unserer Tour ansteuern werden. Jeder einzelne der Aussichtspunkte bietet

Von Morgat aus geht es auf Segeltörn oder hinaus zum Hochseeangeln.

Auf den Spuren von Ernest Hemingway: Hochseefischen als das höchste Anglerglück! Den eigenen Fisch gibt es abends im Restaurant.

BAIE DE DOUARNENEZ

einen phantastischen Rundblick. Natürlich werden wir auch durch hübsche Städtchen bummeln. Lasst euch einfach überraschen, die Baie de Douarnenez hat viel zu bieten!"

Bereits das **Cap de la Chèvre**, das wir nach einer stimmungsvollen Fahrt durch Pinienwälder und Heidekraut erreichen, entspricht den einstimmenden Worten. Von den 100 Meter hohen Klippen, steil abfallend in das anbrandende Meer, bietet das Kap eine wunderbare Sicht über die Baie und ihre zerklüfteten Küsten, über die anmutig dahinter liegenden Hügel und Berge. Im Osten, fast schon majestätisch über der Bucht aufragend, ist der Menez-Hom zu sehen. Heute morgen noch standen wir auf seiner Kuppe und konnten, in die Gegenrichtung, hierher zu dieser Ecke der Halbinsel Crozon schauen! Schwer zu sagen, welcher Blick schöner ist!

Auch die nördlich, an der nächsten Ecke gelegene 60 Meter hohe **Pointe de Dinan** bietet eine großartige Aussicht. Mit ihren bizarren Felsspalten, den antosenden Wellen und dem Gekreisch der kreisenden Seevögel bildet sie ein recht aufregendes Kap. Eine fotogene Zugabe ist das **Château de Dinan**, ein Felsbrocken im Meer mit den Formen einer Burgruine. Über eine bei Flut durchspülte natürliche Felsbrücke ist sie zu Fuß gut erreichbar. Mit dem Château-Gebilde verbinden sich viele Legenden. „Von Riesen und Zwergen ist da ständig die Rede", merkt Patrick kurz an, ohne jedoch weiter auf die Hintergründe einzugehen. Bretagne, Land der Legenden!

Wir fahren weiter nach **Camaret-sur-Mer**, das bis in die erste Hälfte unseres Jahrhunderts hinein der bedeutendste Hafen für den Langustenfang war. „Als jedoch die Gewässer der bretonischen Küste die große Nachfrage nach den Krustentieren nicht mehr decken konnten, wurde aus dem Fischerort ein inzwischen bei Touristen recht beliebtes Seebad.

Langusten haben Camaret-sur-Mer bekannt gemacht.

Cap reiht sich an Cap, Pointe an Pointe: Den äußersten Westen der Bretagne hat das Meer zu einer zackigen Küstenlinie ausgewaschen.

Im alten Fischerhafen ankern mittlerweile Yachten und Segelboote. Entlang der Pier, an der **Quai Gustave Toudouze**, reihen sich Hotels, Restaurants und Bars aneinander, fast alles Kunden von mir. Heute muss ich das 'Hôtel de France' besuchen. Da könnte ich euch gleich im Restaurant zum Langusten-Essen einladen – was meint ihr dazu?" Wer könnte einem solchen Angebot widerstehen!

Also schieben wir uns durch das Getümmel am Hafen und finden schließlich im Hotel-Restaurant den richtigen Rahmen für unser Festessen – im Wasser dümpeln Kutter und Kähne, davor herrscht turbulentes Treiben. Natürlich hat Patrick wieder etwas zu erzählen: „Camaret hat eine bewegte Geschichte hinter sich: Immer wieder versuchten Engländer, Spanier und Holländer vom Meer aus, die Stadt und damit die Kontrolle über den Eingang zur Rade de Brest zu erobern. Kein Geringerer als der legendäre Festungsbaumeister Vauban nahm sich 1689 der Sache an und befestigte den Hafen. Der massive Rundturm da vorn, der **Tour Vauban**, war einst Teil der damaligen, genialen Befestigungsanlage. Sie wurde als uneinnehmbar angesehen. Schon fünf Jahre später erlebte sie ihre große Bewährungsprobe: Die vereinte englisch-holländische Flotte versuchte es wieder einmal, doch vergebens. Mit ihren Kanonen versenkten die Verteidiger mehrere Schiffe und dezimierten mit Säbeln, Gewehren und Sensen die Landetruppen. Über 1200 Tote und 400 Gefangene mussten die in die Flucht geschlagene Angreifer beklagen, während die tapfere Bürgerwehr nur 45 Verletzte zu verarzten hatte. Der Sieg war grandios und wurde selbst am Hof des Sonnenkönigs in Paris begeistert gefeiert. Ab diesem Zeitpunkt herrschte Ruhe in Camaret, und die Fischkutter konnten sich wieder ungestört dem lukrativen Langustenfang widmen."

Wie auf Stichwort werden in diesem Augenblick unsere Krustentiere serviert. Patrick zeigt uns, wie man mit der Scherenzange umgeht, was schließlich erstmal gelernt sein will! Entsprechend lang dauert das Festmahl. Patrick weiht uns in den nächsten Streckenabschnitt ein: „Wie bereits angekündigt, gibt es an der Westküste der Halbinsel ein Kap nach dem anderen. Zwei davon, das Cap de la Chèvre und die Pointe de Dinan, haben wir ja bereits erlebt. Heute nachmittag schauen wir uns drei weitere an. Keine Sorge, es wird nicht langweilig, denn zum einem liegen sie alle nah beieinander, und zum anderen bietet jedes Kap neue Eindrücke." Als die Berge von Schalenresten abgetragen sind und Patrick mit dem Restaurantbesitzer noch einen kleinen Schwatz wegen der nächsten Weinlieferung absolviert hat, machen wir uns wieder auf den Weg.

Die **Pointe de Penhir**, ein 70 Meter hoher Granitfelsen, entpuppt sich tatsächlich als der aufregendste, den wir bisher gesehen haben. Unten tobt mit unbändiger Kraft das Meer. An den beängstigend steilen, wild zerklüfteten Felswänden flattern und schweben Tausende von kreischenden Seevögeln. Es scheint, als genießen auch sie die Dramatik dieser atemberaubenden Küstenecke. Natürlich ist die Fernsicht phantastisch. Jeder einzelne Punkt ist uns inzwischen geläufig. „Noch eine Legende gefällig?", bringt sich Patrick in Erinnerung. „Bitte schön: Die drei so harmonisch hintereinander liegenden Felsbrocken hier vor uns im Meer, die **Tas de Pois**, sollen angeblich einem fliehenden Zyklopen nachgeworfen worden sein. Fragt mich nicht, warum. Die Phantasie der Bretonen, solche Geschichten zu erfinden, und vor allem die Bereitschaft, sie zu glauben, war schon immer groß! Übrigens: Das Kap mit all seinen Inselchen ist auch ein von Ornithologen hoch geschätztes Vogelschutzgebiet. Von Camaret kann man mit den Ausflugsbooten hierher fahren und das ganze Naturschauspiel vom Meer aus betrachten. Ein großartiges Erlebnis!"

Die Felsen vor der Pointe de Penhir sollten einen fliehenden Zyklopen treffen.

BAIE DE DOUARNENEZ

Um das nächste Kap, die **Pointe des Espagnols** an der äußersten Nordspitze der Halbinsel, zu erreichen, müssen wir wieder zurück nach Camaret-sur-Mer. Auf dem Weg, noch vor der Stadt, machen uns Hinweisschilder auf das **Alignement de Lagat-Yar** neugierig – ein Blick zurück in die hohe Zeit der Megalithkultur ist immer spannend! 143 kleine Menhire aus weißem Quarzit, fein säuberlich in drei Kolonnen gereiht, sind der Rest der Anlage, die vor zwei Jahrhunderten noch über 800 Steine umfaßte. Man schätzt, dass sie vor etwa 5000 Jahren errichtet wurden. Über ihre Bedeutung gibt es nur Vermutungen, wie Patrick berichtet: „Das ist nur ein kleiner Vorgeschmack auf die Megalithfelder an der Morbihan-Bucht. Wie die Funde dort steckt auch diese Anlage voller Rätsel. Eindeutig ist nur, dass sie auf das Sternbild der Plejaden ausgerichtet ist – was auch immer das bedeutet! Dort drüben, wo ihr den Leuchtturm seht, ragt die **Pointe de Toulinguet** ins Meer hinaus, die westlichste Landspitze der Halbinsel. Zu ihren Füßen übrigens eine wunderschöner Feinsandstrand."

Noch in der Stadt beginnt eine reizvolle Küstenfahrt, die unsere Blicke hinaus auf das Meer zieht. An der **Pointe des Capucins** widerstehen wir der Versuchung anzuhalten, obwohl sie einen phantastischen Blick entlang der gegenüberliegenden Küste bis hinaus zur Pointe de St-Mathieu bietet.

Die Pointe des Espagnols hält, was sie auf Grund ihrer Lage verspricht. Während sich die bisher besuchten Kaps der Douarnenez-Bucht und dem weiten Meer zuwenden, wird uns hier die **Rade de Brest** von ihrer schönsten Seite präsentiert. Direkt vis-à-vis, über die Meeresenge Goulet hinweg, liegt die Großstadt mit ihren riesigen Hafenanlagen. Im Osten ist die **Pont Albert Louppe** und der sattgrüne Küstensaum der Halbinsel Plougastel zu sehen, auf der Südseite die Halbinsel Crozon mit ihren Inselchen. Dahinter leuchtet die Bergkuppe des Menez-Hom herüber. Auch Patrick begeistert sich: „Immer, wenn ich in der Nähe bin, fahre ich hierher, um dieses herrliche Panorama zu genießen. Ihr seht von hier aus aber auch, welch wichtige militärische Funktion der **Goulet de Brest** hat. Mit nur zwei Kilometer Breite bildet er den Eingang zur Bucht, die in geradezu idealer Weise einen geschützten Naturhafen bietet. Die französische Kriegsmarine nutzt das weidlich, wie ihr an den riesigen Hafenanlagen in Brest seht. Auch die Halbinsel **Ile Longue** ist als Basis der französischen Atom-U-Boote von großer militärischer Bedeutung. Der Geheimhaltung wegen ist sie ein streng kontrolliertes Sperrgebiet, darf also nicht betreten werden. Das war früher auch so. Schon im Mittelalter war dieses Kap häufig hart umkämpft. Um die Macht über die Bucht zu erringen, besetzten das Kap am Ende des 16. Jahrhunderts 400 spanische Söldner, die erst nach einem erbitterten Kampf durch königliche Truppen niedergerungen werden konnten. Die Spanier mussten ihr Leben lassen, gaben jedoch dem Kap immerhin seinen Namen: Pointe des Espagnols!"

Schon fast benommen von den traumhaften Szenerie fahren wir über Crozon zurück nach Morgat, um hier zu übernach-

Das mittelalterliche Flair Locronans verzückt alle seine Besucher.

ten. Beim opulenten Frühstück am nächsten Morgen schmiedet Patrick Pläne. „Wir werden heute das gesamte Halbrund der Baie de Douarnenez abfahren bis hin zur Pointe du Raz. Natürlich gibt es an der Strecke noch viele andere, weniger berühmte Kaps. Wie kann es bei einer Fahrt entlang einer hohen, wild zerklüfteten Felsküste auch anders sein! Bis Douarnenez fahren wir durch. Lasst euch dabei die Schönheiten der Landschaft links und rechts der Straße nicht entgehen."

Kurz vor Douarnenez verlässt Patrick abrupt die Küste und steuert den Wagen ins Hinterland. „Wir machen einen kleinen Abstecher. Wohin? Wird nicht verraten!" Aber natürlich lesen wir die vorbeihuschenden Schilder und stellen recht schnell fest, wohin die Reise geht: **Locronan**. Tatsächlich halten wir kurze Zeit später vor den Toren des Städtchens. „Ihr werdet jetzt einen der bezauberndsten Orte der Bretagne sehen! Wir müssen hier außerhalb parken, denn der ganze Ort ist autofreie Zone", erläutert Patrick, schließt den Wagen ab und führt uns hinein in die mittelalterlichen, kopfsteingepflasterten Gassen. Graue, stattliche Granithäuser, geschmückt mit bunt bepflanzten Blumenkästen, reihen sich dicht aneinander und formen bildschöne Ensembles. „Locronan war im Mittelalter durch seine florierende Segeltuchproduktion eine reiche Stadt. Jedes Schiff, das etwas auf sich hielt und es sich leisten konnte, war mit den Segeltüchern aus Locronan bestückt. Selbst die Armada des spanischen Königs wollte nicht auf sie verzichten. Als sich jedoch die Dampfschiffe durchzusetzen begannen, kam der Einbruch. Die fetten Jahre Locronans waren vorbei. Geblieben sind die kostspielig gebauten Häuser, in denen die Edlen und Reichen der Stadt wohnten. Heute, nachdem im Zug der Zeit der Tourismus auch hier Einzug gehalten hat, sind Restaurants, Boutiquen und vor allem urige Ateliers von Kunsthandwerkern in Locronan zu Hause."

Während Patricks Erzählung erreichen wir den Mittelpunkt der Stadt, die **Église Saint-Ronan**. Direkt davor, am alten Ziehbrunnen, bleiben wir stehen und bewundern die großartige Szenerie des historischen Stadtbildes. „Seit dem 17. Jahrhundert sind hier keine Veränderungen vorgenommen worden. Alles ist pures Mittelalter. Immer wieder werden deshalb hier Filme gedreht, für die vom Drehbuch mittelalterliche Kulissen verlangt werden. So hat zum Beispiel auch Roman Polanski mit Nastassja Kinski seinen Film 'Tess' hier aufgenommen. Ja, ja, ich weiß, der Streifen war ein Flop. Aber

Romantische Granithäuschen prägen Locronan.

Spaziergang durchs Mittelalter: Im autofreien Locronan bummelt man auf Kopfsteinpflaster vorbei an einer historischen Kulisse.

BAIE DE DOUARNENEZ

an der Stadt hat es ganz bestimmt nicht gelegen. Doch nun dreht euch um und schaut die Kirche an. Ist sie nicht wundervoll? Ursprünglich hatte der Glockenturm eine hohe, schlanke Spitze. Aber immer wieder wurde sie durch Blitzschläge beschädigt und deshalb irgendwann gekappt. Zugegeben, das stört zwar die architektonische Harmonie, schmälert jedoch keineswegs die Schönheit des Gotteshauses. In der **Chapelle du Pérnity**, gleich neben der Kirche, ist das Grab von Saint Ronan untergebracht. Dieser Heilige ist für den Ort von ganz besonderer Bedeutung. Im sechsten Jahrhundert gründete er im nahen **Forêt de Nevet** ein Kloster und begann von dort aus mit der Christianisierung der Bretonen. Die Legenden berichten, dass er seine Aufgabe mit Hingabe, aber auch mit Strenge anging. Die Wirkung seiner Strenge war nachhaltig und findet noch heute ihre Würdigung in der 'Grande Troménie', einer der wichtigsten Pardons in der Bretagne.

Diese Wallfahrt, die nur alle sechs Jahre stattfindet, ist ein Riesenspektakel. Der kleine Ort ist dann förmlich überschwemmt von Gläubigen und Schaulustigen. Ich habe es einmal miterlebt. Nirgendwo ein Durchkommen, überall furchtbares Gedränge und in keinem Lokal ein freies Plätzchen. Bedeutend stiller und toleranter geht es bei der alljährlichen Petit Troménie zu." Es ist unüberhörbar, Patrick liebt diesen Ort mit all seinen Schönheiten und Eigenarten.

Nach der Idylle im Hinterland geht es wieder zurück zur Küste. **Douarnenez**, malerisch an einer „Bucht in der Bucht" gelegen, empfängt uns mit Meeresluft, nein, ganz eindeutig mit Fischgeruch! Als wolle uns die Hafenstadt eindringlich nachweisen, dass bereits zur Römerzeit und in den Jahrhunderten danach der Fisch, sein Fang und seine Verarbeitung eine bedeutsame Rolle in der Stadtgeschichte spielte.

Wir folgen dem Geruch und landen, wie die mit Sardinen, Makrelen und Thunfisch prall gefüllten Fischkutter auch, im **Port du Rosmeur**, dem malerischen „alten" Fischereihafen. Auf dem Kai fasziniert die lebhafte Geschäftigkeit des Fischmarktes. Wir bummeln hinaus zur stilleren Mole und genießen den malerischen Blick auf den alten Hafen und die verwinkelten Gassen des umliegenden Viertels. „Morgens, in aller Früh, wird der in der Nacht angelandete Fisch versteigert und zu großen Teilen noch am gleichen Tag in den umliegenden Konservenfabriken verarbeitet. Ihr solltet euch ein paar Dosen Ölsardinen als Erinnerung mitnehmen! Aber dann gehen wir in die eigentliche Stadt und machen einen kleinen Rundgang." Über die steilen, anmutig verwinkelten Gassen erreichen wir das höher liegende Zentrum der Stadt und die an der Steilküste entlang führende Höhenstraße. „Unter uns liegen die beiden schmalen Strände von Douarnenez, **Plage des Dames** und **Plage de Pors Cad**", erklärt uns Patrick die Aussicht. „Auf der anderen Seite des Flusses Pouldavid befindet sich der über die hohe Eisenbrücke, die ihr da vorn seht, erreichbare Stadtteil **Tréboul**, mit schönen Stränden und allem Schnickschnack, das ein renommiertes Seebad heute bieten muss. Besonders beliebt ist die mondäne **Plage des Sables Blancs**.

In die Flussmündung eingekeilt, also zwischen den beiden

Douarnenez ist Fischer- und Seglerhafen zugleich.

Stadtteilen, seht ihr die kleine, geschichtsträchtige **Ile Tristan**. Verfolgt man ihre Historie, kommt man schnell dahinter, dass Geschichte und Legenden in der Bretagne unentwirrbar miteinander verknüpft sind. Es beginnt damit, dass wir hier bereits auf dem Boden der Landschaft Cornouaille stehen. Douarnenez war ursprünglich sogar die Hauptstadt des damaligen Königreiches. Die Burg des Königs March stand auf dieser Insel. Sein Neffe Tristan – genau der, der mit Isolde anbandelte – soll sich aus Liebeskummer von dem Steilfelsen in die Tiefe gestürzt haben. Sein Mantel breitete sich jedoch wie Flügel aus und ließ ihn sanft auf der Insel landen. Die Bretonen hatten fortan in dem antiken Batman ihren neuen Helden, vermarkteten ihn in ihren Legenden und nannten die Insel fortan 'Ile Tristan'.

Noch viele weitere Geschichten ranken sich um das Inselchen. So wurde es im 16. Jahrhundert von dem berüchtigten Piraten La Fontenelle vereinnahmt und zu einem befestigten Räubernest ausgebaut. Von hier aus verbreitete er durch seine skrupellosen Raubzügen in der gesamten Cornouaille Angst und Schrecken. Selbst der König in Paris bekam ihn nicht in Griff. Es dauerte lange, bis man ihn erwischte und hinrichtete. Es war ein wahres Volksfest! Die Insel ist leider heute in Privatbesitz und deshalb kann nicht besucht werden."

Steile siebzig bis achtzig Meter hoch ist die in Douarnenez beginnende Küstenwand, die sich bis zur äußersten Spitze im Westen der Halbinsel, die Pointe du Raz, hinzieht. Ständig der anrollenden Brandung ausgesetzt, bieten ihre Steilfelsen und Kaps immer wieder herrliche Ausblicke. Es ist das große nordwestliche Halbrund der Bucht, das von der **Pointe de Leydé** und der **Pointe de la Jument** mit den Augen verfolgt werden kann. Ab der **Pointe du Millier**, besser noch von der **Pointe de Beuzec**, kommt der Blick zur fernen Pointe de St-Mathieu jenseits der Halbinsel von Crozon hinzu. Fast schwärmerisch erzählt Patrick: „All das sind grandiose Panoramen, die wir deshalb in aller Ruhe genießen können, weil wir den kleinen Küstenstraßen folgen. Fast alle Touristen fahren auf der Hauptstraße bis zur Spitze der Landzunge durch, um möglichst schnell die großen Kaps an der Westspitze der Landzunge zu erreichen. Ganze Heerscharen! Hier an diesen Kaps ist es Gott sei dank menschenleer und ruhig. Außerdem verpassen wir auf dieser Strecke zweierlei nicht: Einmal die vielen verstreut herumstehenden Menhire und versteckt liegenden Dolmen, die beweisen, dass diese Gegend schon im Neolithikum bevölkert war. Und zum anderen das sich bis zur Pointe de Brézellec hinziehende **Réserve du Cap Sizun**. Genau genommen heißt es 'Réserve Ornithologique Michel-Hervé-Julien' und ist ein von vielen Vogelarten bevölkertes, einzigartiges Vogelschutzgebiet. Man kann allein in den Felsen herumkraxeln, man kann sich

> Batmans Vorgänger: Die „Schwingen" seines Mantels retteten den von Liebeskummer geplagten Tristan vor dem Tod.

Wild gischtet das Meer am Cap Sizun.

aber auch einer Führung anschließen. Es ist herrlich, den Vögeln zuzuschauen: beim Nestbau, bei ihrer Fütterung der kleinen Schreihälse und bei ihren akrobatischen Flügen durch die Klippen. Auf einer Tour erleben wir hautnah die in der bizarren, ungebändigter Natur nistenden Trottellummen, beobachten Schwärme von Kolkraben, entdecken Eissturmvögel und folgen mit den Blicken den eleganten Flugkünsten der Dreizehenmöwen.

Dann geht die Fahrt weiter bis zur **Pointe du Van**. Hier ist schon weit mehr Betrieb als bei den Kaps vorher. Verständlich, denn bereits der erste Rundblick zeigt, an welch exponierter Stelle wir hier an der äußersten Nordwestecke der Cornouaille stehen. Patrick führt uns den ausgetretenen Weg durch eine windzerzauste Heidelandschaft an der kleinen Kapelle **St-They** vorbei hinaus zur Landspitze. Dort angekommen, setzen wir uns auf einen Felsbrocken, fast schon andächtig in das Naturschauspiel versunken.

„Die Pointe de Van ist als Kap nicht so spektakulär wie sein berühmter Kollege Pointe du Raz gleich nebenan. Aber was die Aussicht betrifft, steht er ihm in nichts nach. Schön, dass wir heute eine einigermaßen gute Sicht haben. Lasst uns einmal die wichtigsten Punkte suchen. Ach ja: Links haben wir zunächst in unmittelbarer Nachbarschaft den Pointe du Raz. Davor liegen mitten im Meer der **Phare de la Vieille** und draußen die **Ile de Sein**. Genau auf unserer Höhe ragt der **Phare de Tévennec** aus dem Meer. Wenn wir nach Nordosten schauen, sehen wir zunächst die Pointe de la Chèvre, dann die Pointe de Penhir und schließlich, ganz in der Ferne, die Pointe de St-Mathieu – mit allem, was dazwischen, davor und dahinter liegt. Sogar der Menez-Hom lässt grüßen." Patrick versucht, sich eine Gauloise anzustecken, bei dem starken Wind geradezu ein Kunststück. Aber er schafft es letztendlich. Nachdem er ausgeraucht hat, geht er langsam zum Wagen zurück: „Lasst uns dann weiterfahren! Kommt!"

Gelassen blickt die Kapelle St-They über das Meer an der Pointe du Van.

Mit der anschließenden **Baie des Trépassés** erwartet uns ein absolutes Postkartenmotiv. Ein etwa 300 Meter langer Traumstrand, malerisch im Halbrund der von den beiden großen Kaps flankierten Bucht gelegen, liefert sich willig den schäumend anrollenden Wellen aus und bereitet den vielen Urlaubsgästen unbändigen Badespaß ohne Ende. Lediglich zwei in den Dünen liegende Hotels scheinen nicht so ganz in die romantische Szenerie zu passen. Der Blick hinaus zu den mit Wind und Wasser spielenden Surfern zeigt jedoch, dass sie durchaus ihre Kundschaft haben.

Ungehorsam mit tragischen Folgen: Dahut öffnete die Schleusen, und die Fluten spülten das sagenumwobene Ys an der Baie des Trépassés ins Meer.

Wir setzen uns auf eine der Terrassen, schauen dem bunten Strandleben zu und bestellen uns einen Drink. Patrick erzählt: „Der Name der Bucht – 'Bucht der Verstorbenen' – kommt nicht von ungefähr und ist typisch für dieses legendenumwobene Land der Bretagne. Der Überlieferung nach soll in grauer Vorzeit hier in der Bucht die sagenhafte Stadt Ys, die glanzvolle Hauptstadt des Königs Gradlon, mit Kind und Kegel versunken sein. Seine ungehorsame Tochter Dahut hatte das schützende Deichtor geöffnet, die Fluten stürzten herein und begruben die Stadt unter sich. Soweit die Legende. Tatsächlich liegen auf dem Grund dieses Meeres viele Schiffswracks, die in gewaltigen Stürmen und tückischen Strömungen an den Granitklippen zerschellten. Die danach angeschwemmten Ladungen wurden von den Anwohnern als Gottesgeschenk angesehen und dankbar angenommen. Böse Zungen allerdings flüsterten hinter vorgehaltener Hand, dass die Schiffe vorsätzlich durch irreführende Leuchtfeuer in die tückischen Felsbarrieren gelockt wurden und dort zerbarsten. Prompt kam die Ladung 'frei Küste' angeschwommen. Nachgewiesen ist dies aber nicht. Überliefert ist jedoch, dass in der keltischen Zeit die Druiden die Leichen ihrer Verstorbenen von hier aus zur acht Kilometer entfernten Ile de Sein schipperten, um sie dort zu begraben.

Das dazwischen liegende Meer, die Raz de Sein, schienen sie für die Grenze zwischen dem Diesseits und dem Jenseits zu halten. Die Druiden tauchten irgendwann im 6. Jahrhundert vor Christi auf, doch keiner weiß woher. Sie waren einfach da und gaben sogleich den Ton an. Denn sie waren hoch gebildete Priester mit philosophischen und naturwissenschaftlichen Kenntnissen, die für ihre Zeit erstaunlich waren. Bald hatten sie eine derartige gesellschaftliche Position inne, dass sie nicht nur in religiösen, sondern auch in politischen Fragen entscheidend mitwirkten. Damit entwickelten sie eine Macht, die sie clever mit angeblich übersinnlichen Fähigkeiten und direkten Drähten zum Jenseits absicherten. Ihre Kultstätten lagen in Wäldern, an Quellen und Brunnen, denn in der keltischen Religion waren Naturverehrung und Fruchtbarkeitskult von zentraler Bedeutung. Ihre Heilungen, die sie durch ihre naturmagisches Wissen zustande brachten, galten natürlich als „Wunder", die ihre Reputation unermesslich steigern ließ. So wie sie kamen, verschwanden sie auch wieder. Aber, dass es sie gab, ist eindeutig nachgewiesen – von einem zumindest kennt seit Uderzo' und Goscinny' fast jeder den Namen: Miraculix, ohne dessen Zaubertrank die Heldentaten von Asterix und Obelix undenkbar gewesen wären!"

Au revoir, Miraculix! Wir trinken aus, bezahlen und machen uns auf den Weg. Uns ruft unüberhörbar- und sehbar die **Pointe du Raz**! Es ist ja nur ein Katzensprung! Drängelnde Autos, volle Parkplätze und überall dazwischen dichtes Treiben, obwohl vom Kap selbst noch gar nichts zu sehen ist! Außerdem ein hingeklotztes Kommerzgebäude mit allem, was der Touristenrummel fordert. Immerhin pilgern pro Jahr über eine Million Schaulustige zur berühmten Landspitze, weshalb man vor Jahren sämtlich touristischen Einrichtungen vom Kap weg ins Landesinnere zurückverlegt hat. Kaum vorstellbar, dass hier bis zur Entdeckung Amerikas angeblich „die Welt aufhörte"!

Der erste Eindruck ist ernüchternd. „Nun, ich habe euch ja gesagt, an den vielen anderen Kaps entlang der Küste ist es schöner, weil stiller. Es gibt manche, die angesichts der Turbulenz hier postwendend kehrt machen und auf die etwas ruhigeren Pointe du Van ausweichen. Doch nun sind wir schon mal da und müssen eben durch! Unterwegs werden sich die Knäuel ein bisschen entwirren. Zumal viele, die nicht ganz schwindelfrei sind, angesichts der steil abfallenden Felsen auf halber Strecke fluchtartig den Rückzug antreten!" Der Punkt der Umkehr ist dort er-

Ein alter Brunnen an der Pointe du Van.

BAIE DE DOUARNENEZ

kennbar, wo sich die wild zerklüftete Felsklötze aufeinander türmen. Der Weg wird hier extrem schmal, und die Felsspalten hinunter in die grollende Meeresbrandung nehmen immer dramatischere Formen an. Zum Glück gibt es stählerne Führungsseile, an denen man sich festhalten kann. Immerhin dauert es eine halbe Stunde, bis wir endlich am westlichsten Punkt der Cornouaille stehen – atemberaubende 82 Meter hoch über dem sich fast schon unheimlich abspielenden Naturereignis der Begegnung von Land und Meer!

Leider ist hier das Gedränge wieder sehr dicht. Ständig sind Ahs der Begeisterung und Ohs der Bewunderung zu hören! Verständlich, zweifellos unsere Schwachstelle erkannt, und deshalb kommt auch kein Einwand, als wir auf die Rückkehr drängen. Wieder am Parkplatz angelangt, gibt es nur eine Devise: Weg, nichts wie weg! Patrick schmunzelt.

Wir haben als Endpunkt unserer Fahrt rund um die Baie de Douarnenez das alte Fischerstädtchen **Audierne** festgelegt. Denn dort will und muss Patrick wieder in seinen Job einsteigen und hat leider keine Zeit mehr für uns. Wir wollen weiter und die Landschaft Cornouaille erkunden. Auf der Landstraße nach Audierne, abseits der Küstenlinie, kommen wir durch **Plogoff**, einen weiß getünchten, ständig dem Westwind ausgesetzten Ort, der Ende der siebziger Jahre für Schlagzeilen sorgte, als hier ein Atomkraftwerk gebaut werden sollte. „Da hättet ihr erleben können, wie meinen Landsleuten die Wildheit der Natur im Blut steckt! Zigtausende von Bretonen bildeten eine radikale Widerstandsbewegung und lieferten der CRS, einer nicht gerade als zimperlich bekannten Einsatztruppe der Polizei, regelrechte Straßenschlachten. Ich war damals auch dabei! Der Widerstand zog sich über mehr als vier Jahre hin und war so stark, dass das großspurige Bauprojekt im Jahr 1981 kleinlaut aufgegeben werden musste!"

Nur für Schwindelfreie empfiehlt sich der Kletterpfad zur Pointe du Raz.

denn der grandiose Blick in die Runde ist tatsächlich ebenso spektakulär wie der Blick in die schaurige Tiefe, der leichte Schwindelgefühle aufsteigen lässt. Patrick scheint davon unberührt: „Im Grunde sind von hier aus all jene Punkte zu sehen, die wir bereits von der Pointe du Van aus gesehen haben. Nur, dass wir sie jetzt aus anderer Perspektive erleben. Ich war schon einmal hier, als es gewaltig stürmte. Wenig Fernsicht, aber auch wenige Menschen. Dafür zu meinen Füßen die Naturgewalten – eine Inszenierung ohnegleichen! Seid froh, dass wir heute schönes Wetter haben. Bei Sturm und Regen sind die Wege nichts für schwache Nerven. So ganz schwindelfrei scheint ihr ja auch nicht zu sein." Er hat

In Audierne sind wir wieder am Meer angelangt. Im Hafen beobachten wir die lebhafte Geschäftigkeit auf den Booten der kleinen Fischerflotte, denn das Städtchen ist ein Zentrum des Hummer- und Langustenfangs. Angeregt durch den für Gourmets verführerischen Geruch der Schalentiere, beschließen wir, den Abschied von Patrick in einem lauschigen Fischrestaurant zu feiern. „Den Wein zum Menü darf natürlich ich auswählen", fordert Patrick. „Er soll nicht nur trefflich zum Fischgericht passen, sondern auch unsere zweitägige Gemeinsamkeit würdig beschließen!" Das ist ein Wort!

FINIS TERRAE

SERVICE

Baie de Douarnenez 6

Zwischen der Presqu'lle de Crozon und der Cornouaille mit ihrer Westspitze, der Pointe du Raz, formt sich das Halbrund der Baie de Douarnenez. Überwacht wird die Landschaft vom Menez-Hom, einem herrlichen Aussichtsberg. Vielen gilt die Landschaft als die typischste für die Bretagne. Die Region gehört zum Département Finistère.

■ Crozon

Eingerahmt von den Klippen liegt das Städtchen im Herzen der Halbinsel. Von hier aus lassen sich alle touristischen Höhepunkte schnell erreichen, die sich an der steilen Küste von der Rade de Brest bis weit in die Baie de Douarnenez hinein aneinanderreihen. Und wer Badefreuden sucht, ist im zwei Kilometer entfernten Morgat bestens aufgehoben!

UNTERKUNFT

* HOSTELLERIE DE LA MER
Tel. 02.98.27.61.90
Fax 02.98.27.65.89.
Gutes, angenehmes Haus am Meer. Freundliche Zimmer, guter Service.

RESTAURANT

LA PERGOLA
25, rue Poulpatré
Tel. 02.98.27.04.01.
Der Schwerpunkt der Speisekarte liegt natürlich auf Gerichten mit Fisch und Meeresfrüchten.

SEHENSWÜRDIGKEITEN

ÉGLISE ST-PIERRE
Äußerlich bietet die neuzeitliche Kirche wenig Anreiz für überschwängliche Bewunderung. Anders verhält es sich im Inneren: Das prächtige Retabel, eine hölzerne Altarwand (16. Jh.), begeistert mit 29 geschnitzten, bunt bemalten Bildern. Gegenüber der Kirche einige sehenswerte Häuser.

INFORMATION

OFFICE DE TOURISME
Boulevard de Pralognan
Tel. 02.98.27.07.92.

AUSFLÜGE

MORGAT
Das charmante Seebad umrahmt seine schönen Strände mit einer Promenade voller Palmen und blühender Zypressen. Überall herrscht heitere Ferienstimmung. Einst war der Ort ein Fischerhafen, heute ist er ein beliebtes Wassersportzentrum. Touristische Attraktionen sind Les grandes grottes, deren Besuch mit einer Bootsfahrt möglich ist, und Les petites grottes, die nahe den Stränden bei Ebbe sogar zu Fuß besichtigt werden können.

CAP DE LA CHÈVRE
Ein steiler, zerklüfteter Felsen am Ende der Halbinsel, imposante 100 Meter hoch, erlaubt einen herrlichen Rundblick: Über das gleißende Meer hinweg sind in Richtung Nordwesten die Pointe de Pen-Hir und die Pointe de St-Mathieu, in Richtung Südwesten die Pointe de Van und sogar die Ile de Sein auszumachen.

POINTE DE DINAN
Das Kap bietet den fast schon obligatorischen schönen Rundblick entlang der zerklüfteten Westküste der Halbinsel. Im Meer zu Füßen des Kaps liegt das fotogene sogenannte „Château de Dinan", ein ruinenartiger Felsbrocken, der durch einen natürlichen Gesteinsbogen mit dem Festland verbunden ist.

PARC RÉGIONAL D'ARMORIQUE
Der 1969 eingeweihte Naturschutzpark Parc Régional d'Armorique bedeckt ungefähr 110.000 ha und umfasst die Monts d'Arrée, die Halbinsel Crozon sowie die Inselgruppen von Molène, Ouessant und Sein.
Im Park sollen Natur und Umwelt besonderen Schutz erfahren, außerdem werden ländliche Traditionen und überliefertes Kunsthandwerk gefördert. Wanderpfade führen zu sehenswerten Kulturdenkmälern.
Nähere Informationen erteilen die Fremdenverkehrsämter.

25 Kilometer schiebt sich die Halbinsel Crozon in den Atlantik.

SERVICE

■ Camaret-sur-Mer

Der Ort war einst ein bedeutender Langustenhafen, nach der allgemeinen Fischereiflaute hat er sich mittlerweile zu einem geschäftigen Urlaubszentrum entwickelt.
Doch immer noch steht der alte Hafen mit seinen Yachten und Segelbooten im Mittelpunkt. Auch Fischkutter und die Caseyeurs, die mit großen Körben entlang der Küste auf Taschenkrebsfang gehen, liegen hier noch im Hafenbecken. Die sympathische Ausstrahlung des Hafens lockt sowohl Einheimische als auch ausländische Gäste an.
Entlang der langen Quai Gustave Toudouze, die zum Flanieren einlädt, reihen sich viele urige Restaurants aneinander. Freunde frischer Fischgerichte sind hier gut aufgehoben.

UNTERKUNFT/RESTAURANT

** HÔTEL DE FRANCE
16, quai Toudouze
Tel. 02.98.27.93.06
Fax 02.98.27.88.14.
Schöner Blick auf den Hafen; das Haus bietet sowohl im Hotel wie auch im Restaurant eine angenehme Atmosphäre. Ausgezeichnete Küche.

SEHENSWÜRDIGKEITEN

CHÂTEAU VAUBAN
Draußen auf dem natürlichen Damm Sillon steht von den vom Festungsbaumeister Vauban im 17. Jh. errichteten Verteidigungsanlagen nur noch ein massiver Rundturm. Von hier aus lassen sich die umliegenden Küsten, aber auch die am Damm beginnende feinsandige Plage du Corréjou gut überschauen.

LAGATYAR
Am Stadtrand von Camaret-sur-Mer, auf dem Weg hinaus zur Pointe de Penhir, befindet sich mit den Alignements de Lagatyar eine megalithische Kultstätte. In U-Form aneinander gereiht, stehen dort 143 Menhire, die den Rest der vor 5000 Jahren errichteten, noch immer nicht enträtselten Anlage darstellen.

INFORMATION

OFFICE DE TOURISME
Place Charles-de-Gaulle
Tel. 02.98.27.93.60.

AUSFLÜGE

POINTE DE PENHIR
Eines der attraktivsten Kaps der Halbinsel ist die Pointe de Penhir. Natürlich bietet sie – wie kann es anders sein? – eine faszinierende Aussicht. Das Kap gefällt aber auch durch das Ensemble, das es mit den drei harmonisch vorgelagerten Felsblöcken, den Tas de Pois, bildet.
Vom gegenüberliegenden Chambre Vert bietet sich ein fotogener Blick auf das Kap und den „Erbsenhaufen".

POINTE DES ESPAGNOLS
Direkt an der nur wenige Kilometer breiten Meeresenge Goulet de Brest, gegenüber der Stadt Brest mit ihren großen Hafenanlagen, liegt das Kap an exponierter Stelle. Als militärstrategisch bedeutender Punkt war es die Jahrhunderte hindurch oftmals heiß umkämpft. Heute hat die Pointe des Espagnol die französischen Marine fest im Griff.
Sie bietet einen wunderbaren Blick über die schöne Rade de Brest und die sich um sie herum malerisch gruppierenden Küsten und Landschaften.

Spätgotisch: die Kirche St-Ronan.

■ Douarnenez-Tréboul

Schön in der südöstlichen Ecke der elegant gerundeten Bucht gelegen, bestimmen zwei der vier Ortsteile das Gesicht der Stadt: zum einen Douarnenez mit dem alten Fischerhafen als Mittelpunkt für den Fang und die Verarbeitung der täglich anlandenden Unmengen von Fisch; zum anderen Tréboul, das moderne Seebad mit attraktiven Stränden und Badeeinrichtungen. Beide Viertel, durch den Fluss Pouldavid und den in die Felsen eingeschnittenen Port Rhu getrennt, sind in luftiger Höhe durch eine eiserne Brücke miteinander verbunden. Im Sommer viele Besucher.

UNTERKUNFT

** AUBERGE DE KERVEOC'H
Route de Kerveoc'h
Tel. 02.98.92.07.58
Fax 02.98.92.07.58.
Ein aus zwei Landhäusern zusammengesetzes Ensemble mit viel Flair. Alles sehr gepflegt. Besonders schön ist der Speisesaal mit Kamin.

RESTAURANT

LE CHARCOT
15, quai du Port-Rhu
Tel. 02.98.92.90.12.
Durch einen mit originellen Schiffchen ausgestatteten Eingang betritt man das freundliche Fischrestaurant mit ausgezeichneter Küche.

SEHENSWÜRDIGKEITEN

PORT ROSMEUR
Vom hoch gelegenen Zentrum von Douarnenez führen kleine Gassen hinunter zum alten Port Rosmeur. Die Faszination des Hafens mit seinen Fischmärkten und Fischversteigerungen zieht Fischer, Händler und schaulustige Touristen gleichermaßen an.
Noch geschäftiger geht es im danebenliegenden Port nouveau zu, dem fünftgrößten Fischereihafen in Frankreich. Von der Rosmeur-Mole hat man einen schönen Blick auf den Hafen und die angrenzenden Stadtteile.

SERVICE

Baie de Douarnenez 6

Malerisches Motiv: das Hôtel de L'Iroise an der Pointe du Raz.

MUSÉE DU BATEAU & PORT MUSÉE
Am rechten Ufer des Port-Rhu ist in einer ehemaligen Konservenfabrik das Schiffsmuseum untergebracht. Angegliedert – in dem durch einen Deich geschlossenen Mündungstrichter des Flusses – ist ein 1993 eröffneter Museumshafen. Zusammen bieten beide Einrichtungen in Europa Einmaliges: 200 Boote und Schiffe, zu Land und zu Wasser demonstrieren die Geschichte des Schiffbaus und des Fischfangs. Mit einigen historischen Schiffen kann man Ausflüge machen (siehe Insider News). Geöffnet: täglich 10 – 19 Uhr.

ILE TRISTAN
Leider keine erlebbare Sehenswürdigkeit, denn die Insel ist in Privatbesitz und darf nicht betreten werden. Doch der Blick von der hoch gelegenen Panoramastraße hinunter auf das grüne Inselchen ist reizvoll. Natürlich auch, weil es als geschichts- und legendenumwoben und voll offener und versteckter Geheimnisse gilt.

INFORMATION
OFFICE DE TOURISME
Rue du Docteur Mével
Tel. 02.98.92.13.35.

AUSFLÜGE
LOCRONAN
Das blitzsauber herausgeputzte Idyll – der hübsche Dorfplatz mit granitenen Renaissance-Häusern, der alte Brunnen, die große Kirche St-Ronan und daneben die kleine Kapelle Pérnity – sind schnell aufgezählt, denn der Ort hinter der Küste ist winzig. Jedoch bedeutend genug für seine ihm verliehenen Ehrentitel „Petite Cité de Charactère" und „Un des plus beaux Villages de la France". Seine große Geltung hat Locronan jedoch durch die alle 6 Jahre zelebrierte Grand Troménie und die alljährliche Petite Troménie, die zu den größten Pardons der Bretagne gehören und Tausende von Pilgern anziehen.

RÉSERVE DU CAP SIZUN
An der hohen, wild zerklüfteten Felswand hinaus zur Pointe du Raz bieten viele herrliche Kaps eindrucksvolle Rundblicke. Zwischen der Pointe de Beuzec und der Pointe de Brézellec zieht sich das Vogelschutzgebiet Cap Sizun entlang. In den 70 Metern hohen Klippen kreischen, flattern und nisten Tausende von Seevögeln – ein Naturschauspiel, interessant nicht nur für Ornithologen!

POINTE DU VAN
Nördlich von der berühmten Pointe du Raz liegt die Pointe du Van, die einen herrlichen Rundblick über das Meer und das Kap bietet. Sie ist wenig überlaufen, so dass das Kap-Erlebnis in aller Ruhe genossen werden kann.
Auf dem Weg zur Pointe du Raz bezaubert die Baie des Trépassés. Hier tummeln sich Badegäste an dem Traumstrand, und Surfer schätzen die Wellen.

POINTE DU RAZ
An der äußersten Spitze der Landzunge liegt die meistbesuchte Klippe der bretonischen Küste, die Pointe du Raz, ein von Wind und Wellen zernagter Felssporn von betörender, wilder Schönheit. Bei Sturm schlagen die Brecher mit ohrenbetäubendem Getöse 70 Meter hoch! Bei klarer Sicht kann man über die Raz de Sein hinaus zu den im Meer stehenden Leuchttürmen Phare de la Vieille und Phare Tévennec und zur Ile de Sein mit dem Leuchtturm Ar Men blicken. Der Fußweg zum Cap du Raz eignet sich nur für geübte, schwindelfreie Wanderer!

PLOGOFF
Der Ort ist die westlichste Gemeinde der Bretagne. Seit dem erfolgreichen Widerstand gegen den Bau eines Atomkraftwerkes gilt das Städtchen als Symbol der französischen Anti-Atomkraft-Bewegung.

AUDIERNE
Das Fischerstädtchen, das auf Hummer- und Langustenfang spezialisiert ist, liegt an der Mündungsbucht des Goyen. Wegen seines schönen Strandes und der herrlichen Lage hat sich der Ort zum beliebten Seebad gemausert.

Insider News

WIE IN ALTEN TAGEN
Liebhaber historischer Segelschiffe kommen im alten Flusshafen Port-Rhu zwischen Douarnenez und Tréboul voll auf ihre Kosten. Im größten Museumshafen des Kontinents verbringen über 40 seetüchtige Schiffe und Boote, sorgsam behütet und gepflegt, an Bojen und Kais ihre alten Tage.
An Land wird die Schiffsbautradition der letzten zwei Jahrhunderte präsentiert. Liebevoll restaurierte Frachtensegler, ein Dampfschlepper, ein Feuerschiff und Fischerboote liegen Bordwand an Bordwand.
Alljährlich findet Mitte August in der Bucht die grandiose Fête des Vieux Gréements, das internationale Windjammertreffen von Douarnenez, statt.

7 Die Cornouaille

Es lebe die Tradition!

In der Region um Quimper wird die bretonische Kultur gepflegt. Das begeisterte auch die Maler, die sich in Pont-Aven niederließen, allen voran Gauguin.

Es ist Samstagmorgen. Wir sitzen im Hotelgarten beim Frühstück und beäugen dabei etwas sorgenvoll den Himmel. Gräulicher Dunst lässt nicht erkennen, welche seiner vielen Varianten das bretonische Wetter parat hält. Schon als wir gestern abend hier in **Pont-Croix** eintrafen, entwickelte sich am Himmel ein bedrohliches Szenario dunkler Wolken, das nichts Gutes verhieß. Trotz des zu befürchtenden Regens haben wir uns in dem malerischen Städtchen umgesehen und die imposante Kirche **Notre-Dame-de-Roscudon** mit ihren gotischen Steinmetzarbeiten und ihrem 67 Meter hohen Vierungsturm besichtigt. Und wir sind die in langen Stufen zum Fluss Goyen führende **Grande Rue Chère** hinuntergestiegen, um auf dem Uferweg wenigstens einige Eindrücke von der verträumten Flusslandschaft zu gewinnen.

Erst auf dem Rückweg wurde uns bewusst, wie steil und wie anstrengend diese kopfsteingepflasterte Treppenstraße ist! Wir kamen zwar überraschenderweise trocken zurück, aber in der Nacht hat es dann schließlich doch noch stürmisch geregnet. Das Gute daran: Der Wind hat die Schwüle der letzten Tage weggepustet! Nun herrscht eine Art Wetterstille. Aber für unsere Tour hätten wir ganz gern die Sonne wieder! Denn unser Plan ist, die lange Küste der **Cornouaille** abzufahren und am späten Nachmittag in Quimper einzutreffen.

Eigentlich, fällt uns plötzlich ein, könnten wir dort Antoinette mit einem Besuch überraschen! Sie würde es uns sowieso übel nehmen, wenn sie später erfahren würde, dass wir in „ihrer Stadt" waren und uns nicht gemeldet haben. Die Freude am anderen Ende des Telefondrahts ist denn auch spontan und echt. „Ich finde es toll, dass ihr hier in der Gegend seid! Natürlich habe ich Zeit für euch! Es ist doch Wochenende." Wunderbar für alle Beteiligten! Wir verabreden uns und freuen uns entsprechend auf den vor uns liegenden Tag.

Als wir losfahren, ist das Wetter noch immer grau und trübe. Wir beschließen, den kürzesten Weg zur Halbinsel **Penmarc'h** zu nehmen und ein wenig aufs Gaspedal zu drücken. Über Plozévet und Plonéour-Lavern kommen wir nach **St-Jean-Trolimon** und biegen dort in eine kleine Landstraße ein, die direkt zur Küste führt. Es ist immer wieder ein eigentümlich prickelndes Gefühl, sich dem Atlantik zu nähern, das Meer zu riechen und schon von weitem das Gekreische der Möwen zu hören. Hinter jedem Hügel, hinter jeder Düne kann plötzlich das anbrandende, gischtende Meer auftauchen – wie kleine Kinder sind wir andauernd auf der Lauer, um den ersten Blick ja nicht zu verpassen.

Als aus der einsamen Dünenlandschaft unverhofft ein zierliches Kapellentürmchen auftaucht, ist unser erstes Ziel erreicht. Bei der kleinen und sehr schlichten Kapelle **Notre-Dame de Tronoën** steigen wir aus und holen erst einmal tief Luft! Vor der Kapelle liegt eine der berühmtesten Sehenswürdigkeit der Bretagne: der älteste und wohl ursprünglichste Calvaire. Mehr als 100 granitgraue Figuren, als Relief auf zwei Ebenen meisterhaft

Drei Golgotha-Kreuze krönen das Calvaire von Tronoën.

DIE CORNOUAILLE

aus dem Sockel herausgemeißelt, versuchen seit über einem halben Jahrtausend, dem unaufhörlichen Erosionsprozess zu trotzen. Obwohl die dadurch entstandenen Verwitterungen viele unübersehbare Spuren hinterlassen haben, ist die ungewöhnlich starke Ausdruckskraft der Darstellungen aber ungebrochen. Die kunstvoll ausgestalteten Szenen der Passionsgeschichte, gekrönt durch drei herrliche Golgatha-Kreuze, sind so lebendig und voller Botschaften wie zur Zeit ihrer Entstehung. Erstaunlich vor allem die Darstellung der Muttergottes mit gelösten Haaren und entblößten Brüsten auf einem Lager aus Rohrgeflecht.

Die Sonne hat inzwischen den grauen Dunst vertrieben und eine stille, heitere Morgenstimmung herbeigezaubert. Beinahe schon andächtig laufen wir auf den Strand zu und lassen uns von den sich lang hinziehenden Stränden der **Baie d'Audierne** faszinieren. Wir stehen an ihrem südlichen Ende, kurz vor der Halbinsel Penmarc'h. Hier beginnt die Küste wieder felsig zu werden. Riffe ragen aus dem Wasser, ständig von schäumend anrollenden Wellen überspült. Irgendwo einsam dazwischen ragt ein rotweißer Leuchtturm in den Himmel. Und draußen auf dem Meer flitzen die bunten Segel der Boote und Windsurfbretter im Spiel mit den starken Meereswinden miteinander um die Wette.

Wir wollen näher an das Geschehen heran und fahren deshalb zunächst zur **Pointe de la Torche**. Vorn an der Spitze des hohen Kaps angelangt, werden wir mit einem teilweise von Ginsterkraut überwachsenen, bedrückend wirkenden Wehrmachtsbunker konfrontiert. Vom Felsrand aus blicken wir rechts den langen Strand entlang und links in eine riesige, weißsandige Badebucht, die **Plage de Pors-Carn**.

Eigentlich müssten wir von hier oben die Stelle, an der das Telefonkabel, das Europa und Amerika unterseeisch miteinander verbindet, aus dem Atlantik auftauchen sehen. Aber wir können von hier aus lediglich verschwommen das entsprechende Hinweisschild erspähen. Eine Zeitlang schauen wir deshalb lieber den nahezu artistisch mit den Wellen spielenden Fun-Board-Reitern zu. Denn die Strömungen der Bucht schaffen ideale Bedingungen für die Surfer, und selbst aus der Ferne ist zu erkennen, welch großen Spaß sie an ihren Slaloms vor den anbrandenden Wellen haben. Zum Abschluss unseres

Endlos branden die Wellen an die Strände und Felsen der Baie d'Audierne.

Paradies für einsame „Morgenspaziergänger": Die lang gezogene Baie d'Audierne muss man dann allenfalls mit ein paar Surfern teilen.

DIE CORNOUAILLE

Kapbesuchs werfen wir noch einen Blick in das auf einem Hügel stehende Langgrab, das zur neolithischen Zeit, also vor etwa 3000 Jahren, zu Ehren eines Fürsten an dieser Stelle errichtet wurde. Welch krasser Gegensatz zu dem unseligen Bunker aus dem zweiten Weltkrieg!

Während der anschließenden Fahrt um die Bucht riechen wir schon auf halbem Wege, was uns an ihrem Ende erwartet: ein höchst aktiver Fischereihafen! Die Küstenfischer in **St-Guénolé** sind seit alters auf Sardinenfang spezialisiert. Sardinen, und nochmals Sardinen – sie werden an Kais angelandet, in Auktionssälen versteigert, in Kühlhallen tiefgefroren und in Fischfabriken verarbeitet. Wo auch immer man sich in dem Hafenstädtchen aufhält, nie entgeht man dem Fischgeruch. Bei Sturm vermischt er sich in den Straßen mit der feinstäubenden Gischt der Meeresbrecher, die wild gegen die Felsformationen nördlich des Hafens klatschen. Nirgendwo sonst in der Bretagne donnern die Brecher mit solcher Gewalt an die Küste wie in St-Guénolé.

Am Stadtrand machen uns einige vor einem Gebäude aufgestellten Menhire und Dolmen auf das **Musée de Préhistoire Finistérienne** aufmerksam, ein durchaus sehenswertes Museum für die Vor- und Frühgeschichte der Bretagne, das wir uns trotz knapper Zeit natürlich nicht entgehen lassen.

Das Land wird anschließend wieder flach, und so erleben wir an der **Pointe de Penmarc'h** den berühmten Leuchtturm **Phare de Eckmühl** nicht wie erwartet auf einer hohen Felskante stehend, sondern ernüchternd schlicht auf Meeresebene, umgeben von Riffen und gefährlichen Strömungen. 65 Meter ist er hoch und erinnert ein wenig an einen ägyptischen Obelisken mit Renaissance-Anklängen. Bis zu 54 Kilometer weit reichen bei klaren Sichtverhältnissen seine Lichtblitze, was ihn zu einem der leistungsstärksten Leuchttürme Europas macht. Sein ungewöhnlicher Name geht zurück auf einen napoleonischen General, der 1809 eine siegreiche Schlacht beim bayerischen Eckmühl schlug und dessen stolze Tochter später das Geld für den Bau des Leuchtturms stiftete. Natürlich erklimmen wir die 357 Stufen der Wendeltreppe in seinem Inneren, um von der Aussichtsplattform unsere Blicke auf das Meer werfen zu können.

Aussichtsreiches Vermächtnis der Marquise de Blocqueville: Phare de Eckmühl.

Auf der Weiterfahrt sehen wir noch lange Zeit den Leuchtturm im Rückspiegel. Erst als wir die Küstenstraße verlassen, um **Loctudy** anzusteuern, verlieren wir ihn aus den Augen. Der Name des Fischerstädtchens, das sich mittlerweile zum Badeort gemausert hat, geht zurück auf den irischen Missionar Tudy, der im 6. Jahrhundert hierherkam. Wir machen zur Entspannung einen Bummel entlang der schönen Badestrände, für die nicht nur der Ort selbst, sondern auch die unmittelbar gegenüberliegende Halbinsel **Ile-Tudy** bekannt ist. Dazwischen liegt der enge Ausgang der großen Mündungsbucht des **Rivière de Pont-l'Abbé**. Tapfer gegen die Strömung ankämpfend, überqueren kleine Personenfähren stündlich die 500 Meter von Ufer zu Ufer. Anschließend schlendern wir die Küstenstraße entlang und freuen uns über die schönen Ausblicke hinüber zur Ile-Tudy und hinaus auf das weite Rund der **Baie de Bénodet**.

Auf der Weiterfahrt nach **Pont-l'Abbé** begleitet uns rechter Hand lange Zeit die lang gezogen in der Mündungsbucht liegende **Ile Chevalier** bis hin zur Stadt. Ihren Namen verdankt das Städtchen den Äbten von Loctudy. Ihre Mönche bauten nämlich den einstigen Vorgänger der Brücke, die heute vor dem wehrhaften Château den Fluss überspannt. In seiner Nähe, auf der großen **Place de la République**, finden wir endlich einen Parkplatz. Erster Anlaufpunkt ist natürlich das durch seinen mächtigen Donjon (Burgfried) einer Burg ähnelnde Schloss. Einen Blick auf den angebauten Wohntrakt gewährt der schlanke **Tour de Gouet**, ein originell vorgesetztes Uhrtürmchen.

Das Château repräsentiert die politische und kulturelle Macht, die Pont-l'Abbé einst zur Hauptstadt des Pays Bigouden machte. Heute sind darin das Bürgermeisteramt (Mairie) und das **Musée Bigouden** untergebracht. Hier erfährt man einiges zur Bedeutung und Geschichte des Bigouden-Landes. Vor allem von seinen berühmten **Coiffe-Bigoudènes**, den hochgezogenen, reich bestickten Spitzenhäubchen für die Frauen. Sie und die dazugehörigen bretonischen Trachten sind es, die dem rauschenden **Fête des Brodeuses**, dem alljährlichen Sommerfest der Stickerinnen, so viel Glanz und Charme verleihen.

Heute ist ein Tag, an dem wir öfter als sonst auf die Uhr schauen, denn wir sind ja schließlich mit Antoinette verabredet. Gerade noch rechtzeitig kommen wir in **Quimper** an. „La Tour d'Auvergne", unsere Bleibe für die Nacht und als Treffpunkt vereinbart, liegt im Stadtzentrum nahe der Kathedrale. Wir finden das Hotel auf Anhieb und dort, in der im englischen Stil eingerichteten Bar, auch Antoinette. Sie strahlt über das ganze Gesicht, als sie uns kommen sieht. Kennen gelernt hatten wir Antoinette als rechte Hand des Bürgermeisters und gute Seele unserer Commune in der Normandie. Vor zwei Jahren dann wurde ihr angeboten, eine in etwa gleichartige Vertrauensposition beim Bürgermeister von Quimper zu übernehmen. Da der Posten diesmal in einer großen Stadt mit neuen Aufgabenstellungen begleitet war, konnte sie der Verlockung nicht widerstehen: „Oh ja, ich fühle mich sehr wohl in Quimper! Die Stadt, die Menschen, der Bürgermeister sind nett, und auch der Job macht viel Spaß. Die Anforderungen sind natürlich größer als früher, aber ich komme damit gut zurecht. Es war ein richtige Entscheidung! Aber bevor wir weiter reden und kein Ende finden, lasst uns den Ablauf eures Hierseins besprechen. Mein Vorschlag ist, jetzt noch einen kleinen Stadtbummel zu machen und dann hier im Hotel-Restaurant zu essen. Ich habe bereits einen netten Tisch ausgesucht. Am besten, ihr bezieht eure Zimmer und macht euch etwas frisch, damit wir losziehen können!"

Die berühmte Kathedrale **St-Corentin** liegt ganz in der Nähe, also

> Vor den Traumblick haben die Götter den Schweiß gesetzt: 357 Stufen führen hinauf auf den Phare de Eckmühl.

Eine traditionelle Coiffe-Bigoudène in Stein.

DIE CORNOUAILLE

bietet es sich an, hier die Besichtigung zu beginnen, zumal die Altstadt von Quimper direkt angrenzt. Genau das mag sich Antoinette gedacht haben, als sie uns zum Place St-Corentin vor das wunderschöne Portal des eindrucksvollen Gotteshauses führt: „Platz und Kathedrale haben ihren Namen vom ersten Bischof der Stadt. Irgendwann Anfang des 6. Jahrhunderts kam, der Legende zufolge, der Mönch Corentin über den Ärmelkanal in diese Region. Er ernährte sich nur von einem Fisch, von dem er jeden Tag die Hälfte aß. Über Nacht wuchs der Fisch vollständig nach, und die Essensprozedur wiederholte sich Tag für Tag. Der legendenumwobene König Gradlon lernte ihn kennen, war von der Auserwähltheit des Mönchs überzeugt und machte ihn zum Bischof. Und damit sind wir bei der Kathedrale, das die Stadt beherrschende Bauwerk. Mit ihrem Bau wurde 1240 begonnen. Im Lauf der Jahrhunderte wurden immer wieder Veränderungen und Ergänzungen vorgenommen. Erst mit dem Aufsetzen der Spitzen auf die beiden Türme galt der Bau als abgeschlossen und das war 1856. Im Inneren der Kathedrale, an der Kanzel, sind einige Reliefs zu sehen, die das Leben des heiligen Corentin darstellen."

Nachdem wir das beeindruckende Kircheninnere angesehen haben, bummeln wir durch die **Rue Kéréon**, eine hübsche mittelalterliche Straße voller eleganter Läden und schicker Boutiquen, hinein in die historische Altstadt. Nach ungefähr hundert Metern stoppt Antoinette: „Jetzt dreht euch einmal um. Der Blick von hier aus zwischen die Häuserzeilen links und rechts hinüber zum Portal der Kathedrale ist das beliebteste Fotomotiv von Quimper. Es gibt kaum jemand, der nicht nervös hin und her trippelt, um die richtige Symmetrie für seine Bildgestaltung zu finden, um dann hochzufrieden zwei-, dreimal zu knipsen!" Wir lassen zwar das mit dem Trippeln und der Aufgeregtheit, drücken aber trotzdem auf den Auslöser. Denn das weiche Licht der Abendsonne macht die Kirche wirklich zu einem stimmungsvollen Motiv!

Auch sonst gibt es viele Fotomotive in der Altstadt! Am **Place Terre-au-Duc** zum Beispiel stehen malerische Fachwerkhäuser, die zu schönen Ensembles zusammengerückt sind oder einzeln dazwischen stehen. Antoinette schmunzelt: „Schaut euch dieses Haus an! Es gilt als das originellste Haus der Stadt: total schief, total verzogen und trotzdem schön anzuschauen!" Klar, dass wir auch dieses Bild einfangen. Wir schlendern vor zum Fluss Odet und entlang der mit Geranien hübsch ausstaffierten Ufermauer zurück zum Hotel. Auf dem Weg ergänzt Antoinette: „Die Bürgerhäuser und Adelspalais, die wir eben bei unserem kleinen Stadtbummel gesehen haben, sind ein Gemisch aus Mittelalter und Renaissance-Zeit, das sich weitgehend auf die Altstadt beschränkt. Quimper ist in den letzten Jahrzehnten kräftig gewachsen und inzwischen eine moderne Stadt. Die Menschen sind zukunftsorientiert, ohne ihre Bindungen zu den alten Traditionen zu verlieren. Dafür gibt es zahlreiche Beispiele – vor allem die beliebten Fayencen. Die folkloristischen Porzellanfiguren strahlen mit ihren ländlichen Motiven in den Farben Blau, Grün und

Dauerbaustelle: Über 600 Jahre wurde an Quimpers Kathedrale gebaut.

DIE CORNOUAILLE

Rot viel Lebensfreude aus. Und dann das alljährliche **Festival de Cornouaille**, ein farbenprächtiges Spektakel mit Tanz, Spielen und Umzügen. Ihr solltet es unbedingt einmal erleben."

Im Restaurant des Hotels ist schon angerichtet, als wir zurückkommen. „Erzählt mir doch ein bisschen von eurem heutigen Tag an den Küsten der Cornouaille. Es war das Pays Bigouden, durch das ihr heute gefahren seid, richtig? Das Bigouden-Land hat seinen klangvollen Namen von den ungewöhnlich hohen Coiffe-Bigoudène – Spitzenhauben, die von den Frauen bei Festen und bei Kirchgängen zu ihren gelb und rot bestickten Trachten aufgesetzt werden. Denn das Traditionsbewusstsein ist in diesem Land sehr ausgeprägt. Das hängt mit der Lebensweise der Menschen zusammenhängt, die weit entfernt voneinander leben und eben deshalb in der Tradition ein starkes Gefühl der Zusammengehörigkeit entwickeln. Unter den anderen Bretonen sind sie zwar wohlgelitten, werden jedoch, ihres angeblich ländlich-derben Eigensinns wegen, manchmal etwas belächelt. Tja, sie sind nun mal Bauern beziehungsweise Fischer!

Die lange Küstenlinie der Cornouaille ist durchsetzt mit vielen Fischerhäfen, die der Region einst großen Wohlstand bescherten. Erst als die riesigen Kabeljauschwärme vor der Küste abwanderten, verarmte sie mehr und mehr. Es wurde einsam im Pays Bigouden: wenig Ansiedlungen, wenig Industrie. Es hat sich seither wenig verändert. Nach wie vor sind Landwirtschaft und Fischfang die wichtigsten Einnahmequellen. Lediglich ein bisschen Tourismus ist hinzugekommen. Warum auch nicht? Vor allem der mit 25 Kilometer längste Sandstrand der Bretagne an der Westküste ist zum Vorzeigen! Aber auch das flache Hinterland hat seine Reize! Winzige Dörfer mit spitzgiebeligen Häusern und kleinen Kapellen inmitten der weiten, landwirtschaftlich genutzten Flächen bieten schöne Idyllen – und manche Überraschung! So kann man sich beispielsweise zur Osterzeit in riesigen Tulpenfeldern wiederfinden. Nicht gerade typisch für die Bretagne. Die Idee zum Tulpenanbau hat natürlich ein Holländer „eingeschleppt". Jedenfalls wurde daraus ein Bombengeschäft.

Für den nächsten Tag hat Antoinette einen Vorschlag parat: eine Fahrt auf der Odet mit dem Ausflugsboot. Das Wetter passt, und die „Vedettes de l'Odet", der kleine Ausflugsdampfer, ist randvoll mit Passagieren. Antoinette steht am Kai und winkt uns zu, als das Boot ablegt. Prustend biegt es wenig später in die **Baie de Kérogan** ein. Richtig romantisch wird es, als sich das

Malerisches Fachwerk säumt die Straßen von Quimper.

Zwischen Vergangenheit und Zukunft: Quimper denkt modern, ohne die gewachsenen Bindungen zu den Traditionen zu verlieren.

DIE CORNOUAILLE

Flusstal verengt und durch üppig grüne Hügel schlängelt. Links und rechts des Flusses und an seinen Seitenarmen entdecken wir unter großen Laubbäumen betagte Herrenhäuser, rustikale Gebäude und uralte Mühlen. Landschaftlich sehr schön sind die „Ville-Court" genannten Flussschleifen. Die Felsformationen an ihren Ufern lassen den Fluss immer schmaler werden und haben schon manches Schiff zum Umdrehen gezwungen. Ganz allmählich weitet sich das Flusstal später wieder. Die 610 Meter lange **Cornouaille-Brücke**, kurz vor der Mündungsbucht, ist der letzte von vielen Höhepunkten während der Bootsfahrt. Im Hafen von **Bénodet** erwartet uns bereits Antoinette und sieht uns fragend an.

„Habt ihr die Felsvorsprünge gesehen? Die meisten tragen originelle Namen. Der an der engsten Stelle heißt 'Saut de la Pucelle', Jungfernsprung. Der Legende nach soll sich hier ein Mädchen mit einem gewaltigen Satz über den Fluss vor einem Mönch gerettet haben, der offensichtlich Probleme mit seinem Keuschheitsgelübde hatte. Ein anderer Fels wird 'Chaise de l'Evéque' genannt. Fürsorgliche Engel haben ihn so geformt, dass der heilige Corentin von Quimper hier, gemütlich in herrlicher Natur sitzend, seinen Meditationen nachgehen konnte. Apropos schöne Natur: Wir fahren am besten zunächst zur Cornouaille-Brücke hoch. Ich will euch die tolle Aussicht von dort oben zeigen!"

Segelboote ankern in der Mündungsbucht der Odet bei Bénodet.

In der Tat: Der Blick von der 30 Meter hohen Brücke weit über das Odet-Tal auf der einen, über die Mündungsbucht auf der anderen Seite und auf die kleine Hafenstadt zu ihren Füßen ist wirklich phantastisch.

Einen deutlichen Gegensatz zu den eher rauhen, handfesten Fischerstädtchen auf der gegenüberliegenden Bigouden-Seite setzte Bénodet bereits zu Beginn des 20. Jahrhunderts. „Es war en vogue, das schicke Seebad zu besuchen, in den teuren Hotels zu wohnen und im Casino großzügig sein Geld zu verplempern. Emile Zola, Marcel Proust und Sarah Bernhardt waren Gäste dieser besonderen Art und zogen mit ihrer offen zur Schau getragenen Sympathie für Bénodet viele andere Besucher an. Bénodet ist seither – in neuen, anderen Dimensionen – ein beliebter Badeort geblieben. Es tut auch etwas dafür. Das Angebot für Besucher ist seinem guten Ruf noch durchaus würdig: Badestrände, Thalassotherapie-Zentrum, Casino, Strandpromenade, Hotels, Restaurants und sogar ein Leuchtturm mit 192 Stufen gehören dazu. In der Hochsaison ist hier kein Hotelbett, kein Liegeplatz im Yachthafen und kein Fleckchen an den Stränden frei! Alles wird

Treffpunkt der Schickeria von ehedem: Dank Emile Zola, Marcel Proust und Sarah Bernhardt avancierte Bénodet zu einem kleinen Saint-Tropez der Bretagne.

dann besetzt von Menschen, die hier Badefreuden suchen, wassersportlichen Aktivitäten nachgehen und sich einfach wohl fühlen wollen. In Bénodet kann man es auch."

Es ist Mittagszeit, und Antoinette hat uns zum Essen eingeladen. Wir fahren vor bis zum **Pointe de Bénodet** und kommen in den Ortsteil Letty. Ein Schild mit dem Hinweis „Ferme du Letty" weist bald den Weg. So landen wir auf einem ehemaligen Bauernhof inmitten der Dünenlandschaft vor der **Anse de Bénodet**: prächtig herausgeputzt, Nostalgie außen, Nostalgie innen. Die Atmosphäre, die Stimmung und das Essen sind gut, so dauert die Mittagspause etwas länger. Deshalb erreichen wir **Fouesnant** später als geplant. Umgeben ist es von Apfelbaum-Plantagen, denn schließlich wird hier der beste Cidre der Bretagne hergestellt – ein herrlicher Durstlöscher an heißen Sommertagen! Gefeiert wird die Apfelernte alljährlich am dritten Julisonntag bei der **Fête des Pommiers**, wo es dann von „Coiffes Fouesnantoise" wimmelt, den Schmetterlingshauben mit geschwungenen Flügeln aus weißer Spitze.

Dort, wo die Mündung des Flusses Moros eine Kerbe in das Halbrund der **Baie de la Forêt** schlägt, liegt die alte Hafenstadt **Concarneau**. Wieder lenkt uns Antoinette zunächst zu einer Brücke, um uns einen Gesamtüberblick zu vermitteln. Wir stehen über der Stadt und dem Hafen. „Eigentlich wollte ich euch erst etwas über den Hafen und seine Bedeutung für die Stadt erzählen. Aber da ihr so fasziniert auf die Ville close drüben auf dem Inselchen schaut, beginne ich gleich damit. Im frühen Mittelalter stand dort nur ein kleines Kloster. Durch den Bau der Ville close im 16. und 17. Jahrhundert wurde es jedoch verdrängt. Die mächtigen Befestigungsmauern, an denen auch der berühmte Baumeister Vauban mitgewirkt hat, schützten die Hafenanlagen und Häuser. Die heute autofreie Altstadt ist über einen schmalen Steg zu Fuß erreichbar. Aber macht euch darauf gefasst, dass wir nicht die Einzigen sind, die dorthin wollen. Als Hauptattraktion der Stadt wird sie nämlich von Touristen geradezu überschwemmt. Die alten Hafenanlagen dagegen werden kaum beachtet, obwohl sie in der Entwicklung der Stadt eine große Rolle gespielt haben. Stichwort Sardinen: Sie machten Concarneau – als sie sich noch fangen ließen – zu einem wohlhabenden Städtchen. Als aber die Sardinen-Schwärme ausblieben, verarmte die Stadt schlagartig. Das war Anfang dieses Jahrhunderts. Erst als die Fischer auf den allgemeinen Fischfang umstiegen und später auch die Sardinen wieder schwärmten, kam neues Leben in den **Port de Pêche**. Heute ist Concarneau der drittgrößte Fischereihafen Frankreichs. Direkt vor uns liegt der große **Nouveau Port**, auf der anderen Seite der Insel der kleine **Avant-Port**, in dem Yachten und Segelboote vor Anker liegen. Und jetzt kommt, wir wollen uns ins Getümmel stürzen!"

Derart vorgewarnt, macht es sogar Spaß, sich durch die engen, kopfsteingepflasterten Gassen schieben zu lassen, denn tatsächlich geht es hier verdammt eng zu. Links und rechts der **Rue Vauban** reihen sich Boutiquen, Kunstläden, Souvenirshops, Kneipen und Crêperien aneinan-

An den Mauern von Concarneau hat auch Baumeister Vauban mitgewirkt.

DIE CORNOUAILLE

der. Fast schon zur Flucht wird der Aufstieg zu den beiden Wehrgängen der Stadtmauer, von denen aus man das bunte, hektische Treiben zwischen den uralten Häusern der Ville close und den modernen Hafenanlagen draußen überschauen kann. Am Ende der Fußgängerzone entdecken wir das Hotel „Le Galion", das uns auf Anhieb gefällt und das wir als unser Nachtquartier wählen. Natürlich ist das alte Granitgemäuer auch ein schönes Fotomotiv. Nachdem wir in der Ville close zwei Filme verschossen haben, verziehen wir uns über die schmale Brücke. Jetzt heißt es erst einmal durchatmen! „Nun ja, ich habe euch ja gewarnt! Es ist vielleicht kaum vorstellbar, aber im August, bei der **Fête des Filets Bleus**, ist hier der Teufel los! Dann steigt hier ein folkloristisches Fest, das alljährlich zum Riesenspektakel ausartet! Da wird musiziert, gesungen, geschunkelt, getanzt und jede Menge gegrillter Sardinen verschlungen. Die Ville close und auch die Hafenanlagen sind dann so voll wie die Sardinenbüchsen, die in den Fischfabriken der Stadt so massenhaft produziert werden!"

Wir schlendern anschließend ein Stück die Kaimauern entlang und schauen den Fischern zu, die an ihren Netzen und Geräten herumwerkeln. Dann wird es allmählich Zeit, Antoinette zur Bahn zu bringen. Jedem Sonntag folgt eben leider ein Montag, an dem sie von ihrem Bürgermeister und kommunalen Problemen erwartet wird. Adieu et merci, Antoinette!

Unser Montag beginnt eher gemächlich. Wir genießen unser Frühstück, die Ruhe vor dem Ansturm der Touristen und schauen den Schiffen und Booten zu, die im Hafen und um die Ville close herumtuckern. Denn von hier aus kann man auch zu den **Iles de Glénan** mit ihren schönen Stränden hinausfahren! Aber nach Badefreuden steht uns heute nicht der Sinn.

Nach einer beschaulichen Fahrt durch Hügelketten mit Wiesen, Feldern und Wäldern kommen wir in **Pont-Aven** an – ein Ortsname, der Kunstliebhaber elektrisiert! Dabei war der Ort vor dem künstlerischen Musenkuss eher stolz auf seine vierzehn Wassermühlen, auf die plätschernd durch den Ort fließende Aven und auf seine „Galettes", leckere runde Butterkekse.

Das änderte sich schlagartig durch **Paul Gauguin**. Es war nicht unbedingt seine beste Lebensphase, als er 1886 in die Bretagne kam. Er hatte zuvor bereits in Paris erste Anerkennung und Erfolge als Maler gefunden. Gestiegenes Selbstvertrauen und die Hoffnung auf eine schnelle Karriere ließen ihn zunächst seinen Job als Börsenmakler und dann seine Familie aufgeben. Doch der große Durchbruch und damit auch das erhoffte große Geld blieben aus. Als der letzte Sou ausgegeben war und er weitgehend vereinsamt vor dem Ende stand, versuchte er einen Neubeginn in Pont-Aven. Einige seiner Künstlerfreunde hatten hier schon Fuß gefasst. Sie waren es dann auch, die ihm nicht nur Gesellschaft, sondern auch Ansporn und neuen Mut gaben. Es ging jedoch nur zäh voran. Trotzdem sollten die anschließenden Jahre in der Bretagne zu einem wichtigen Abschnitt in Gauguins Leben und seinem künstlerischen Schaffen werden. Unter dem Eindruck der alten Traditionen der Bretonen, ihrer tiefen Religiosität und der Ursprünglichkeit der

Vor Gauguin war Pont-Aven nur wegen seiner Wassermühlen bekannt.

Landschaft fand er den Weg zu seinem eigenen, unverwechselbaren Stil. In der Bretagne entstanden einige seiner bedeutendsten Werke. Pate standen ihm dabei die mittelalterlichen Schnitzereien in den ländlichen Kirchen. Zum Beispiel die holzgeschnitzte Christusfigur in der **Chapelle Trémolo**, die für seinen „Gelben Christus" Modell stand. Inspirationen zu seinem „Grünen Christus" holte er sich vom romanischen Kalvarienberg bei dem Kirchlein in **Nizun**.

Gauguin wurde zum Vater der „Pont-Aven-Schule", die später den Impressionismus stark beeinflusste. Wesenszüge dieser neuen Malschule waren die Hervorhebung des Wesentlichen durch in expressiven Farben gehaltene plakativ-flächige Umsetzungen. Bewusst verzichtet wurde auf störende Einzelheiten, auch auf Licht- und Schattenvariationen. Schöne Beispiele dieser damals neu geprägten Stilrichtung sind „Die Vision nach der Predigt" und „Jakobs Kampf mit dem Engel".

„Ich liebe die Bretagne, ich finde hier Wildheit und Primitivität. Wenn meine Holzschuhe auf dem Granit klappern, höre ich den dumpfen, dunklen und starken Ton, den ich in meinen Bildern zu erreichen suche", schrieb der Maler im Jahr 1888. Paul Gauguin war inzwischen vom laut gewordenen Pont-Aven in das stille **Le Pouldu** am Meer umgezogen und begann zwischen Paris und der Bretagne hin- und herzupendeln. Trotz vieler Ausstellungen hielt sich der finanzielle Erfolg allerdings in Grenzen. Verbittert und des ständigen Lebenskampfes leid, schiffte er sich 1891 nach Tahiti ein, um dort ein neues Lebensglück zu finden.

Dem malerischen Städtchen war es – fast – egal. Denn auch ohne den prominenten Einwohner pilgerten – damals wie heute – Kunstliebhaber aus aller Welt hierher. Zum Beispiel ins **Bois d'Amour**, ins Liebeswäldchen, wo Gauguin und seine Malerkollegen ihre Motive suchten und die Staffeleien aufstellten. Oder sie stehen mehr oder weniger ehrfürchtig vor der ehemaligen **Pension Marie-Jeanne Gloanec**, in der Gauguin nebst Kollegen wohnte. Selbstverständlich gibt es auch ein Museum, das über die Malerschule von Pont-Aven informiert. Einen echten Gauguin oder Bernard sucht man allerdings vergebens – die hängen in den großen Museen der Welt.

Ach ja: Die alten Mühlen gibt es auch noch entlang der idyllischen Aven. Uns zieht es zur restaurierten **Moulin de Rosmadec** – aus gutem Grund: Sie beherbergt nämlich inzwischen ein Restaurant! Bretonisch Gutes in nostalgischem Ambiente – was will man mehr zum Ausklang einer Fahrt durch die Cornouaille.

Bretonische Trachten und Traditionen tauchen in Gauguins Werk oft auf.

Inspiration aus der Volkskunst und -kultur: Die mittelalterliche Schnitzkunst in der Bretagne beeinflusste Gauguins Malerei.

IM PAYS BIGOUDEN

Die Cornouaille wird durch eine Küste eingerahmt, die lange Sandstrände zum Erholen, kuschelige Fischerstädte zum Erleben und herrliche Ausflugsziele zum Entdecken bietet. Ein Land, eher still und bescheiden, aber stolz auf seine Traditionen!

Die vom Atlantik fast schon liebevoll umschlungene Cornouaille bildet den südlichen Teil des Départements Finistère. Seine Hauptstadt ist das historische Quimper. Im Gegensatz zum wilden, rauhen Norden ist die Küstenlinie hier sanft und leitet mit langen Sandstränden die Badeparadiese an der Atlantikküste ein.

■ Pont l'Abbé

Versteckt am Ende eines Mündungstrichters liegt mit Pont-l'Abbé die friedliche Hauptstadt des Pays Bigouden. Ihren „geschichtlichen Rückschlag" erlebte die Stadt, als 1675 Ludwig XIV. mit dem „Stempelpapier" die Steuern drastisch erhöhte und Pont-l'Abbé sich am Aufstand der Bonnets Rouges beteiligte. Die Folgen waren fürchterlich, und die Stadt hatte lange unter den nachfolgenden Repressalien zu leiden.
Sie rappelte sich aber wieder auf und entwickelte in den Bereichen Stickerei und Puppenherstellung eine lang anhaltende Tradition. Ausdruck dafür sind die typischen Trachten mit den originell hochgezogenen Spitzenhäubchen, die allseits Bewunderung erregen. Vor allem bei dem alljährlichen Fête des Brodeuses, dem rauschenden Fest der Stickerinnen, werden diese Trachten ausgeführt. Die historische Altstadt bietet dafür eine prächtige Kulisse.

UNTERKUNFT

** CHÂTEAU DE KERNUZ
Route de Penmarc'h
Tel. 02.98.87.01.59
Fax 02.98.66.02.36.
Das prächtige, in einem großen Park eingebettete Herrenhaus aus dem 16. Jh. garantiert Ruhe und bietet Komfort. Schön restaurierte Zimmer.

RESTAURANT

LE RELAIS DE TY BOUTIC
Route de Plomeur
Tel. 02.98.87.03.90.
Entweder im charmanten Garten oder im gepflegten Speiseraum stilvoll servierte, raffiniert zubereitete Menüs. Im zweiten Saal rustikales Buffet mit guten, schnellen und preiswerten Gerichten.

SEHENSWÜRDIGKEITEN

CHÂTEAU
Der mächtige Bau, direkt am Ufer des Rivière de Pont-Abbé errichtet, gleicht mehr einer Festung als einem Schloss – ein Eindruck, den vor allem der imposante Donjon aus dem 13. Jh. verstärkt. Zum Château wurde der ovale Donjon durch den Anbau eines Wohntrakts. Sein hübsches Uhrtürmchen setzt in dem grauen Gemäuer einen freundlichen Akzent. Im Donjon ist heute ein Museum untergebracht (siehe unten), im Anbau waltet das Hôtel de Ville seines Amtes.

ÉGLISE NOTRE-DAME-DES CARMES
Karmeliter-Mönche bauten im Jahr 1411 eine kleine Kapelle zu dieser Kirche aus. Die im Durchmesser fast acht Meter große, kunstvoll gestaltete Rosette ist ihr Schmuckstück. Der Turm wurde 1603 aufgesetzt.

MUSEEN

MUSÉE BIGOUDEN
Château.
Interessante Dokumentation der historischen Entwicklung des Pays Bigouden und der Stadt. Im Obergeschoss sind reich bestickte, typisch bigoudische Trachten samt der traditionellen Hauben zu bewundern.
Geöffnet: April – September täglich außer Sa und So 9 – 12 und 14 – 18.30 Uhr.

MAISON DU PAYS BIGOUDEN
D2, in Richtung Loctudy.
Der zum Museum umgebaute Bauernhof „La Ferme de Kervazégan" zeigt authentisch das Leben der Bauern um die Jahrhundertwende.
Geöffnet: Mai – September täglich außer Sa und So 10 – 12.15 und 15 – 18.30 Uhr.

INFORMATION

OFFICE DE TOURISME
Rue du Château
Tel. 02.98.82.37.99.

AUSFLÜGE

TRONOËN
In den Dünen am südlichen Ende der Baie d'Audierne steht die mit einem Türmchen geschmückte Kapelle Notre-Dame-de-Tronoën. Die große Sehenswürdigkeit ist jedoch der mit über 500 Jahren älteste Calvaire der Bretagne. Aus dem Granitsockel herausgemeißelt, zeigen rund 100 Figuren auf zwei Ebenen ausdrucksstarke Szenen der Passionsgeschichte. Über den Darstellungen erheben sich mahnend die Kreuze von Golgatha. Trotz vieler Verwitterungserscheinungen sind noch immer interessante Details zu entdecken: So ist Maria mit nackten Brüsten dargestellt, und die Heiligen Drei Könige tragen Trachten des 15. Jahrhunderts.

PENMARC'H
Vier kleine Orte und zwei Kaps gehören zur Großgemeinde Penmarc'h. Darunter der lebendige, sehenswerte Sardinenhafen St-Guénolé und der etwas verschlafene, von Freizeitfischern vereinnahmte Hafen Kérity. In der

SERVICE

Die Cornouaille

Bucht zu Füßen der Pointe de la Torche taucht das Europa und Amerika verbindende Telefonkabel aus dem Atlantik auf. Die eigentliche Sehenswürdigkeit an der Pointe de Penmarc'h ist der 65 m hohe Leuchtturm Phare de Eckmühl. Nachts gibt er Schiffen in bis zu 50 km Entfernung mit seinen Lichtblitzen Orientierung, tagsüber genießen schwindelfreie Besucher den Rundblick über das Meer und das Pays Bigouden. Die 307 Stufen können ganzjährig (täglich 10 – 12 und 14.30 – 17.30 Uhr) erklommen werden.

LOCTUDY

Die Kette der Fischereihäfen an der Südküste, zu denen das quirlige Le Guilvinec und das schnuckelige Lesconil gehören, beschließt an der Ostküste das Hafenstädtchen Loctudy. Schon zu Zeiten der Gallier ankerten hier Schiffe und Boote. Badelustige Gallier – waren Asterix oder Obelix dabei? – haben sich ebenso an den schönen Sandstränden vergnügt, wie es heute die vielen Urlauber tun. Loctudy ist ein beliebter Badeort ohne viel Tamtam. Der Ort bietet einige Hotels und Restaurants, typische Finistère-Häuser, weiß getüncht und hübsch mit Geranien geschmückt. Wer Abwechslung sucht, wird von Personenfähren zu den Stränden auf der gegenüberliegenden Ile Loctudy getuckert. Auch das in einem lauschigen Park mit alten Bäumen liegende Château de Kerazan ist einen Ausflug wert.

■ Quimper

Vielleicht die bretonischste aller Städte in der Region, auf jeden Fall aber ihre Hauptstadt. Von Großspurigkeit jedoch keine Rede, Quimper gibt sich eher gemütlich und traditionsbewusst. Die Einwohner der alten Bischofsstadt pflegen die kulturelle Vielfalt im Rahmen folkloristischer Feste. Den Höhepunkt des Festjahres stellt das farbenprächtige Festival de Cornouaille dar (immer in der Woche vor dem 3. Julisonntag). Historische Kirchtürme, Häuser und Mauern, die sich sonst still im Flusslauf der Odet spiegeln, werden zur Kulisse eines lauten Spektakels. Durch die begeistert mitgehenden Besucher verdreifacht sich die Zahl der 60.000 Einwohner für diesen Tag!

UNTERKUNFT

*** NOVOTEL
2, rue du Poher
Tel. 02.98.90.46.26
Fax 02.98.53.01.96.
In einem schönen Park nahe der Innenstadt gelegen. Modern ausgestattete Zimmer. Hallenbad, Freibad, Sonnenterrasse, Sauna, Tennis, Jogging-Pfad und ein gutes Restaurant.

*** LE GRIFFON
131, rue de Bénodet
Tel. 02.98.90.33.33
Fax 02.98.53.06.67.
Vor den Toren der Stadt und damit sehr ruhig gelegen. Modern eingerichtete Zimmer und ein Restaurant mit vorzüglicher regionaler Küche.

** LA TOUR D'AUVERGNE
13, rue des Réguaires
Tel. 02.98.95.08.70
Fax 02.98.95.17.31.
Das traditionsbewusste Hotel in der Nähe der Kathedrale bietet in seinen Zimmern allen Komfort, der einen Aufenthalt angenehm gestaltet. Dazu gehört ein nobles Restaurant.

RESTAURANTS

LES ACACIAS
88, bvd. Créac'h-Guen
Tel. 02.98.52.15.20.
Wer zu einem gepflegten Diner einen modernen Rahmen bevorzugt, ist in diesem Restaurant bestens aufgehoben. Die Küche macht aus den Gästen Gourmets!

L'AMBROISIE
49, rue Elie Fréron
Tel. 02.98.95.00.02.
Kleines, feines Restaurant – ein Platz zum Wohlfühlen. Die Küche zaubert aus den besten Zutaten der Region phantasievolle Gerichte.

LE CAPUCIN GOURMAND
29, rue des Reguaires
Tel. 02.98.95.43.12.
Man muss nicht Mönch oder Gourmet sein, um die Raffinesse der Küche gebührend zu würdigen. Der Patron versteht seine Kunst!

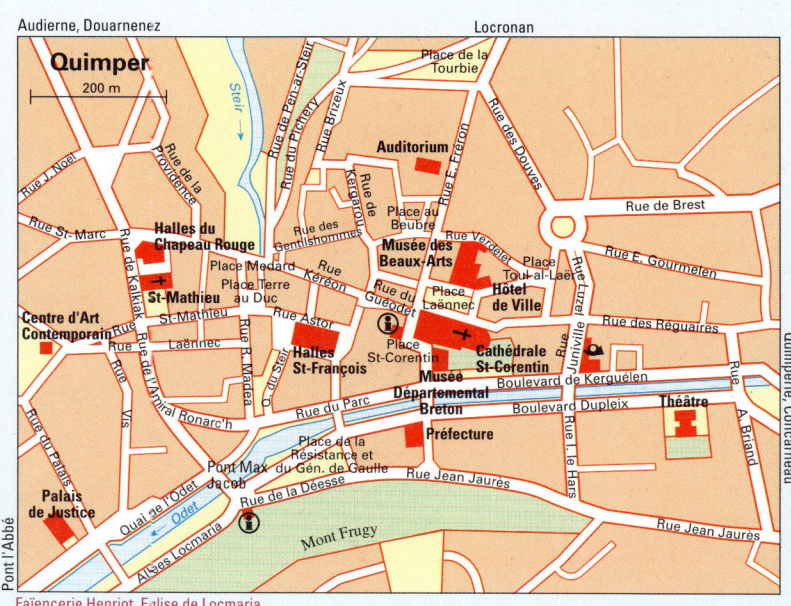

SERVICE

AUBERGE TY COZ
Ty Sanquer
Tel. 02.98.94.50.02.
Eine gute Adresse vor den Toren der Stadt an der D 770.
Der kleine Ausflug lohnt sich, wenn man die ausgezeichneten Rezepte der klassischen bretonischen Küche liebt.

SEHENSWÜRDIGKEITEN

CATHÉDRALE SAINT-CORENTIN
Der eher elegante als mächtige Sakralbau – im 13. Jh. mit dem Errichten des Chors begonnen und im 19. Jh. mit dem Aufsetzen der beiden Turmspitzen beendet – ist Wahrzeichen und unumstrittener Mittelpunkt der Stadt. Gotik in schönster Vollendung zeigen die Hauptfassade und das ornamentreiche Portal. Im Inneren an der Kanzel sind die Reliefs mit Darstellungen aus dem Leben Saint-Corentins sehenswert.

DIE ALTSTADT
Am Place St-Corentin führt die Rue Kéréon mit ihren alten und ehrwürdigen Gebäuden in die Altstadt hinein. Sie sind Zeugen der bretonischen Geschichte. Höhepunkt eines Bummels durch die Straßen und Gassen der Stadt ist der Place Terre-au-Duc mit seinen Fachwerkhäusern. Hier ließ einst der Herzog der Bretagne das Gericht tagen und den Markt abhalten.

MUSEEN

MUSÉE DES BEAUX-ARTS
Place St-Corentin, Mairie.
Eine interessante Gemäldesammlung mit Werken bedeutender europäischer Malschulen. Darunter Bilder der Schule von Pont-Aven.
Geöffnet: täglich außer Di 10 – 12 und 14 – 18 Uhr, im Sommer bis 19.30 Uhr.

MUSÉE DÉPARTEMENTAL BRETON
1, rue du Roi Gradlon.
Im früheren Bischofspalast neben der Kathedrale informiert das Heimatmuseum anschaulich über Geschichte und Volkskunde des Finistère und der Cornouaille.
Geöffnet: täglich außer Di 9 – 12 und 14 – 17 Uhr, im Sommer bis 18 Uhr.

MUSÉE DE LA FAIENCE JULES VERLINQUE
Locmaria
14, rue J.B.Bousquet.
Seit dem 17. Jh. ist Quimper berühmt für seine künstlerisch hochwertigen Fayencen. Das Museum informiert zu diesem Thema und vermittelt Werkstattbesuche.
Geöffnet: Mai – Oktober Mo – Sa 10 – 18 Uhr.

INFORMATION

COMITÉ DÉPARTEMENTAL DE TOURISME DE FINISTÈRE
11, rue Théodore-Le-Hars
Tel. 02.98.53.09.00
Fax 02.98.52.19.19.

OFFICE DE TOURISME
7, rue de la Déesse
Tel. 02.98.53.04.05.

AUSFLÜGE

PONT CROIX
Das mittelalterliche Städtchen liegt verträumt am Ufer des Goyen. Stolz ist der Ort auf seine Kirche Notre-Dame-de-Roscuden: zum einen weil das Schiff aus dem frühen 13. Jh so schön romanisch wirkt (aber nicht ist!), zum anderen weil die filigranen gotischen Steinmetzarbeiten über dem Südportal wirklich ein Schmuckstück sind. Die gepflasterten, steilen Stufenstraßen, La Grande- und La Petite-Rue-Chère, führen entlang malerischer Häuser hinunter zum Fluss.

Auf dem Markt in Concarneau.

Am eindrucksvollsten ist es, wenn im August auf diesen Straßen der Große Pardon zelebriert wird!

BÉNODET
Wer in das Seebad kommt, verfällt sofort in beste Urlaubsstimmung! Bereits zu Beginn des Jahrhunderts galt es als schick, die Promenaden entlangzuflanieren, das Casino am Strand zu besuchen und in feinen Restaurants zu dinieren. Die Hautevolee hatte hier ihre großen Auftritte. Das nostalgische Ambiente hat sich kaum verändert, jedoch den veränderten Ansprüchen der Gäste wurde Rechnung getragen, zum Beispiel durch ein Thalassotherapie-Zentrum. Lohnenswert ist es, auf den Leuchtturm zu steigen, zur Cornouaille-Brücke hochzuklettern und zur Pointe de Bénodet hinauszuspazieren!

ODET-FLUSSFAHRT
In 75 Minuten bringt das Boot der Vedettes de l'Odet seine Fahrgäste von Quimper nach Bénodet in der Mündungsbucht zum Atlantik. Das Schiff passiert in vielen engen Schleifen eine wunderschön von Wäldern, Felsen und Idyllen durchsetzte Landschaft.

■ Concarneau

Concarneau ist der drittgrößte französische Hafen für die Anlandung von Frischfisch. Entsprechend dominant sind die modernen Hafenanlagen, zu denen eine Fischauktionshalle und drei Fischfabriken gehören. Touristisch betrachtet, ist die Stadt durch ihr befestigtes Ville close inmitten der Hafenbucht ein absoluter Höhepunkt an der bretonischen Küste. Entsprechend groß ist die Zahl der Besucher, die sich alljährlich zum turbulenten Fête des Filets Bleus einfinden.

UNTERKUNFT/RESTAURANT

** LE GALLION
15, rue de St-Guénolé
Tel. 02.98.97.30.16
Fax 02.98.50.67.88.
Es ist ein Erlebnis, im Ville close in einem der historischen Granithäuser zu dinieren und zu übernachten.

SERVICE

Die Cornouaille 7

Das Hotel ist eine Oase, und das Restaurant wäre ein Insider-Tip, wenn es die Feinschmecker nicht schon längst entdeckt hätten.

** LES SABLES BLANC
Plage des Sables Blancs
Tel. 02.98.97.01.39
Fax 02.98.50.65.88.
Den Strand vor Augen, die Ville close nah im Rücken – eine ideale Lage für das moderne Hotel, das mit gut ausgestatteten Zimmern und einem akzeptablen Restaurant Kurzbesuche und Urlaubswochen angenehm gestaltet.

SEHENSWÜRDIGKEITEN

VILLE CLOSE
Zu erreichen ist die autofreie Altstadt nur über eine schmale Fußgängerbrücke. Hat man den Fuß auf das Inselchen gesetzt, ist man sofort gefangen von der strahlenden Faszination der mittelalterlichen Anlage und von dem Gedränge der Besucher. Einsamkeitsgefühle kommen selten auf in den uralten Gassen mit den historischen Häusern und bei den Rundgängen auf den Befestigungsmauern mit schönen Blicken in die Altstadt und auf den Hafen. Wer Willen hat und den einen oder anderen blauen Fleck nicht scheut, schafft es, die Insel in ihrer 350 m Länge und 250 m Breite zu besichtigen und zu erleben!

PORTS
Die Hafenanlagen sind vor allem dann interessant, wenn von den an den Kais vertäuten, bunten Fischerbooten Fische und Krustentiere gelöscht werden. Wer früh genug aufsteht, kann den Fang zur Auktionshalle begleiten und dort die temperamentvolle Versteigerung miterleben. Nähere Informationen erhält man beim Fremdenverkehrsbüro.

PLAGES
Die Strände von Concarneau liegen an der Westküste und werden gern besucht.

MUSEEN

MUSÉE DE LA PÊCHE
Ville Close.
Im ehemaligen Arsenal wird die Geschichte der Hafenstadt und die Kunst des Fischfangs interessant geschildert und belegt. Im Hof steht das 100 Jahre alte Rettungsboot „Commandant Gerreau". Im Inneren des Museums kann man auf zwei Fischerbooten Seemann spielen. Geöffnet: Juni – September täglich 9.30 – 12.30 und 14 – 18 Uhr.

MARINARIUM
Quai de la Croix.
Beim kleinen Port de la Croix fließt im Marinarium das Meereswasser direkt in die Aquarien und Zuchtbecken, in denen Fauna und Flora der Atlantikküste zu bestaunen sind. Geöffnet: April – September täglich 10 – 12 und 14 – 18.30 Uhr.

INFORMATION

OFFICE DE TOURISME
Place Duguesclin
Tel. 02.98.97.01.44.

AUSFLÜGE

FOUESNANT
Fouesnant kuschelt sich, wenige Kilometer landeinwärts, ins Grüne und ist durch große Apfelplantagen mit dem nahen Küstenort La Forêt-Fuesnant verbunden. Gemeinsam bedienen sie sich des Port-la-Forêt als Hafen für die Yachten und Segelboote oder als Ausgangspunkt für Bootsfahrten zu den Glénan-Inseln und zur Odet. Den Gästen rundherum mangelt es also an nichts, zumal La Forêt-Fouesnant mit einem umfriedeten Pfarrhof und einem originellen Calvaire eine schöne Sehenswürdigkeit in die Dreieinigkeit eingebracht hat.
Das 5 km südlich gelegene Beg-Meil lauert darauf, mit in den Verbund aufgenommen zu werden, denn es hat nicht nur herrliche Sandstrände, sondern auch einen einmaligen Rundblick über die Baie de la Forêt und auf Concarneau zu bieten!

PONT-AVEN
Das kleine Städtchen muss ein malerischer Ort sein, wenn sich schon ein Genie wie Paul Gauguin dazu entschloss, hier Quartier zu nehmen. Die idyllischen Motive ringsherum inspirierten den Maler und ließen so die berühmt gewordenen Gemälde entstehen. Ebenso erging es Emile Bernard. Und als schließlich die Schule von Pont-Aven viele andere Künstler anzog, erlangte das bis dahin stille Städtchen seinen Ruhm. Kunstliebhaber bilden Pilgerzüge, die nicht der Zeremonie eines Pardons, sondern den Stationen der Maler und ihrer Werke folgen.
Während eines Spaziergangs durch den Ort kommt man auch an den Resten des ursprünglichen Stolzes des Städtchens, den 14 Mühlen, vorbei. In manchen der wundervoll restaurierten Häusern kann man herrlich einkehren!

QUIMPERLE
Der Zusammenfluss der Ellé und Isole ließ eine Insel entstehen: Durch eine Querverbindung bildete sich ein Dreieck, in das sich die Ville basse einnistete und die sie umgebenden Wasserläufe als natürliche Verteidigungsanlage nutzte. In ihrer Mitte wurde im 11. Jh. die Église Sainte-Croix, ein schöner bretonisch-romanischer Rundbau, errichtet. Um sie herum wuchsen beschauliche Plätze und Straßen.
Die Ville haute, die in ihrem Stadtbild von der festungsähnlichen Église Notre-Dame-de-l'Assomption bestimmt wird, wurde später erbaut. Auch sie ist von alten romantischen Häusern umgeben, so dass die Stadt auf zwei Ebenen eine Einheit bildete und eine wahre Augenweide darstellt.

Insider News

DEN MALERN AUF DER SPUR
Wer als Kunstbeflissener in die Bretagne kommt, um auf den Spuren von Gauguin zu wandeln, muss sich nicht auf Pont-Aven beschränken. „La Route des Peintres en Cornouaille" folgt als Rundfahrt – gut ausgeschildert – den zwischen den Jahren 1850 und 1950 in der Cornouaille wirkenden Malern. Auf der Tour entdeckt man nicht nur ihre Stationen und die Motive ihrer Werke, sondern erlebt auch die herrliche, traditionsreiche Landschaft.

8 Golfe du Morbihan

Im Land der Hinkelsteine

Mysteriöse Zeugnisse der Megalith-Kultur: Nirgendwo stehen so viele Dolmen und Menhire wie am Golf von Morbihan.

Es scheint, als habe sich heute morgen das trübe Wetter dem tristen Bild der Hafenstadt **Lorient** angepasst. Es regnet Bindfäden. Unter Regenschirmen versteckt, bummeln wir etwas planlos durch die wenig reizvolle Stadt und beschließen leicht frustriert, uns im **Maison de la Mer** am Yachthafen zu verkriechen. Vielleicht kann ein Blick in die Geschichte der Stadt unsere schiefen Eindrücke wieder gerade rücken.

Im futuristisch anmutenden Museum sind wir die ersten Besucher. Ein dicklicher Mann mit einem imposanten Schnauzbart kassiert das Eintrittsgeld und guckt uns dabei noch etwas verschlafen, aber durchaus freundlich an. „Nun ja, Sie sind in der Stadt der fünf Häfen, und natürlich hat das Meer in der Geschichte unserer Stadt eine bedeutende Rolle gespielt. Sie können sich hier darüber informieren, dass Lorient schon immer als Handelshafen und als Marinebasis große Bedeutung hatte. Aber auch als Fischereihafen, und deshalb werden Sie bei uns den Weg des Fisches aus dem Meer bis auf den Tisch kennen lernen. Es ist alles interessant dargestellt und gut erläutert."

Also treten wir unseren Gang durch die noch vereinsamten Museumsräume an und finden aufschlussreiche und bildreiche Darstellungen über die Methoden des Fischfangs, Modelle von Fischkuttern und Erklärungstafeln über die harte Arbeit des Seenot-Rettungsdienstes.

Wir kommen in den Raum, der die spannende Geschichte der Handelsgesellschaft „Compagnie des Indes Orientales" schildert. Sie wurde 1664 unter Louis XIV. von Wirtschaftsminister Colbert gegründet. Der Stadtname, der sich ursprünglich L'Orient schrieb, deutet bereits darauf hin, dass hier das Tor Frankreichs zum Orient lag. Die Compagnie besaß damals das unumschränkte Handelsmonopol vom Kap der guten Hoffnung in Südafrika bis nach Kanton in China. Gewürze, Tee, Seide und Porzellan waren die wichtigsten Handelsgüter, allerdings blühte auch der Menschenhandel, der schamvoll mit „Verkauf von Ebenholz" umschrieben wurde. Mitte des 18. Jahrhunderts ruinierte der Siebenjährige Krieg die Compagnie, und aus dem Handelshafen wurde unter Napoleon ein wichtiger Marinehafen. Die Erfindung der Konservendose im Jahr 1804 führte zum Aufschwung des Fischereiwesens. Erst im Zweiten Weltkrieg entstand der Kriegshafen.

Der Mann mit dem Schnauzer, offensichtlich noch nicht ausgelastet, kommt auf uns zu. „Den Bunkerhafen haben nicht wir, sondern 1941 die Deutschen für ihre U-Boote angelegt. Unglückseligerweise! Denn er veranlasste die Alliierten, Hafen und Stadt durch Bombenangriffe dem Erdboden gleich zu machen. Das einzige Bauwerk, das das Inferno überstanden hat, ist der mit 900.000 Tonnen Beton gebaute U-Boot-Bunker! Heute nutzt ihn unsere Marine!" Er schlurft wieder davon, und auch wir verdrücken uns bei der nächstbesten Gelegenheit. Denn endlich hat es zu regnen aufgehört. Und schließlich wollen wir heute noch zu den Menhiren von Carnac.

Der Weg führt über **Hennebont**. Der erste Eindruck bei der Einfahrt durch die **Porte Broerec** mit ihren beiden mächtigen Rundtürmen ist viel versprechend. Sie ist ein Rest der Verteidigungsmauer, die einst den Stadtkern umschloss. Aber auch hier hat der unselige Weltkrieg gewütet und viel historische Bausubstanz zerstört. Nur die **Basilique Notre-Dame-de-Paradis** und einige Gebäude aus dem 16. und 17. Jahrhundert blieben weitgehend unversehrt. Wir schauen uns kurz um und folgen dann den Schildern, die uns zum Gelände der **Abbaye de la Joie** führen. Heute beherbergt die ehemalige Zisterzienserabtei das „Haras Nationaux", ein für die besten und teuersten Zuchtpferde Frankreichs bekanntes Gestüt. Der Anblick der edlen Tiere lässt die Herzen zahlloser Pferdefans regelmäßig höher

Unübersehbar: Lorient ist Marinestützpunkt.

schlagen. Kaum, dass sie Zeit finden, die Ställe, die Sattlerei, das Kutschenmuseum und die Reste der während der Revolutionskriege zerstörten Abtei zu besichtigen.

Für das Mittagessen empfiehlt sich in der Gegend Lachs. Einige Exemplare davon tummeln sich noch im vorbeiplätschernden Flüsschen Blavet. Für das Nobelrestaurant „Château de Locguénole", in einem herrschaftlichen Schloss an der Route de Port-Louis untergebracht, tragen wir leider nicht die richtige Kluft. So führt die Suche weiter nach **Port-Louis**. Das Hafenstädtchen hatte seine Blütezeit als Handelszentrum noch vor Lorient. Es war jedoch mehr die militär-strategisch ideale Lage am engen Eingang der Blavet-Mündung, die den Ort immer wieder ins Blickfeld rückte. So wurde die Zitadelle von spanischen Besatzern, die im 16. Jahrhundert das Städtchen eroberten, errichtet. Nach ihrer Vertreibung, Anfang des 17. Jahrhunderts, wurden die Anlagen ausgebaut und durch Wehrmauern ergänzt. Beim Herumspazieren auf dem Wehrgang knurren inzwischen unüberhörbar unsere Mägen. Sprach nicht jemand von leckerem Lachs? Wir machen uns auf die Suche, und am Hafen finden wir ein uriges Lokal, das uns endlich Blavet-Lachs serviert Irgendwann kommen wir mit einem Gast am Nachbartisch ins Gespräch. „Ich habe mich hier umgeschaut. Außer den alten Festungsanlagen dem Rathaus von 1770 und einigen historischen Häusern sind eigentlich nur die Museen in der Zitadelle sehenswert", ist seine Meinung über das Städtchen. Nein, merçi, kein Museumsbesuch! Das hatten wir heute schon mal! Uns zieht es jetzt unwiderstehlich zu den Hinkelsteinen von Carnac. Also haken wir nach dem Essen Port-Louis ab und fahren in Richtung Carnac weiter.

Auf halbem Wege kommen wir zur Brücke über den Rivière d'Etel. Eine Gruppe Passanten steht am Geländer und blickt interessiert nach unten. Das macht uns neugierig. Der Blick von der Brücke landeinwärts zeigt uns eine riesige, durch verzweigte Seitenarme und Inseln stark zergliederte Bucht. Auf der anderen Seite gleitet ein schmaler Fluss in den Atlantik. Neben uns am Geländer steht ein alter, handfester Bretone, der ungeniert unserem Gespräch über diese Engstelle zuhört. Prompt mischt er sich ein: „Sie erleben hier eine für die südbretonische

Zuchtpferde aus der Abtei: Die Abbaye de la Joie beherbergt heute ein Gestüt.

Lorient war ehedem das Tor Frankreichs zum Orient! Luxusgüter aus China und Südostasien wurden kistenweise über die Kais geschoben.

GOLFE DU MORBIHAN

Küste typische Wasserlandschaftsform. Vor allem diese Passage hat ihre eigene Dramatik! Sie müssen wissen, dass sich hier bei Flut Millionen von Kubikmetern Wasser mit aller Gewalt hindurchdrücken. Zweimal am Tag! Und zweimal täglich kommen diese Wassermassen wieder zurück. Geschieht dies gegen die Windrichtung, führt der Vorgang in der Engstelle zwangsläufig zu einem hohen Wasserstau. Besonders bei der Konstellation halbe Ebbe, Vollmond und starker Westwind entstehen bis zu sechs Meter hohe Brecher, die selbst größere Schiffe gefährden können!" Es stellt sich übrigens im weiteren Gespräch heraus, dass der knorrige Bretone früher als Walfänger zur See gefahren ist, vom nahe gelegenen Hafenstädtchen **Etel** aus, einst zweitgrößter Thunfisch-Fanghafen Frankreichs.

Gesprächsthema auf der Weiterfahrt sind die vielen, für uns ungewöhnlichen Berufe, die wir in der Bretagne kennen lernen. Was hatten wir schon alles? Austernfischer, Muschelzüchter, Leuchtturmwächter, Salzbauern, Torfstecher ... und jetzt noch ein Walfischfänger. Fehlt nur noch, dass uns der weltberühmte Hinkelsteinproduzent Obelix über den Weg läuft. Denn inzwischen sind wir am Ortsrand von **Carnac** angelangt, dem ohne Zweifel berühmtesten Ort der Bretagne – berühmt für das mit Abstand größte Megalith-Feld der Welt, das alljährlich Hunderttausende magisch anzieht.

Wir brauchen nur der Autoschlange zu folgen, um die im Weiler **Le Ménec** beginnenden geheimnisvollen Steinreihen zu erreichen. Die „Alignements du Ménec", inmitten einer gelb blühenden Ginsterlandschaft gelegen, sind die eindruckvollste Anlage rund um Carnac. Ausgehend von einem „Cromlech", einem Halbkreis mit 70 Menhiren, erstreckt sich die Steinallee über eine Länge von knapp 1200 Metern und eine Breite von 100 Metern. In elf Reihen stehen, fein säuberlich hintereinander gestellt, insgesamt 1099 Menhire! Stolze vier Meter hoch ist der größte „Hinkelstein"! Keine leichte Sache, selbst für Obelix!

Wir laufen und laufen und laufen – die Steinfelder scheinen nicht enden zu wollen. Von kargen Kiefernwäldchen unterbrochen, reihen sich die Alignements de Kermario, die Alignements de Kerlescan, die Dolmen von Mané-Kerioned, der Tumulus St-Michel und der Tumulus de Kercado aneinander – insgesamt 2792 Menhire! Den schönsten Gesamtüberblick gewinnen wir von der Aussichtsplattform bei **Kermario**, der uns nicht nur die Steinreihen zeigt, sondern auch die Besuchermassen, die sich auf den Wegen zwischen den Zäunen entlangschieben.

Schon Gustave Flaubert hat gesagt: „Über Carnac wird mehr Unsinn geschrieben, als es dort Menhire gibt." In der Tat: Es gibt fast so viele Theorien über die „großen Steine" (keltisch: men-hir) wie Menhire. Keine kann von sich behaupten, unumstritten zu sein – selbst das Prähistorische Museum in Carnac bietet keine „letzte" Erklärung. Waren es Kultstätten oder Begräbnisstätten, dienten sie astronomischen Zwecken, oder waren es Versammlungsstätten? Fest steht nur, dass sie Zeugnisse einer prägallischen Zivilisation im Zeitraum 5000 bis 2000 vor Christi sind – einer Zivilisation mit erstaunlichem physikalischen und technischem Wissen, aber auch mit einer soliden Sozialstruktur. Denn die Steinreihen sind über Jahrtausende hinweg entstanden und offenbar immer „weitergebaut" worden. Und so stehen sie als ungelöste Rätsel der Menschheitsgeschichte: einzeln aufragend als Menhire, in Reihen aufgestellt als Alignements, im Rund- oder Halbkreis angeordnet als Cromlech, unter Erdhügeln begraben als Tumulus oder mit Deckplatten zugedeckte Dolmen.

Hundemüde vom vielen Laufen, aber ebenso beeindruckt wie Millionen von Besuchern vor uns, machen wir uns aus dem Staub der Wege

Megalith-Torso mit mysteriöser Vergangenheit.

zwischen den Steinfeldern und fahren über Plouharnel hinaus nach **Quiberon**. Aber unsere Hoffnung, nach dem überwältigenden wie anstrengenden Erlebnis der Menhir- und Menschenmassen erholsame Ruhe zu finden, geht nicht auf. Denn wir stecken bald in einer endlosen Autoschlange. Immerhin erlaubt das Schleichtempo, uns von dem luftigen Felskamm aus über die landschaftliche Lage der schmalen, sich weit ins Meer hinausziehenden Halbinsel zu orientieren. Wie ein Wellenbrecher teilt sie die Atlantikfluten. An ihrer schmalsten Stelle ist sie nur 22 Meter breit – gerade genug Platz für eine Straße, Schienen und Stromleitungen. Im Westen ragen die steilen, kantigen Felswände der wilden **Côte Sauvage** auf. Sie trotzen dem anrollenden Meer und den starken Winden. An der Ostseite hingegen fällt die Landschaft sanft zu den Sandstränden ab, die den Saum der ruhig mit den Wellen spielenden **Baie de Quiberon** bilden.

Mit staubedingter Verspätung kommen wir schließlich in Quiberon an, aber rechtzeitig genug, um vor dem Abendessen noch den eher modern anmutenden Badeort zu erkunden. In der Hochsaison kommen hier auf jeden Einwohner zehn Touristen. Vorbei am Casino spazieren wir zum **Place Hoche**, dem turbulenten Zentrum des Ortes. Rund herum liegen Hotels, Bars, Boutiquen, Krimskramläden und Geschäfte jeglicher Couleur. Ein paar Schritte weiter stehen wir am alten malerischen Fischerei- und Fährhafen Port-Maria. Einige vor sich hindösende Pinassen beginnen in den Wellenschlägen zu schaukeln, die ein einfahrendes Fährschiff verursacht. Offensichtlich kommt es zurück von der draußen im Meer liegenden Trauminsel **Belle-Ile**, mit 17 Kilometer Länge und 9 Kilometer Breite die größte, für viele auch schönste bretonische Insel. Herrliche Strände und Badebuchten findet man dort zuhauf. Bevor wir von der Flut der aussteigenden, braun gebrannten Insel-Besucher erfasst werden, flüchten wir in die Stadt zurück und hinaus zur äußersten Landspitze. Vorbei am modernen Thalassotherapie-Zentrum kommen wir zur naturbelassenen **Pointe du Conguel**, einer der Perlen der Halbinsel. Hier ist es wohltuend ruhig! Der Blick schweift zu den Inseln im Meer, zum rot-weißen **Phare La Teignouse** und über das herrliche Halbrund der Baie de Quiberon.

Nach einem kurzen Besuch des alten Fischereihafens **Port-Haliguen**, in dem Yachten und Segelboote dümpeln, kehren wir zurück in unser Hotel. Im Restaurant wird uns ein Tisch angewiesen, an dem sich schon ein älteres Paar die Vorspeise schmecken lässt. Wir kommen schnell

In der blühenden Ginsterlandschaft verstecken sich unzählige „Hinkelsteine".

Ordnung musste auch schon damals sein: Fein säuberlich in elf Reihen geordnet stehen insgesamt 1099 Hinkelsteine in der Steinallee von Ménec.

GOLFE DU MORBIHAN

ins Gespräch. „Meine Frau und ich machen hier Urlaub", erzählt Monsieur Garrigues. „Wissen Sie, wenn man im Landesinneren lebt, hat man ab und zu Sehnsucht nach dem Meer. Wir kommen oft hierher nach Quiberon. Natürlich ist es in der Saison von Besuchern überschwemmt. Aktivurlauber wie wir finden trotzdem ihr Plätzchen, zum Beispiel auf Erkundungen an der wilden Côte Sauvage mit ihren Grotten, Felsspalten, Schluchten und winzigen Buchten. Natürlich auch beim Erholen an den Sandstränden. Am Morgen, wenn der Tagestourismus noch aussteht, und am Abend, wenn er wieder abgeflossen ist, gehört Quiberon allein den Einheimischen und ihren Gästen. Dann ist es am schönsten!" Kein Zweifel: Wir haben einen überzeugten Quiberon-Fan erwischt! „Wissen Sie, man kann hier jeden Tag eine neue Entdeckung machen. Wir haben heute zum Beispiel an der Côte Sauvage das gewaltige Felsentor von **Port Blanc** entdeckt, durch das die Flut mit unbändiger Kraft tobt! Und die Teufelsgrotte, in der es geheimnisvoll gurgelt und fast schon unheimlich stöhnt! Das sind schon einzigartige Erlebnisse!"

Es ist ein tolles Gefühl, am Morgen aufzustehen und beim ersten Blick das Meer vor Augen zu haben. Wie es sich für ein Urlaubsparadies gehört, strahlt noch dazu die Sonne. Unmittelbar nach dem Frühstück brechen wir auf, um die Enge der Halbinsel schnell hinter uns zu bringen. An der **Pont de Kerisper** halten wir kurz an, um den eindrucksvollen Blick auf die Mündung des unter der Brücke hindurchfließenden Crach zu werfen und auf das Hafenstädtchen **La-Trinité-sur-Mer**, Frankreichs Hochseesegler-Mekka.

Vom Meer geformt: das Felsentor von Port Blanc.

Nach acht Kilometern sind wir endlich in **Locmariaquer**, dicht vor dem Einlass zum Golfe du Morbihan. Schon am Ortseingang erwartet uns, eingezäunt und von Ausgrabungen kreuz und quer durchfurcht, ein weiterer Höhepunkt der Megalith-Kultur – und natürlich entsprechend viel Gedränge und Geschiebe. Vom Info-Zentrum aus kämpfen wir uns durch und stehen plötzlich überwältigt vor dem in vier Teile zerbrochenen **Grand Menhir**, der größten megalithischen Steinsäule der Welt. Man weiß nicht, ob sie einfach irgendwann zerbrochen ist oder durch Blitzschlag oder Erdbeben gespalten wurde. Rätselhaft auch, wie die riesigen Granitblöcke, über 20 Meter lang und zusammen 350 Tonnen schwer, herangekarrt werden konnten und woher. Denn weit und breit ist kein Steinbruch, aus dem er stammen könnte. Man hat errechnet, dass 250 Ochsen oder mindestens 10.000 Menschen nötig waren, um ihn auf rollenden Baumstämmen hierher zu transportieren. Unvorstellbar auch das Bild, das die Bruchstücke einst, aufeinander getürmt, abgegeben haben müssen!

Antike Seefahrer jedenfalls berichteten von der gigantischen Steinsäule an der Küste der Bretagne. Stand sie in direkter Verbindung mit dem zweiten gigantischen Steindenkmal, dem nahe gelegenen **Table des Marchands**? Offensichtlich waren dessen drei auf siebzehn Tragsteinen ruhende Deckplatten ein von Erdreich geschützter, gewaltiger Dolmen. Die beiden anderen Hügelgräber, der **Dolmen du Mané Lud** und der **Dolmen du Mané-Rethual** nehmen sich daneben vergleichsweise bescheiden aus, obwohl jeder für sich beeindruckend genug ist. Insgesamt war das Ensemble megalithischer Monumente, das zwischen 4000 und 2000 vor Christi entstanden sein muss, nach Auffassung der Archäologen das Zentrum eines heidnisch-rituellen Glaubens, von dem wir wohl nie mehr Genaueres erfahren werden.

Bevor wir Kurs in Richtung Auray nehmen, wollen wir unbedingt den flaschenhalsartigen Einlass des Golfe du Morbihan sehen. Wir fahren deshalb zur nahen **Pointe de Kerpenhir** und genießen den Blick über die herrliche Bucht! Von der äußersten Spitze aus begrüßt die Marienstatue Notre-Dame-de-Kerdro gnädig die vorbeigleitenden Schiffe. Nüchterner hingegen ist die Rolle, die auf der gegenüberliegenden

GOLFE DU MORBIHAN

Seite der Leuchtturm von **Port-Navalo** übernommen hat. Mit seinen Lichtblitzen gibt er den einfahrenden Schiffen die notwendigen Orientierungshilfen. An dieser Stelle ist der Einlass zum Golfe du Morbihan nur einen Kilometer breit. Der Name bedeutet „kleines Meer". Man vermutet, dass er durch das Eindringen des Meeres in ein von Flüssen bereits ausgehöhltes Becken entstanden ist. Bei Flut beträgt seine Wasserfläche etwa 130 Quadratkilometer, bei Ebbe nur 50 Quadratkilometer – dann tauchen sogar irgendwann versunkene Menhire wieder auf.

Unser nächstes Ziel heißt **Auray**, jene Stadt, die in der bretonischen und französischen Geschichte zweimal eine bedeutende Rolle gespielt hat. Es begann mit der im Jahr 1364 vor ihren Toren ausgetragenen „Schlacht von Auray", die zwar das Ende des bretonischen Erbfolgekrieges und die Vereinigung der Region brachte, die Bretagne jedoch in ein wirtschaftliches Chaos stürzte. Das zweite Großereignis verband sich mit dem Namen von Georges Cadoudal, einem überzeugten Royalisten und fanatischen Anführer der Chouannerie-Bewegung zu Zeiten der Französischen Revolution. Mit lauteren und unlauteren Mitteln kämpfte er einen aussichtslosen Kampf gegen die Französische Revolution. Am bitteren Ende kam es sogar zu dem verzweifelten Versuch, Napoleon Bonaparte in seine Gewalt zu bekommen. Dieses wagemutige Unterfangen misslang kläglich, Cadoudal wurde gefangen genommen und 1804 als „letzter Chouan" in Paris hingerichtet. In dem **Mausolée de Cadoudal**, gegenüber seinem Geburtshaus, fand er in Auray seine letzte Ruhestätte.

Das Städtchen mit seinem gut erhaltenen mittelalterlichen Stadtkern liegt in einer Flussschleife des Loch, auch „Rivière d'Auray" genannt, der in den Golfe du Morbihan mündet. Zielstrebig steuern wir den kleinen Flusshafen **St-Goustan** mit dem malerischen Stadtviertel an. Hier ging 1776 Benjamin Franklin an Land, um von Frankreich Unterstützung im amerikanischen Unabhängigkeitskrieg zu erbitten. Selbstverständlich wurde deshalb eine Straße nach ihm benannt, denn die Einwohner von Auray sind Stolz auf ihre Geschichte.

In St-Goustan scheint die Zeit stehen geblieben zu sein: das Kopfsteinpflaster am alten Hafenpier, die immer wieder durch Treppen unterbrochenen, ansteigenden Gassen und die windschiefen Stein- und Fachwerkhäuser aus dem 15. Jahrhundert erwecken diesen Eindruck. Wir gehen über die machtvollen, verwitterten Brückenbögen der Pont de St-Goustan und die sich ser-

Verbeugung vor der Geschichte: Nur gebückt geht's ins Table des Marchands.

Da wäre selbst Obelix überfordert gewesen, doch wie wurden die 350 Tonnen schweren und 20 Meter langen Menhire herangekarrt?

GOLFE DU MORBIHAN

pentinenartig hochwindende **Promenade du Loch** hinauf in die Oberstadt. Von dort ergibt sich ein malerischer Blick auf den Fluss, die Brücke, den alten Hafen und die pittoreske Altstadt. In der Oberstadt spielt sich das Leben rund um die Kirche St-Gildas und die Place de la République ab. In den mittelalterlich geprägten Straßen mit ihren jahrhundertealten Bürgerhäusern lassen sich attraktive Läden, urige Kneipen und eine opulente Fischhalle mit all ihren Gerüchen erleben.

Nur sechs Kilometer entfernt, liegt mit **Ste-Anne d'Auray** der wichtigste Wallfahrtsort der Bretagne. Wir halten am Rand des weiten Vorplatzes und gehen auf die granitgraue Renaissance-Basilika Ste-Anne zu. Sie bildet zusammen mit dem angeschlossenen Kloster und seinem Kreuzgang, dem Trésor-Gebäude, dem angeblich wundertätigen Brunnen und der Heiligen Treppe ein eindrucksvolles sakrales Ensemble – wie geschaffen für die großen Pardons, die alljährlich im Juli stattfinden und bis 70.000 Pilger anziehen. Auch heute, an einem normalen Tag, treffen wir viele Pilgergruppen. Ein Blick auf die Uhr zeigt, dass wir uns auf den Weg nach **Vannes** machen müssen, denn dort wartet Monique auf uns.

Fast auf die Minute genau sind wir am vereinbarten Treffpunkt, im Halbrund des heimeligen **Place Gambetta**. Der Platz ist proppevoll von bunten Sonnenschirmen, weißen Tischen und gut gelaunten jungen Menschen. Irgendwo dazwischen sitzt die uns noch unbekannte Madame Monique. Wir schauen uns um und sehen plötzlich eine junge Frau mit Sonnenbrille hektisch winken. Das muss sie wohl sein. „Es war nicht einfach, den Tisch freizuhalten, zumal auch ein paar Burschen partout meinten, sie müssten mir die Zeit vertreiben!", plaudert sie munter los und fängt auch uns sofort mit ihrem sprühenden Charme ein. „Wie ich Sie erkannt habe? Es war Intuition! Vielleicht aber auch, weil Sie unübersehbar nicht einen freien Tisch, sondern einen Menschen gesucht haben. Wie auch immer, wir haben uns gefunden und und ich freue mich darüber."

Während sie sich nicht stören lässt und weiter redet, schauen wir uns etwas um. Monique hat unsere Blicke verfolgt: „Sieht doch aus wie ein Postkartenmotiv, nicht wahr? Wenn Sie einverstanden sind, sollten wir die bis zum Abendessen verbleibende Zeit zu einem Stadtbummel nutzen. Morgen – das Wetter wird gut bleiben – machen wir dann in der Baie eine Bootsfahrt. Einverstanden?"

Im Flusshafen von Auray ging 1776 Benjamin Franklin an Land.

Schlechte Zeiten für Royalisten: Cadoudal bezahlte seinen leidenschaftlichen Kampf gegen die Französische Revolution mit dem Leben.

GOLFE DU MORBIHAN

Die **Porte St-Vincent**, die das Halbrund der Häuser am Place Gambetta teilt, ist der imposante „Eingang" in die Altstadt. Das alte Stadttor mit seinen Säulen, Bögen und Nischen war früher Teil der Stadtmauer. Besonders schön ist das Wappen der Stadt, das am Kopf des Rundbogens eingemeißelt ist. Unmittelbar hinter dem Tor beginnt die kopfsteingepflasterte Rue St-Vincent mit ihren mittelalterlichen Fachwerkhäusern, in denen sich elegante Läden und schicke Boutiquen eingenistet haben. Anschließend kommen wir zum Schnittpunkt zweier Plätze. „Der kleine, schnuckelige Place du Poids-Public zeigt sich von seiner schönsten Seite, wenn hier der Blumen- und Gemüsemarkt stattfindet. Die Marktstände ziehen sich dann bis zum weiten **Place des Lices** hinauf. Auf diesem Platz ließ im Jahr 1532 König François I. die Vereinigung der Bretagne mit Frankreich zelebrieren. Anschließend fanden hier Ritterturniere statt", erläutert Monique ganz im Stil einer Fremdenführerin. Es fällt leicht, sich die ritterlichen Spiele vor der schönen Kulisse der alten Bürgerhäuser vorzustellen – was nicht ganz ins Bild passt, ist die Neigung des Platzes. Die Herren Ritter müssen wohl über die Breite aufeinander losgegangen sein!

Über die abzweigende Rue Rogue erreichen wir ein Eckhaus, an dessen Giebelseite zwei originelle, ländlich-derbe Holzskulpturen prangen. „Hübsch, nicht wahr? Die beiden lachenden Köpfe werden von den Einwohnern liebevoll 'Vannes et sa femme', Vannes und seine Frau, genannt. Da drüben sehen Sie das ehrwürdige **Château Gaillard**, das im 15. Jahrhundert Parlamentssitz war und heute das Musée archéologique mit seinen Funden aus der bretonischen Frühgeschichte beherbergt.

Wir kommen jetzt zu der alten Markthalle **La Cohue**, die aus dem 13. Jahrhundert stammt und damit zu den ältesten Gebäuden der Stadt zählt. Sie hat zunächst als Markthalle, dann als Gerichtshof und Theater gedient. Heute ist sie Domizil von zwei weiteren Museen."

Monique liebt jede Gasse, jeden Winkel ihrer Stadt. Kein Wunder, denn die Altstadt ist wirklich faszinierend. Es ist, als wandle man durch lebendiges Mittelalter. Besonders stark wird dieser Eindruck am Place Henri IV. Mit den Giebelfachwerkhäusern aus dem 15. bis 17. Jahrhundert ist er der schönste Teil der an historischen Höhepunkten wahrlich nicht armen Altstadt. „Dieser Platz war in der gallo-römischen Zeit das Zentrum der Stadt. Als vor 2000 Jahre Julius Cäsar die Bretagne eroberte, waren es die Veneter, die sich am heftigsten wehrten und die Römer damit fast zur Verzweiflung brachten. Doch ihr hingebungsvoller Mut half auf die Dauer nichts. Sie wurden getötet oder versklavt."

Monique führt uns weiter zur **Kathedrale St-Pierre** mit den zwei monumentalen Türmen. Ihre Baugeschichte reicht vom 12. bis zum 19. Jahrhundert. Die Folge: ein Kunterbunt aus den zwischen Romanik und Neugotik liegenden Stilen. Trotzdem, oder gerade deswegen, ist es ein eindrucksvoller Sakralbau geworden.

Durch die **Porte Prison**, dem imposanten Gefängnistor, kommen wir in die Rue Decker, die außen an den hohen Remparts entlangführt. Durch den mit prachtvollen Blumenrabatten ausgestalteten Garten im Wallgraben, den dahinter

Die Jardin des Remparts zieren heute die ehemaligen Stadtwälle von Vannes.

efeuumrankt aufragenden Stadtmauern und der darüber hinwegblinzelnden Silhouette der Giebeldächer und Kirchtürme bietet sich hier ein Postkartenmotiv nach dem anderen. Höhepunkt im Wallgraben ist jedoch das hübsche, uralte Waschhaus mit seinem Schieferdach! Über die Brücke am Waschhaus und durch die Porte Porterne kehren wir dann zurück in die Altstadt.

Am nächsten Morgen treffen wir uns wieder am Place Gambetta. Es ist von hier nicht weit zum Fährhaus am Hafen, wo wir die Fahrpläne der Schiffe studieren. Endlich soll es hinausgehen in den Golfe du Morbihan. Nachdem Monique mit einem Bootskapitän einen fairen Preis ausgehandelt hat, tuckern wir los. Kapitän André verbirgt bald seine freundlichen Augen hinter einer großen Sonnenbrille. Im Augenblick bewegen wir uns noch durch den schlauchartigen Golfausläufer, an dem Vannes liegt. Monique nutzt die Gelegenheit zu einer kleinen Einführung: „Der Reiz der Bucht liegt in den zergliederten Küsten und vor allem in den rund sechzig Inseln. Die meisten sind bewohnt, viele in Privatbesitz. Die großen Inseln sind von einer üppigen, subtropischen Vegetation, die kleinen meist nur von kargem Ginsterkraut überzogen."

André steuert quer durch Gruppen eifrig törnender Segelschüler auf die **Ile d'Arz** zu. „Die ständig wechselnden Strömungen um diese Insel eignen sich hervorragend zum Erlernen von Navigationsmanövern. Deshalb gibt es auf Arz eine Reihe bekannter Segelschulen." Das Dorf auf der Insel verströmt einen sanften Charme, vor allem dank seiner schönen, giebelverzierten Häuser aus dem 17. Jahrhundert rund um die von einem alten Friedhof umschlossene Kirche.

Wie wird erst die Nachbarinsel **Ile aux Moines** sein, oft „Perle des Golfes" genannt? Das Boot legt im **Port Lério** an, und wir steigen aus, um im Ort **Le Bourg** die malerischen Gassen mit den ebenerdigen, weißgetünchten Fischerkaten und den einstöckigen granitenen Häusern der Schiffskapitäne zu bewundern. Was es nur hier auf dieser Insel gibt, sind die reizenden Miniaturausgaben von Hügeln, Tälern, Wäldern und Stränden. Nichts ist groß, alles ist klein auf der Insel. Hinzu kommen prähistorische Dolmen bei **Boglieux** und **Penhap**.

Ein riesiges Steindenkmal erwartet uns auch auf der **Ile Gavrinis** am Golfeingang. Schon bei der Anfahrt sehen wir von weitem den berühmten Fürstenhügel, der auf einer Anhöhe des 14 Meter großen Granitfelsen liegt. Der Cairn, landschaftlich herrlich gelegen, ist sechs Meter hoch und hat einen Umfang von rund 100 Metern. Die neun Deckplatten des 14 Meter langen Ganges werden von 23 mit filigranen Skulpturen geschmückten Flachsteinen getragen. Der Gang führt zu einer quadratischen Grabkammer, deren Decke aus einer einzigen Granitplatte besteht.

Bei der Rückfahrt von einem kleinen Abstecher hinaus aufs offene Meer steht André auffallend konzentriert am Steuer. Monique erklärt, warum: „Es ist nicht ungefährlich, durch diese Engstelle zu fahren, denn die Flut stürzt sich mit voller Kraft und mit riesigen Wassermengen in den Golf hinein. Dreieinhalb Meter Höhe ist der täglich zweimal eintretende Tidenhub!" Doch André schafft es mit Bravour, die Einfahrt zu bewältigen und fährt uns entlang der Südküste gemächlich zurück in den sicheren Hafen von Vannes.

Volksfest in Vannes: Der Dudelsack macht seinem Namen alle Ehre.

DOLMEN & MENHIRE

SERVICE — *Golfe du Morbihan* 8

An der Nordseite des Golfe du Morbihan konzentrieren sich die eindrucksvollen Reihen der Menhire und Dolmen. Ein Kontrastprogramm zu den Hinkelsteinen bietet Vannes, die erste Hauptstadt der Bretagne.

Die Presqu'île de Rhuys und die nach Süden ausbuchtende Halbinsel zwischen Vannes und Auray bilden den von Inseln und Inselchen durchsetzten Golfe du Morbihan. Bereits die Urvölker liebten die Region, wie die geheimnisvollen Hinterlassenschaften belegen. Heute gehört die Gegend zum Département Morbihan, das in Vannes seine strahlende Hauptstadt hat.

■ Lorient

In der Zeit der „Compagnie des Indes Orientales" war die Hafenstadt durch den Handel mit dem Orient am Höhepunkt ihrer Geltung und ihres Wohlstands. Die nachfolgenden Jahrhunderte haben nicht nur den allmählichen Niedergang, sondern im Zweiten Weltkrieg die fast totale Zerstörung gebracht. Lorient musste seine historische Vergangenheit abhaken und einen Neubeginn wagen. Heutzutage ist Lorient eine moderne Hafenstadt ohne malerische Ansichten und ohne Tourismus. Nur zum größten keltischen Kulturereignis der Bretagne, dem Festival Interceltique, empfangen die knapp 40.000 Einwohner viele Besucher.

UNTERKUNFT

*** MERCURE
31, place Jules Ferry
Tel. 02.97.21.02.61
Fax 02.07.76.00.24.
Modernes Hotel im Herzen der Stadt, unweit des Hafens. Die Ausstattung ist komfortabel, die Restaurant-Küche perfekt.

RESTAURANTS

L'AMPHITRYON
127, rue du Colonel Muller
Tel. 02.97.83.34.04.
In etwas grauer Umgebung ein

Fischer bei der Arbeit in Lorient.

Glanzpunkt der bretonischen Küche. Ländlich-gemütlicher Rahmen. Feinschmecker sind willkommen.

LE BISTROT DU YACHTMAN
14, rue Poissonnière
Tel. 02.97.21.31.91.
Nicht nur Meeresfrüchte und Fischgerichte, hauptsächlich Schalentiere als Spezialitäten.

SEHENSWÜRDIGKEITEN

LES PORTS
Nur fünf Hafenanlagen können als sehenswert eingestuft werden: der zum U-Boot-Stützpunkt ausgebaute Marinehafen, der hinaus zur Ile de Groix und Belle-Ile führende Fährhafen, der stille Yachthafen und der recht bedeutende Fischereihafen. Der Besuch des Port de pêche de Keroman ist vor allem am Morgen ein Erlebnis, wenn die Fischkutter entladen und in der riesigen Versteigerungshalle der Fang verkauft wird. Dieser Hafen bildet auch den Zugang zur Base des sous-marine, den in der Besatzungszeit für deutsche U-Boote erbauten Anlagen.

MAISON DE LA MER
Quai de Rohan.
In dem modernen Museumsgebäude am Yachthafen ist die Geschichte der „Compagnie des Indes Orientales" ebenso anschaulich dargestellt wie die Geschichte der Häfen und ihre Bedeutung für die Stadt. Geöffnet: täglich 10 – 12 und 14 –18, So 14 – 18 Uhr.

INFORMATION

OFFICE DE TOURISME
Quai de Rohan
Tel. 02.97.21.07.84.

AUSFLÜGE

HENNEBONT
Das kleine Städtchen nördlich von Lorient an der fischreichen Blavet ist stolz auf sein mittelalterliches Ville close mit dem alten Stadttor, der Porte Broärec und der gotischen Basilika Notre-Dame-du-Paradis. Vom 72 m hohen Glockenturm und vom Wehrgang auf die Remparts hat man schöne Ausblicke in und rund um die Stadt. Am Stadtrand, auf dem Gebiet einer einstigen Zisterzienser-Abtei, befindet sich das Haras Nationaux, das für die besten und teuersten Zuchtpferde Frankreichs bekannte Gestüt.
Lohnenswert ein Besuch im Hotel/Restaurant „Château de Locguénolé", einem prächtigen Schlösschen in einem herrlichen Park mit exklusivem Restaurant, einem Gourmet-Tempel!
Route de Port-Louis
Tel. 02.97.76.29.04
Fax 02.97.76.39.47.

PORT-LOUIS
Die militärstrategisch ideale Lage an der Westseite der Blavet-Mündung machte das Städtchen zum ständigen Zankapfel der

SERVICE

Bürgerwehr und vielen Besatzern. Die Festung wurde von spanischer Miliz ins Meer gebaut, von Franzosen erweitert.
In der Zitadelle sind eine Reihe von sehenswerten Museen untergebracht, darunter das interessante Musée de la Compagnie des Indes (geöffnet: April – September täglich 10 – 19 Uhr, sonst 14 – 18 Uhr).

■ Quiberon

Die Halbinsel Quiberon zieht sich weit ins Meer hinaus. An ihrer Ostküste herrschen geradezu ideale Bedingungen für Strandleben und Wassersportaktivitäten. Durch den Schutz der Côte Sauvage, der dem Atlantik zugewandten Felsenküste, bieten die langen Feinsandstrände an der Baie de Quiberon ein Badeparadies für Familien und ein Eldorado für Segler und Windsurfer.
Nicht nur in den Urlaubsorten Quiberon und St-Pierre-Quiberon, sondern auch in kleinen Dörfern findet man Hotels, Ferienwohnungen und Campingplätze.

UNTERKÜNFTE

*** SOFITEL THALASSE
Pointe du Goulvars
Tel. 02.97.50.20.00
Fax 02.97.50.07.34.
Groß und luxuriös und mit allen Annehmlichkeiten ausgestattet. Gesundheitseinrichtungen und Sportaktivitäten en masse.

*** BELLEVUE
Rue de Tiviec
Tel. 02.07.50.16.28
Fax 02.97.30.44.34.
Angenehmes, preiswertes Haus. Komfortable Zimmer mit Meeresblick.

** LA PETITE SIRENE
15, boulevard René Cassin
Tel. 02.97.50.17.34
Fax 02.97.50.03.73.
An der Uferstraße im Süden mit Blick aufs Meer. Klassisch-zeitlos eingerichtete Zimmer. Im Hotel-Restaurant ausgezeichnete Küche!

RESTAURANTS

LA THALASSA
Pointe du Goulvars
Tel. 02.97.50.20.00.
Ein Nobel-Restaurant mit sehr gutem Service und ausgezeichneter Küche. Erlesene Speisekarte – nicht nur Fischgerichte.

ANCIENNE FORGE
20, rue Verdun
Tel. 02.07.50.18.64.
Spezialität der Küche sind frische Fischgerichte und prachtvolle Krustentiere. Ein nettes Ambiente bietet den passenden Rahmen.

LA ROSERAIE
2, quai Houat
Port-Maria
Tel. 02.97.30.40.83.
Ein nettes Fischrestaurant am Hafen. Empfehlenswert sind die Fruits de mer!

SEHENSWÜRDIGKEITEN

QUIBERON-CENTRE
Lebendiger Mittelpunkt des modernen Seebads an der Spitze der Halbinsel ist der Place Hoche mit Hotels, Restaurants, Boutiquen und Läden. Malerisch der nahe gelegene alte Fischerhafen Port-Maria, von dem aus die Fährschiffe zu den Inseln im Meer verkehren. An der langen Uferstraße Casino und Thalassotherapie-Zentrum, Grande Plage sowie Plage du Goviro und am äußersten Ende die Pointe du Conguel mit herrlichem Rundblick. Auf der Ostseite die Plage du Conguel und der heutige Yachthafen Port-Haliguen.

ST-PIERRE-QUIBERON
Der kleine Bruder des Seebads ist ruhiger und bescheidener. Das historisch gewachsene Dorfzentrum liegt am Port d'Orange. Mitten im Ort, zwischen den Gärten, der Cromlec'h de Kerbourgnec mit 37 im Halbkreis aufgestellten Menhiren. Ganz in der Nähe Alignements mit 23 Menhiren in vier Reihen.
Südlich des Orts die lebendige Plage St-Julien, nördlich die etwas stillere Plage de St-Pierre.

CÔTE SAUVAGE
An der „wilden Küste" hat das peitschende Meer an den Felsen genagt und Grotten, Felsspalten, Schlünde, aber auch winzige Sandbuchten ausgewaschen. Wegen der starken Brandung ist das Baden hier verboten. Reizvoll dagegen ist es, Gänge und Labyrinthe, in die das Wasser tosend und gurgelnd eindringt, zu erkunden.
An der Straße weisen beschriftete Granitsteine auf die zu Fuß erreichbaren schönsten Stellen hin. Eindrucksvolle Ausblicke erlauben der Beg er Goalennec und die Pointe du Percho. Bei Kerhostin liegt die schmalste Stelle der Halbinsel, eisern bewacht vom massiven Fort Penthièvre.

INFORMATION

OFFICE DE TOURISME
7, rue de Verdun
Tel. 02.97.50.07.84.

Schroff fallen die Klippen an der Küste bei Quiberon ins Meer ab.

SERVICE

Golfe du Morbihan 8

AUSFLÜGE

CARNAC-VILLE
Der ganze Stolz der Bretagne sind die größten Megalith-Felder der Welt, die Alignements de Carnac nördlich von Quiberon. 2792 Menhire, akkurat in langen Kolonnen aufgereiht, stehen auf den Alignements de Kermario und den Alignements de Kerlescan. Hinzu kommen die Dolmen von Mané-Kerioned, der Tumulus St-Michel und der Tumulus de Kercado. Die prähistorischen Felder und Monumente beginnen am Ortsteil Le Ménec, nördlich von Carnac.

CARNAC-PLAGE
Ein kleines, elegantes Seebad im Kolonialstil. Prachtvolle Gebäude und gepflegte Pinien- und Kiefernparks sorgen für eine stilvolle Atmosphäre. Die feinsandigen Strände bieten alle denkbaren Urlaubsfreuden.

LA-TRINITÉ-SUR-MER
Östlich von Quiberon. Frankreichs Mekka der Hochseesegler! Vor allem aber präsentiert sich La-Trinité-sur-Mer als ein wunderschöner Badeort mit kilometerlangen Sandstränden und einem attraktiven Yachthafen.

■ Auray
Die Flussschleife des Rivière d'Auray, von den Einheimischen auch „Le Loch" genannt, trennt den Ortsteil St-Goustan von der Oberstadt. Eine alte, steinerne Brücke vereint beide mittelalterliche Ensembles zu einem historischen Ganzen. Die Stadt ist mit einigen blutigen Kapiteln in der bretonisch-französischen Geschichte vertreten: zunächst mit der legendären Schlacht von Auray, mit der die bretonischen Erbfolgekriege beendet wurden. Außerdem mit der vom Sohn der Stadt, Georges Cadoudal, geführten Chouannerie-Bewegung, in der die Royalisten-Anhänger Napoleon Bonaparte und die Französische Revolution heftig, aber letztendlich erfolglos bekämpften.

UNTERKUNFT/RESTAURANT

** HÔTEL DU LOCH
La Petite-Forêt
Tel. 02.56.48.33
Fax 02.97.56.63.55.
Angenehmes Hotel im Grünen mit kleinen, jedoch gut ausgestatteten Zimmern. Angeschlossen ist das hervorragende Restaurant „La Sterne".

** LA CLOSSERIE DE KERDRAIN
20, rue Louis-Billet
Tel. 02.97.56.61.27.
Ein historisches Landhaus bei der Kirche St-Gildas mit viel Charme und einem Restaurant mit hervorragenden Speisen.

SEHENSWÜRDIGKEITEN

HAUTE VILLE
Die mittelalterlichen Gassen mit schönen Bürgerhäusern rund um die Église St-Gildas und die Place de la République geben der Stadt viel Flair. Kuschelige Einkaufsstraßen, in denen sich die erstaunlicherweise wenigen Touristen verlieren, bringen viel Ausstrahlung. Vorn am Rand, wo die Promenade du Loch zum Fluss hinunterführt, bietet sich ein reizvoller Blick über das historische St-Goustan-Viertel. Am Rand des Stadtkerns steht das runde Mausolée de Cadoudal, in dem der berühmt-berüchtigte Sohn der Stadt gegenüber seinem Geburtshaus bestattet liegt.

QUARTIER ST-GOUSTAN
Mittelpunkt des gemütlichen Stadtviertels ist, vor allem am Abend, der alte, viel besuchte Hafen neben der grauen Granitbrücke. Die von ihm ausgehenden Gassen führen

Carnac

SERVICE

hinauf zur Place St-Sauveur mit ihren malerischen Häusern und zur ehrwürdigen Kirche St-Sauveur.

INFORMATION

OFFICE DE TOURISME
20, rue du Lait
Tel. 02.97.24.09.75.

AUSFLÜGE

STE-ANNE-D'AURAY
Nördlich von Auray liegt der typischste und wichtigste Wallfahrtsort der Bretagne, der ganzjährig das Ziel der gläubigen Bretonen ist.
Im Juli kommen zum Ste-Anna-Pardon Zehntausende von Besuchern. Im Mittelpunkt steht die Basilika mit Reliquien der Heiligen. Zum Ensemble gehören das Kloster, das Trésor-Gebäude, die Heilige Treppe und auf dem Vorplatz der wundertätige Brunnen.
Für Hungrige lohnt ein Besuch im Restaurant „L'Auberge", einem typisch bretonischen Top-Lokal mit heimischer Top-Küche.
56, rue de Vannes
Tel. 02.97.57.61.55.

LOCMARIAQUER
Das alte Hafenstädtchen südlich von Auray bietet, nach Carnac, den nächsten Höhepunkt der Megalith-Kultur: Am Stadtrand liegen die vier Teile des Grand Menhir, des größten Ursteins der Welt! Nahe dabei der riesige Table des Marchands und die Dolmen du Mané Lud und du Mané-Rethual – ein Ensemble, das 4000 bis 6000 Jahre alt ist!

■ Vannes

Die mit mittelalterlichem Flair und zeitgemäßem Charme aufwartende Hauptstadt des sonnigen Départements Morbihan ist die Seele des Golfs und der umliegenden Regionen. Nominoë, der Gründer der Bretagne, machte Vannes zu seiner Hauptstadt, und sie blieb es auch, als die Herzöge regierten. In ihr wurde 1532 die Vereinigung der Bretagne mit dem Königreich Frankreich beschlossen und besiegelt. Heute leben rund 50.000 Einwohner in der am Ende eines nordöstlichen Golfarms gelegenen, lebendigen Stadt.

UNTERKUNFT

*** AQUARIUM HÔTEL
Parc du Golfe
Tel. 02.97.40.44.52
Fax 02.97.63.03.20.
Nahe dem Meeresmuseum und in einem ähnlich modernen Gebäude untergebracht, liegt das Vorzeigehotel der Stadt. Funktionelle Zimmer mit Golfblick.

** MANCHE OCÉAN
31, rue Lieutenant-Colonel Maury
Tel. 02.97.47.26.46
Fax 02.97.47.30.86.
Freundliches Hotel mit adrett eingerichteten Zimmern am nördlichen Rand der Altstadt.

RESTAURANTS

REGIS MAHÉ
Place de la Gare
Tel. 02.97.42.61.41.
Aus einem Bahnhofsrestaurant einen Gourmet-Tempel zu machen, erfordert Mut und Können. Der Chef hat beides – und obendrein Kreativität für interessante Menüs.

LA MORGATE
21, rue La Fontaine
Tel. 02.97.42.42.39.
In dem elegant-rustikal eingerichteten Lokal wird das Diner zelebriert, wie es sich gehört.

LE PRESSOIR
Ste-Avé, rue de l'Hospital
Tel.02.97.60.87.63.
Die fünf Kilometer Fahrt vor die Tore der Stadt lohnen sich ganz gewiss! In einem restaurierten Bauernhof Tafelkultur und Küche vom Feinsten.

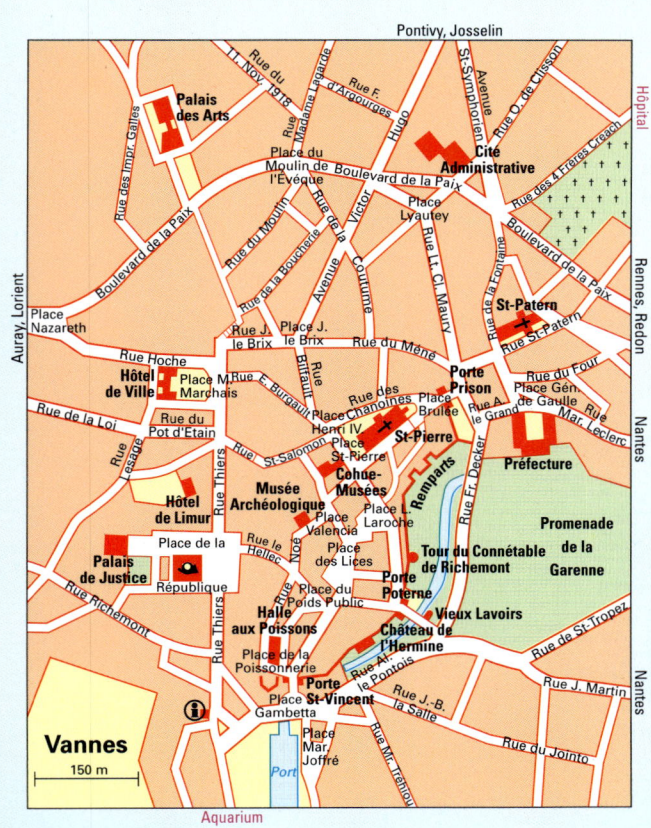

SEHENSWÜRDIGKEITEN

MAISONS À PANS DE BOIS
Der urige Stadtkern ist eine Originalausgabe des Mittelalters. Alle charmanten Accessoires, die das

SERVICE

Golfe du Morbihan 8

historische Gepräge zum Leben erwecken, finden sich in den alten Gemäuern, stimmungsvollen Plätzen, winkeligen Gassen und malerischen Fachwerkhäusern.

CATHÉDRALE ST-PIERRE
Viele Jahrhunderte hindurch wurde an dem ehrwürdigen Sakralbau herumgewerkelt. Das Ergebnis ist ein Mischmasch der Baustile, in dem die Spätgotik vorherrscht. Im Inneren ist im Kapitelsaal der wertvolle Kirchenschatz zu bewundern.

LA COHUE
Mit das älteste Gebäude ist die aus dem 13. Jh. stammende einstige Markthalle. Später tagte hier das Gericht, und noch später diente sie als Theater. Heute sind zwei Museen darin untergebracht (siehe unten).

REMPARTS
Einen schönen Anblick bieten die Stadtmauer, die sich über dem als Garten ausgestalteten Graben hochziehen. Mit den dahinter aufragenden Türmen und Hausgiebeln zeigen sie eines der schönsten Stadtbilder der Bretagne. Im Graben, an einem still dahinfließenden Bach, steht das alte, schiefergedeckte Waschhaus.

MUSEEN

MUSÉE DE LA COHUE
Place St-Pierre.
Im Salle du Tribunal, der uralten Markthalle, ist das Musée des Beaux-Arts mit Sammlungen aus dem 14. bis 19. Jh., in anderen Räumen das Musée du Golfe du Morbihan mit Darstellungen der Unterwasserwelt des Golfs untergebracht.
Geöffnet: täglich 9.30 – 12 und 14 – 18 Uhr.

MUSÉE ARCHÉOLOGIQUE
Château Gaillard.
Im geschichtsträchtigen Schloss sind Dokumentationen über die megalithischen Funde rund um den Golf, wie die Dolmen von Carnac, sehr übersichtlich angeordnet.
Geöffnet: Mo – Sa 9.30 – 12 und 14 – 18 Uhr.

AQUARIUM OCÉANOGRAPHIQUE
Yachthafen.
Mit über 50 Meereswasserbecken und Tausenden von Meerestieren gehört das Aquarium zu den größten und eindrucksvollsten Aquarien Europas.
Geöffnet: täglich 9 – 12 und 14 – 19 Uhr.

INFORMATION

OFFICE DE TOURISME
1, rue Thiers
Tel. 02.97.47.29.49.

COMITÉ DÉPARTEMENTAL DU TOURISME DU MORBIHAN
Hôtel du Département
E.P.400
56009 Vannes
Tel. 02.97.54.06.56
Fax 02.97.42.61.60.

AUSFLÜGE

GOLF-RUNDFAHRTEN
„Kleines Meer" nennen die Bretonen ihren Golf, der mit seinen Inseln und Inselchen voller Schönheiten steckt, aber auch wegen seiner Steindenkmäler zu Entdeckungstouren einlädt.
Im Rahmen einer Schiffsrundfahrt kann man die Ile d'Arz, ein mittelalterliches Kleinod, die mit dem Beinamen „La Perle du Golfe" geschmückte Ile aux Moines ansteuern. Und auch die Ile Gavrinis mit dem berühmten Fürstenhügel lädt – gleichsam als blanker Edelstein – zu einer Bootsfahrt ein.

SARZEAU
Die Halbinsel von Rhuys begrenzt im Süden den Golf und schützt ihn liebevoll vor den anbrandenden Wellen des Atlantiks. Felsküste, Buchten mit Austernkulturen und endlose Sandstrände wechseln einander ab.
Sarzeau ist das Zentrum der Halbinsel und bekannt für seine Märkte voller bretonischer Spezialitäten. Nur drei Kilometer entfernt, nahe der Südküste, liegt die Sommerresidenz der Herzöge der Bretagne, die Schlossruine des Château de Suscino mit einem sehenswerten Museum für bretonische Geschichte.
Im Sommer zieht das Festival de Suscino, das unter freiem Himmel am Wassergraben des Schlosses veranstaltet wird, alljährlich viele Besucher an.

QUESTEMBERG
In dem kleinen, freundlichen Ort etwa 15 km östlich von Vannes ist eine der ältesten überdachten Markthallen von Frankreich zu bewundern.
Für Gourmets mit höchsten Ansprüchen liegt die Anziehungskraft des Städtchens dagegen im wohl besten Restaurant der Bretagne:
Restaurant Le Bretagne
13, rue St-Michel
Tel. 02.97.26.11.12.
Tel. 02.97.56.20.05.
Hoch prämierte Haute cuisine vom Allerfeinsten! Aber der Luxus hat seinen Preis!

Insider News

DAS GLÜCK WARTET SCHON!
Die Küste mit ihren herrlichen Stränden und Badebuchten verführt zur Bewegungslosigkeit und zum Genießen der vielfältigen Wonnen, die sie urlaubshungrigen Besuchern zu bieten hat. Das Landesinnere hat dagegen einen schweren Stand. Selbst die wunderschönen Landschaften des Massif Armoricain, eines der ältesten Gebirgszüge Europas, sind noch nicht zur Goldgrube geworden.
Dabei kann man hier sein Glück machen: Wer Gummistiefel mitbringt, kann ein Wochenende lang das Abenteuer eines Goldwäschers erleben und mit Geduld und etwas Glück tatsächlich fündig werden. Jacques Le Quéré ist der einzige Goldsucher der Bretagne. Er nimmt Urlauber, die das Ungewöhnliche suchen, mit in eine wunderbare und überraschende Natur. Unter seiner Anleitung wird das Goldwaschens zu einem einzigartigen Abenteuer.
Auskunft erteilt:
Jacques Le Quéré
Tréguévir
56400 Pluneret
Tel. 02.97.56.20.05.

9 Guérande-Halbinsel

Weißes Land, schwarzes Land

Glitzernde Salzgärten und eine dunkle Moorlandschaft erstrecken sich zwischen den Mündungsbuchten der Vilaine und der Loire.

Eines steht fest: In den frühen Stunden des Tages erlebt man die bretonische Landschaft am intensivsten! Diese Erfahrung haben wir mittlerweile schon mehrmals gemacht, und sie war immer wieder ein Grund, frühzeitig in den Tag zu starten. So auch heute.

Wir stehen schon früh um acht auf einer felsigen Aussichtsplattform in einer Kurve der Straße nach La Baule, unserem noch fernen Tagesziel. Unter uns liegt das Tal der Vilaine, auf dem gegenüberliegenden Hang das Städtchen **La Roche-Bernard** und rechts die Hängebrücke, die das hier tiefeingeschnittene Tal in 54 Meter Höhe überspannt. Die Sonne blinzelt flimmernd durch die morgendlichen Dunstschleier. Mit pastellenem, weichem Licht und modellierenden Schatten setzt sie zarte Akzente in das für die stille Bretagne so typische Landschaftsbild.

Von hier oben, über dem Hafen von La Roche-Bernard stehend, erfasst der Blick die **Promenade du Ruicard**, die wir am gestrigen Abend hinaufspaziert sind. Im Labyrinth der alten Gassen haben wir die schönen mittelalterlichen Giebelhäuser betrachtet. In einem Lokal am **Place Bouffay**, dem Zentrum des sympathischen Städtchens, haben wir in fröhlichen Gesprächen mit ein paar Einheimischen den Tag ausklingen lassen.

Unsere Thekennachbarn haben dabei nicht nur einen sehr redseligen, sondern auch recht trinkfesten Eindruck gemacht. Uns war's Recht: Zum Beispiel wussten wir vorher nicht, dass der Ort seinen Namen einem Wikingerfürsten verdankt. Ebensowenig wussten wir, dass die gegenüber der modernen Brücke drohend aufgestellten Kanonen vom Kriegsschiff „Couronne" stammen, das Kardinal Richelieu hier bauen ließ und das 1759 in eine Seeschlacht zwischen den Franzosen und den Engländern verwickelt war. Wir reißen uns los von dem herrlichen Panorama des Vilaine-Tales und fahren weiter.

Irgendwo auf der Strecke nach Guérande müssen wir rechts abbiegen, um nach **Piriac-sur-Mer** zu kommen. Es liegt am Meer, und deshalb spielen wir wieder das beliebte Spielchen: Wer sieht als Erster den Atlantik? Unmittelbar vor dem Städtchen ist es dann soweit. Aber der erhoffte Blick auf die Meeresbrandung wird getrübt durch die lieblose Kulisse der Appartementsilos, die hier die Küste verschandeln. Das soll der malerische Fischerort sein, von dem uns die bretonischen Zecher gestern erzählt haben?

Wir atmen erleichtert auf, als wir den eigentlichen Ortskern, den alten Hafen, erreichen. Ein kleines Hafenbecken, in dem Boote auf und ab schaukeln, und dahinter die Altstadt mit ihren aparten, niedrigen Fischerhäusern. Tatsächlich eine Idylle! Davor und dazwischen allerdings drängeln sich Touristen. Kaum ist ein Laden entdeckt, kramen sie in seinen Auslagen und suchen nach Souvenirs. Da wird hier in dem zuvor fein säuberlich sortierten Modeschmuck gewühlt, dort ein T-Shirt mit Piriac-Logo kritisch hochgehalten. Bereits im 19. Jahrhundert kamen die ersten Besucher – dazu gehörten auch Alphonse Daudet, Gustave Flaubert und Emile Zola. Uns jedoch ist es einfach

Startpunkt für Windsurfer und Segler ist der Fischereihafen La Turballe.

zu voll. Wir laufen, an den Stränden und den kleinen Kiesbuchten vorbei, hinaus zur **Pointe du Castelli**. Vor uns liegt das Halbrund der **Rade du Croisic**, in deren Wellen bereits viele Segler und Surfer mit Wind und Wellen spielen. Sie starten ihren Wellenritt im Fischereihafen **La Turballe**, dessen weißen Strand wir über die Bucht herüber leuchten sehen.

Es sind auf dem Landweg nur sechs Kilometer. Bereits am Ortsrand empfängt uns durchdringender Fischgeruch, der uns signalisiert, dass wir uns einem aktiven Fischereihafen nähern. Tatsächlich war La Turballe früher ein Zentrum der Sardinenfischerei. Und noch heute wird kräftig gefangen und verkauft. In der Auktionshalle werden alljährlich bis zu 7000 Tonnen Fisch umgeschlagen. Schade, dass die heutige Versteigerung in der „Criée" schon vorbei ist. Sie ist ein echtes Spektakel!

Wir fahren durch bis zu den Dünen und dem Strand. Er ist recht gut bevölkert und lässt erkennen, dass sich La Turballe mit dem Sommertourismus mittlerweile gut arrangiert hat. Wir setzen uns in den Sand und schauen dem bunten Treiben zu. Das scheinbare Durcheinander hat durchaus System: Kleinkinder buddeln im Sand, größere haben in dem seichten Wasser ihren Badespaß, Jugendliche treiben in den schäumenden Wellen ihren Wassersport, und die ganz Großen nehmen – Ozonloch hin oder her – ihr Sonnenbad.

Wir widerstehen tapfer der Verlockung, uns in die Wellen zu stürzen, und fahren weiter. **Guérande** und damit unsere Essenspause stehen auf dem Programm. Entlang des nach der deutschen Partnerstadt benannten **Boulevard de Dinkelsbühl**, einem Teil der den Wall umfassenden Ringstraße, erreichen wir die von zwei mächtigen Wehrtürmen eingefasste **Porte St-Michel**. Dieses Stadttor wird im Volksmund „Château" genannt, weil es lange Zeit zugleich Wohnsitz der Gouverneure war. Gleich dahinter beginnt die kreisrunde Altstadt, eine der geschlossensten und besterhaltenen der Bretagne. Durch die historische Rue St-Michel kommen wir im Zentrum zum **Place St-Aubin**, dem malerischen Platz vor der gleichnamigen Stiftskirche. Auf ihn laufen alle Gassen um Ecken und Winkel herum zu. Wohin das Auge blickt, überall Postkartenmotive!

Mittelalterliche Szenerie auch auf dem nur einen Steinwurf entfernten **Place Psalette** vor

Tor zum Mittelalter: Hinter der Porte St-Michel beginnt die Altstadt von Guérande.

Partnerschaft der mittelalterlichen Städte: Dinkelsbühl und Guérande pflegen gemeinsam ihr reiches historisches Erbe.

GUÉRANDE-HALBINSEL

der Portalseite der Kirche. Auf dem Bummel durch den Ort finden wir auch ein gemütliches Lokal, in dessen von altem Gemäuer umgebenen Garten wir unsere Mittagsrast einlegen.

Während wir noch die kleine Menükarte studieren, fragt uns ein Herr in den besten Jahren, ob er sich zu uns setzen dürfe. Wir nicken und rücken ein bisschen zur Seite. „Ich bin zwar seit Jahren Stammgast hier, habe aber jeden Tag während der Saison das Problem, einen Platz zu finden. Die wenigen Tische hier sind eben schnell besetzt." Dann eine kleine Pause, doch schon bald erweist sich der Nachbar als äußerst mitteilsam. Ohne die ihm offensichtlich sattsam bekannte Menükarte zu studieren, bestellt er sein Gericht. „Wissen Sie, ich habe gleich um die Ecke mein Kontor, und da ist es bequem, hier zu essen. Zunächst einmal, mein Name ist Philippe Gay und ich bin Salzhändler". Darauf hätten wir eigentlich selbst kommen können. Denn unter anderem sind wir wegen der berühmten Salzgärten hierher gefahren. Das ist für Monsieur Gay das erhoffte Startzeichen: „Aha! Ja, dann ist es doch sicher interessant für Sie, von mir etwas über unsere Salzgärten zu erfahren. Wissen Sie, ich führe mein Geschäft in der dritten Generation und liebe Salz mehr als Gold! In den früheren Jahrhunderten war das nicht anders: 'Gold hat man, Salz braucht man', hieß es früher. Seit der Antike war Salz gefragt und begehrt als Konservierungsmittel und als Gerbemittel für Tierhäute. Es fungierte sogar als Zahlungsmittel. Die römischen Legionäre zum Beispiel wurden mit Salzrationen bezahlt. Und bis heute heißt das französische Wort für Lohn beziehungsweise für Gehalt „salaire". Der Salzhandel war also ein lukratives Geschäft – auch für den Staat, und zwar wegen der bis 1789 erhobenen Salzsteuer. Lange Zeit genoss die Bretagne das Privileg, Salz zoll- und steuerfrei handeln zu dürfen. Und gewonnen wurde es hier in unserem Guérande, genauer gesagt: in den **Marais salants**, den Salzgärten zwischen Guérande, Croisic und Batz-sur-Mer. Die heutige **Côte Sauvage** bildete noch in der römischen Zeit eine Insel, die durch eine Bucht vom Festland getrennt war. Eine Anhebung des Meeresspiegels um fünfzehn Meter ließ die Insel Anschluss an das Festland gewinnen, und die Bucht verwandelte sich in salziges Sumpfland. Im Westen, südlich vor La Turballe, schob sich gleichzeitig eine sandige Landzunge vor, die das neu gewonnene Land einschloss. Nur ein kleiner Einlass vor Le Croisic blieb offen, durch den bei Flut weiterhin das salzige Meerwasser eindringen konnte. Die dadurch entstandene Möglichkeit zur Gewinnung von Meersalz wurde bereits vor über tausend Jahren erkannt und durch das Anlegen ausgedehnter Salzgärten genutzt."

Der erste Gang kommt auf den Tisch. Monsieur Gay greift, ohne vorher zu probieren, zum Salzstreuer und deckt seine Vorspeise damit kräftig ein. „Der Vorgang der Salzgewinnung ist denkbar einfach: Auf dem flachen Boden verdunstet das durch Sonne und Wind erwärmte Meerwasser, und das noch graue Salz setzt sich am Boden ab. Mit Schaufeln wird es abgetragen, getrocknet und gemahlen. Am Ende kristallisiert sich das

Für das Salz in der Suppe: Die Marais salants werden sorgfältig gepflegt.

GUÉRANDE-HALBINSEL

weiße Kochsalz heraus, das in unserer Bucht reich an Natriumchlorid und arm an Magnesium und Kalium ist. Ein qualitativ gutes Salz also, das gern gekauft wird. Rund 10.000 Tonnen im Jahr! Und davon lebe ich als Salzhändler. Allerdings leiden wir unter der Konkurrenz aus Südfrankreich. Heute arbeiten nur noch etwa 200 Familien in unseren Salzgärten. Übrigens, wenn Sie später nach Batz-sur-Mer kommen, sollten Sie unbedingt den Glockenturm der Kirche besteigen und sich von der Plattform die Salzgärten anschauen." Bald aber rufen Monsieur Gay wieder die Salzgeschäfte zurück in sein Kontor.

Auch wir machen uns auf dem Weg und folgen der Beschilderung nach **Batz-sur-Mer**. Die Straße führt über einen schmalen Damm, von dem aus sich links und rechts schachbrettartig die Salzgärten erstrecken, durchzogen von schmalen Kanälen und größeren Staubecken und Bassins. Ab und zu sehen wir einen barfüßigen Paludier, einen Salzbauern, mit einem Holzrechen kleine, schneeweiß glitzernde Salzpyramiden zusammenschieben. Den Glockenturm der weithin sichtbaren **Église St-Guénolé** finden wir auf Anhieb. Von oben genießen wir – nach 182 Stufen – den von Monsieur Gay empfohlenen Ausblick auf die in der riesigen Bucht wie ein prachtvolles Mosaik ausgebreiteten Salzgärten, die in der Sonne flirren und flimmern. Ein Bild, wie ein grafisches Kunstwerk.

An den am Hafenquai dicht an dicht stehenden schmucken Reeder- und Kapitänshäusern vorbei nehmen wir anschließend Kurs auf das Fischerstädtchen, **Le Croisic**, das draußen an der Spitze der sieben Kilometer langen Halbinsel liegt. Le Croisic war früher Hafen für die Verschickung des kostbaren Meersalzes, dessen Bedeutung jedoch zurückgegangen ist, wie wir von Monsieur Gay erfahren haben. Heute lebt der Ort weitgehend vom Fischfang und – dank seiner gesunden Seeluft – vom Tourismus. Am Hafenkai brodelt das Leben, zahllose Bäckereien, Bistros, Souvenirläden reihen sich aneinander. Wir mischen uns unter die Fischer, Händler, Touristen und bummeln die Kais entlang. Bei einem imposanten, modernen Fangschiff bleiben wir stehen und sprechen einen am Fallreep herumwerkelnden älteren Mann an. In seiner flotten Freizeitkleidung entspricht er nicht gerade dem Klischee eines Seebären, aber er ist, wie sich herausstellt, der Kapitän des Schiffs! „Ob ich Sardinen fange? Nein, nein, ich gehöre nicht zur Küstenflotte. Wir schippern zwar auch die bretonische Küste entlang, aber nur auf unserem Weg hinaus auf das offene Meer. Denn unsere Fang-

Im 15. Jahrhundert galt Le Croisic als bedeutendster Salzhafen der Bretagne.

Gold hat man, Salz braucht man! Das „weiße Gold" war so wertvoll, dass es bei den Römern zum Zahlungsmittel für das „salaire" avancierte.

gebiete liegen hauptsächlich in der Irischen See. Dort fischen wir Kabeljau, Glattbutt, Weißfisch, Seezunge und Rochen. Keine Sardinen!" Wir spüren, dass er seine Anmerkung über die 'kleinen Fische' keineswegs abfällig meint. Weil alle dem gleichen Schicksal ausgeliefert sind, haben Seeleute untereinander großen Respekt, egal, ob sie Wale oder eben „nur" Sardinen fangen.

Unser Kapitän dreht sich um und beginnt das Fallreep hochzusteigen. „Kommen Sie, ich zeige Ihnen das Schiff." Seine freundliche Art, auf unsere Wissbegier als Landratten einzugehen, macht uns schnell mutiger, und wir folgen ihm aufs Schiff. „Ich stamme aus einer Familie, die schon immer Fischfang betrieben hat. Mein Großvater fuhr noch auf so einem alten, bunten Kutter wie der da drüben am Ende des Piers. Sie mögen für Touristen ja recht idyllisch sein, das Leben und die Arbeit auf ihnen jedoch war hart und auch nicht ohne Gefahren. Für die Rückkehr gab es keine Garantie und für den Fang meist keinen angemessenen Preis. Die Arbeit wurde erst sicherer und lukrativer, als die Fischer, wie zuvor die Landwirte, ihr Schicksal selbst in die Hand nahmen und Genossenschaften gründeten. Wissen Sie, seit wir die EU-Bürokraten in Brüssel im Nacken sitzen haben, ist für uns alles komplizierter geworden. Fangquoten, Lizenzen und Kontrollen machen unser an sich schon schweres Leben noch härter. Erst durch den genossenschaftlichen Zusammenschluss wurde der einzelne Fischer wieder kreditwürdig und konnte sich die erforderlichen Investitionen leisten, um seine Arbeit profitabler zu gestalten. Kommen Sie, ich zeige Ihnen im Ruderhaus die Ausrüstung des Schiffes." Stolz schwingt in seiner Stimme mit. Und wir sehen gleich, warum: Nichts ist hier zu spüren von der guten, alten Kutter-Romantik, kein Steuerruder, keine Leine für die Schiffshupe – alles ist vollgestopft mit modernster Technik und Elektronik: „Nun ja, mein Schiff ist 49 Tonnen schwer, mehr als 20 Meter lang und mit einem 500 PS starken Motor ausgerüstet. Da steckt jede Menge Power drin, die genutzt, aber auch gebändigt sein will! Sehen Sie, hier, das ist mein wichtigster Computer. Er hilft uns, die besten Fanggründe aufzuspüren! Immerhin müssen wir von unserer jeweils zweiwöchigen Ausfahrt rund 100 Tonnen Fang mitbringen, damit es sich rechnet!" Liebevoll streichelt er das Gerät. „Was so ein Schiff kostet? Also, da müssen Sie schon an die drei Millionen Francs hinlegen. Das geht natürlich nicht ohne Kredite. Der Genossenschaft sei Dank, denn sie schafft nicht nur die Voraussetzungen dafür, sondern auch die in den Häfen für die Übernahme und den Verkauf des Fangs wichtige Infrastruktur." Beeindruckt bedanken wir uns für die Führung und bekommen auf dem Kai wieder festen Boden unter den Füßen. Der Kapitän winkt uns von oben nochmals zu und verschwindet dann in seinen Computerraum.

Ein Blick auf die Uhr zeigt, dass wir noch ein wenig Zeit haben, ehe wir unser Tagesziel La Baule erreichen. Sollen wir hinaus zum **Pointe du Croisic** oder zum **Océarium** mit seinen 5000 Arten von Muscheln, Korallen, Krebsen, Wirbellosen und Fischen. Wir entscheiden uns für das Océarium, denn Kaps haben wir mittlerweile schon genug gesehen. Aber dann zieht es uns unwiderstehlich entlang der felsigen Klippen und lauschigen Buchten der Côte Sauvage nach **La Baule**, dem „Nizza des Nordens". Wie die inzwischen „angewachsenen" Orte **Le Pouliguen** und **Pornichet** war auch La Baule früher ein eher verschlafenes Fischernest. Um 1879 setzte

Im Hafen von Le Croisic herrscht meist reges Treiben.

GUÉRANDE-HALBINSEL

seine planmäßige Entwicklung zum mondänen Seebad ein. Denn La Baule schmiegt sich an einen 15 Kilometer langen, feinsandigen Strand, der wie mit dem Zirkel geschwungen ist. Kein Wunder, dass es seit der Jahrhundertwende immer mehr wohlhabende Familien hierher gezogen hat. Viele haben sich schöne Ferienhäuser im Stil der „Seebäderarchitektur" gebaut. Etliche davon stehen heute noch. Entlang der Uferpromenade reihen sich elegante Villen, Casinos, Luxushotels und Yachthäfen aneinander. Sogar schlanke Palmen säumen die Straße. Hier lässt es sich gut aushalten, genügend Kleingeld einmal vorausgesetzt.

Hinter all den glitzernden Renommierfassaden bietet sich ein anderes Bild: Kieferngesäumte Straßen mit Geschäften, Boutiquen und kleineren Familienhotels breiten sich rings um den **Place de la Victoire** aus. Ein Bummel kreuz und quer durch die schmucken Straßen lohnt sich hier. Am Abend finden wir auch nahe dem Kongress-Palast ein Restaurant, das uns, nach den vielen Fischgerichten der letzten Tage, zur Abwechslung mit feiner italienischer Küche verwöhnt.

Unser Frühstück jedoch ist wieder französisch. Morgenfrisch stehen auf dem Tisch Kaffee, Milch, Baguettes, Croissants und Marmelade. Gut versorgt, fahren wir wieder vor zum Boulevard und folgen ihm bis nach **Pornichet** im gleitenden Übergang von Seebad zu Seebad, nur unterbrochen durch einen riesigen Yachthafen. Während es auf der Straße noch ruhig ist, herrscht dort schon längst rege Betriebsamkeit, denn die Freizeitkapitäne rüsten zur Tagesausfahrt.

Auf unserem Programm steht das benachbarte **St-Nazaire**. Über die Schnellstraße wäre die kurze Distanz zur Hafenstadt nur ein Klacks. Wir folgen jedoch lieber den Kurven der engen Küstenstraße, kommen dadurch an der **Pointe de Chémoulin** vorbei und stoßen schließlich auf die Straße zum riesigen Hafen von St-Nazaire.

Die Hafen- und Industriestadt ist das bedeutendste Schiffsbauzentrum Frankreichs. Hier lief 1864 der erste Passagierdampfer der Welt vom Stapel. Das letzte größere „Werk" der Schiffsbauer hier war 1988 die „Sovereign of the Seas".

Schon seit Jahrhundertbeginn war der Hafen von St-Nazaire von enormer strategischer Bedeutung. Hier legten im Ersten Weltkrieg die alliierten Truppen an, und im Zweiten Weltkrieg liefen von hier die deutschen U-Boote aus. Das war auch der Grund, weshalb die Stadt durch Bombenangriffe fast vollständig zerstört wurde. Nach Kriegsende hastig und lieblos wieder auf-

Ein Reitertraum: hoch zu Ross über den Strand von La Baule.

V om Fischernest zum „Nizza des Nordens": La Baules Architektur dokumentiert den unaufhaltsamen Aufstieg zum mondänen Seebad.

gebaut, wirkt sie heute ähnlich gesichtslos wie Brest oder Lorient. Zu besichtigen gibt es so gut wie nichts – außer der neu errichteten **Terrasse panoramique** auf dem Dach des Schleusentores der ehemaligen U-Boot-Einfahrt. Heute ist darin die „Espadou" festgezurrt, das französische U-Boot, das 1957 als erstes unter dem Polareis navigierte. Der Blick schweift über die Hafenanlagen und die Mündung der Loire mit der 3569 Meter langen, grazil wirkenden Hängebrücke.

Von St-Nazaire aus unternehmen wir einen Ausflug in die **Grande Brière**, das „Schwarze Land". „Eine wilde Sumpflandschaft, erfüllt von dem Schweigen der Menschen und dem Gesang der Vögel" – so beschrieb Alphonse de Ahâteaubriant in seinem im Jahr 1923 erschienenen Roman „La Brière" dieses Sumpf- und Moorgebiet nördlich von St-Nazaire. Es liegt in einer von der letzten Eiszeit hinterlassenen „Erddelle" – 40.000 Hektar groß mit einer außerordentlich reichen Flora und Fauna und seit 1970 zum Naturpark erklärt. Es ist eine verwunschene Landschaft mit weiten Sümpfen, offenen Wasserflächen, Kanälen, Schilfdickicht und kleinen Felstafeln, auf denen Dörfer entstanden sind.

Zur Entstehung des eigentümlichen Moorgebiets inmitten der Halbinsel von Guérande, des Pays Noires, erfährt man alles in der **Maison de l'Éclusier**, im Haus des Wärters also, der früher die beiden Schleusen am Eingang des Moores bediente. Hier zeigt eine informative Ausstellung nicht nur die Tier- und Pflanzenwelt des Moors, sondern auch seine Entstehung und Entwicklung. Vor knapp 10.000 Jahren löste eine Hebung des Meeresbodens eine gewaltige Flut aus, die das Schwemmland aus dem Loire-Becken in ein vom Meer abgeriegeltes waberndes und brodelndes Sumpfgebiet verwandelte. Schon früh erkannten die Anwohner, daß sich der durch Verwitterung der Pflanzen entstandene Torf zur Düngung ihrer Felder und zur Beheizung ihrer Häuser hervorragend eignete. Sie begannen deshalb, die Sümpfe Stück für Stück trockenzulegen. Ab Mitte des 15. Jahrhunderts wurde dann damit begonnen, die Torfgewinnung auch kommerziell zu betreiben. In der Ära des systematischen Abbaus wurde, über die Jahrhunderte hinweg, die Torfgewinnung zum wichtigsten Erwerbszweig der Brièrons.

Noch heute wird eifrig Torf gestochen, obwohl seine wirtschaftliche Bedeutung stark zurückgegangen ist. Entenjagd, Fisch- und Blutegel-Fang, vor allem aber der immense Tagestourismus, sind inzwischen wesentlich einträglicher geworden.

Einzigartig ist auch der rechtliche Status der Brière: 1461 verfügte der bretonische Herzog François II. in der „Charte de la Brière", dass die Grande Brière auf alle Zeiten gemeinsames, unteilbares und unveräußerliches Eigentum der Bewohner der 21 kleinen Gemeinden sei und so bleiben solle. Dabei blieb es auch, nachdem die Bretagne zunächst im Königreich und später in der Republik aufging. Noch heute wird das Moorland von einem Syndikat verwaltet, das aus den Vertretern aller 21 Gemeinden besteht.

Wir besichtigen anschließend die am Kanalufer festgemachte Nachbildung der „Théotiste", auf der

Mit dem Boot unterwegs in der Moorlandschaft der Grande Brière.

früher der Torf transportiert wurde. Heute sind es „blins", flache Ausflugskähne, mit denen sich die naturhungrigen Touristen durch die Sümpfe staken lassen. Bereits der nahe **Parc animalier**, der Tierpark, lässt von seinen vielen seit 1970 angelegten Beobachtungsständen aus die Begegnungen mit der Welt des Moors zu.

Auf der Weiterfahrt kommen wir über zwei Brücken zur schönsten Insel in der Grande Brière, zur **Ile de Fédrun**. Nur wenige Meter hoch über den Sümpfen gelegen, vermittelt das Dorf einen bleibenden Eindruck von der traditionellen Lebensweise der Brièrons: Geduckte, strohgedeckte Chaumières Brièronnes, die strahlend weiß getünchten Häuser der Torfstecher, reihen sich beiderseits der Dorfstraße aneinander. An ihrer Vorderseite liegen blühende Gärten, an der Rückseite dümpeln die obligatorischen Kähne. Besonders schön ist das im Stil der Brière eingerichtete „Haus der Braut" mit seiner originellen Ausstellung von Brautschmuck und das Haus mit Trachten aus Guérande.

In **La Chapelle-des-Marais**, nur einige Kilometer weiter, kommt das „Haus des Schuhmachers" hinzu, das dem Brière-typischen klobigen Holzpantoffel gewidmet ist. Im Kirchturm von **St-Lyphard**, der nächsten Station, führen 135 Stufen hinauf zur Aussichtsplattform, von der aus die Brière gut zu überschauen ist. Dabei fällt unser Blick hinunter zu dem am Fuß des Turms liegenden Café de la Place. In trauter Gemeinschaft mit einigen Dorfbewohnern genehmigen wir uns einige Drinks. Einer der Dörfler verspricht, uns nach dem Essen zu einer kleinen Kahnfahrt durch das Moor hinaus zum Weiler **La Pierre Fendue** mitzunehmen. Obwohl erst Mittagszeit ist, wankt er zwar unübersehbar ein wenig, was er jedoch im flachen Kahn in einen bewundernswerten Einklang mit den Schwankungen des Boots und dem sich sanft im Wind wiegenden Schilf bringt. Offensichtlich waren es zwei, drei „ballons" vin rouge – zu viel. Ein Glück, dass es für Kahnfahrer in der Grande Brière keine Promille-Grenze gibt!

Aber er schafft auch die Fahrt zurück zu unserem Auto, mit dem wir zum Dorf **Kerhinet** weiterfahren. Das Dorf ist ein Freilichtmuseum, das im Stil der früheren Brière-Ansiedlungen originalgetreu restauriert wurde. Achtzehn strohgedeckte Gehöfte zeigen, wie die Bewohner lebten, wie sie arbeiteten und wie sie mit den Lebensbedingungen im sie umgebenden Moor zurechtkamen. Kleine Museen vertiefen die Eindrücke und hinterlassen das Gefühl, jetzt die Grande Brière durch und durch zu kennen!

Eines der weiß getünchten und strohgedeckten „Chaumières Brieronnes".

Pays Noires, schwarzes Land, heißt die Gegend wegen des Torfes, der in dem Sumpfgebiet über Jahrhunderte mühsam abgebaut wurde.

SAND, SALZ UND TORF

An der Küste eine nüchterne Hafenstadt, lebendige Seebäder, freundliche Badeorte, verschlafene Fischernester und eine Bucht voll Salz. Im Hinterland eine herbe, melancholische Naturlandschaft und eine Insel mitten im Moor – Gegensätze, die die Presqu'Ile de Guérande anziehend machen!

Die Presqu'Ile de Guérande ragt breit ins Meer hinein, sie entspricht aber nur da und dort durch ausgefranste Küstenstreifen der landläufigen Vorstellung einer Halbinsel.
Die heitere Côte d'Amour, durch Hafenstädte und Badeorte dicht besiedelt, umsäumt das stille Innere mit seiner weiten, naturgeschützten Moorlandschaft. Verwaltet wird die Halbinsel als Teil des Département Loire-Atlantique, von Nantes aus, seiner historischen und neuen Hauptstadt hat.

■ La Roche-Bernard

Einst die stolze Hauptstadt einer der neun bretonischen Baronien, heute ein bescheidenes Städtchen, das etwas im Schatten steht – grundlos, denn es kann sich durchaus sehen lassen. Malerisch auf einem Hügel gelegen, blickt es in das Vilaine-Tal und auf den sich in Schleifen hindurchziehenden Fluss. Ihm verdankte La Roche-Bernard seine einstige Geltung als florierender Handels- und Warenumschlagplatz und auch seinen Wohlstand. Als allererste protestantische Gemeinde der Bretagne schloss sich die Stadt im Revolutionskrieg den Republikanern an und verlor jämmerlich. Das war der Anfang vom unaufhaltsamen Ende, und so ist La Roche-Bernard heute „nur noch" eine höchst sympathische Stadt.

SEHENSWÜRDIGKEITEN

VIEILLE VILLE
Die Promenade du Ruicard ist ein schöner Spazierweg, um Eindrücke von der Stadt zu gewinnen. Er führt oberhalb des Hafens entlang und geht in die Rue du Ruicard über, von der aus romantische Pflastersteingassen das Labyrinth der Altstadt bilden. Bürgerhäuser, Tore und Türmchen lösen einander ab. Am Place Bouffay das stattliche Renaissance-Rathaus, geschützt durch eine eingemauerte alte Schiffskanone. Auf dem Platz stand während der Revolution die Guillotine. Sie gibt es nicht mehr, der Hauch des 16./17. Jh. ist dem Städtchen jedoch geblieben.

PONT
Die 1960 erbaute, fünfzig Meter hohe Brücke über die Vilaine bietet von ihren beiden Enden schöne Blicke auf Tal und Stadt.

MUSÉE DE LA VILAINE MARITIME
Im Château des Basses-Fosses aus dem 16.Jh. informiert das Heimatmuseum über die ländlichen Traditionen und die Bedeutung der Vilaine für die Stadt. Interessant das Modell der Hafenstadt und eine originalgetreue Schiffskajüte.
Geöffnet: Juni – September täglich 10 – 19 Uhr.

Die Stiftskirche in Guérande.

UNTERKUNFT/RESTAURANT

** AUBERGE BRETONNE
2, place Duguesclin
Tel. 02.99.90.60.28
Fax 02.99.90.85.00.
Die feine Stube für die Gäste der Stadt. Ruhig gelegen, mit erlesenem Ambiente. Mit Gourmet-Restaurant.

INFORMATION

OFFICE DE TOURISME
Place du Bouffay
Tel. 02.99.90.67.98.

■ Guérande

Wehrmauern, die einst das Bürgertum und deren dem Salz abgerungenen Wohlstand beschützten, umschließen die mittelalterliche Altstadt. Oft genug hatten sie sich zu bewähren, denn der Reichtum zog viele Feinde an. Nicht immer hielten sie den Belagerungen stand, und so wurde die Stadt mehrmals ein Raub der Flammen. Zwischen den Schlachten von Auray 1364 und des Revolutionskrieges 1793 hatte sie ihre Blütezeit. Dann ging's bergab, denn die Salzgewinnung verlor an Bedeutung. Heute schafft der Tourismus für die rund 10.000 Einwohner die neue Existenzgrundlage.

UNTERKUNFT

** LES REMPARTS
15, boulevard Nord
Tel. 02.40.24.90.69.
Kleines, gemütliches Hotel mit angenehmer Atmosphäre und preiswerten Zimmern.

RESTAURANTS

LA COLLEGIALE
63, Faubourg Bizienne
Tel. 02.40.24.97.29.

SERVICE

Guérande-Halbinsel 9

Die Abendsonne zeichnet rosa Strukturen in die Salinen von Guérande.

Ein gepflegtes Ambiente, verbunden mit einem Garten, bildet den geschmackvollen Rahmen für eine ausgezeichnete Küche.

LA CAUSERIE
Saillé
16, rue des Prés-Garnier
Tel. 02.40.42.33.10.
Rustikales Restaurant auf zwei Ebenen. Die Küche ist eingleisig mit Kurs auf gehobenes Niveau. Mit anderen Worten: Es schmeckt!

SEHENSWÜRDIGKEITEN

REMPARTS
Nur vier Eingänge hat die im 15. Jh. errichtete und mit sechs Türmen wehrhaft ausgestattete Stadtmauer. Die Stadttore führen in Gassen, die verwinkelt auf den Place St-Aubin vor der Stiftskirche zulaufen. Das eindrucksvollste Tor ist die von zwei mächtigen Türmen flankierte Porte St-Michel, von den Einheimischen „Château" genannt. Sie diente den Gouverneuren als Wohnsitz. Der einstige Wassergraben ist weitgehend zugeschüttet und durch eine Ringstraße um das alte Gemäuer ersetzt.

COLLÉGIALE ST-AUBIN
Die Stiftskirche mit einer schönen, granitenen Westfassade wurde im 12. Jh. an der Stelle einer Kapelle errichtet. Erst im 17. Jh. war sie vollendet, so dass verschiedene Stilarten bei der Ausgestaltung Pate standen. In ihr fanden bis zur Revolution täglich Gottesdienste unter der Leitung des Dompropstes statt, die zur Bezeichnung Collégiale führten. Im Kircheninneren herrliche Buntglasfenster.

INFORMATION

OFFICE DE TOURISME
Place du Marché du Bois
Tel. 02.40.24.96.71.

AUSFLÜGE

PIRIAC-SUR-MER
Als Fischerstädtchen ein wahres Kleinod, wenn nicht das hässlich verbaute Umfeld um den Stadtkern wäre! Die niedrigen alten Fischerhäuser rund um die Kirche hinter dem Hafenkai geben der Altstadt eine beschaulich-melancholische Atmosphäre, von der sich vor der Jahrhundertwende auch Gustave Flaubert, Alphonse Daudet und, besonders gern, Emile Zola angezogen fühlten. Die kleinen, stillen Sandbuchten an der pinienbewachsenen Landspitze Pointe du Castelli ergänzen die familienfreundlichen Strände an der malerischen Felsküste.

LA TURBALLE
Im alten, lebhaften Hafen, im Gedrängel der Sardinenfischer, wird lautstark ihr Fang morgenfrisch versteigert. Die Touristen stehen überall im Weg – kein Wunder, denn die vier Kilometer langen feinen Sandstrände ziehen in der Saison Massen von Urlaubern an. Davor und danach ist es ruhig im Fischer- und Salzbauerndörfchen. Auf der mit Dünen und Pinien durchsetzten Landnase entlang der Salzgärten liegt das Revier der FKK-Anhänger.

LE CROISIC
Das temperamentvolle Fischerstädtchen am Ende der fünf Kilometer langen Halbinsel, die als südlicher Arm die Salzgärten vor den Atlantikwellen schützt, hatte seine Blütezeit im Mittelalter. Reeder beherrschten legal, Piraten illegal die Einfahrten in die Vilaine- und Loire-Mündungen. Später bezog die Stadt ihre Geltung aus dem Sardinenhafen, heute aus dem Tourismus. Mittelpunkt ist der lebendige Hafen, dessen Quais mit balkonverzierten Häusern aus dem 17. Jh. geschmückt sind. Die Badestrände liegen an der Atlantikküste. Die sie einfassenden malerischen Felsformationen lassen bei Ebbe kuschelige Sandbuchten entstehen.

BATZ-SUR-MER
Das Wahrzeichen der Stadt ist der 60 m hohe Glockenturm der Église St-Guénolé. Die Aussicht von seiner Plattform über die Küsten der Halbinsel und die schachbrettartig angelegten Salzgärten ist atemberaubend! Mit der Salzgewinnung und dem Handel mit dem im Mittelalter kostbaren Gut konnte das Städtchen immer gut leben. Heute beherrschen den Fischfang und der Tourismus das lebhafte Treiben. Die lang gezogene Hafenpromenade wird von stattlichen Reeder- und Kapitänshäusern aus dem 16. und 17.Jh. gesäumt, die malerische Felsküste von Hotels und kleinen Villen.

La Baule

Eine der wenigen bretonischen Städte, die nicht durch die Jahrhunderte hindurch gewachsen, sondern am Reißbrett entstanden sind. Vor über hundert Jahren als freundlicher Familienbadeort geplant, inzwischen als exklusives Seebad vollendet. Der sich sieben Kilometer hinziehende Feinsandstrand verführte Touristikmanager und Investoren dazu, die Häuserzeile entlang der schönen Ufer-

SERVICE

promenade immer weiter auszudehnen. So kamen zu den anfangs hübschen Villen im Kolonialstil und eleganten Grand Hotels der Belle Époque futuristisch und klobig anmutende, architektonische Neuzeit-Machwerke hinzu. Der Attraktivität des Seebades der Superlative tut das anscheinend keinen Abbruch: Bis zu 200.000 Urlauber belegen alljährlich die reichlich vorhandenen Unterkünfte, bevölkern die schicken Einkaufsstraßen und tummeln sich an der herrlichen, endlos erscheinenden Grande Plage.

Die umfassende touristische Infrastruktur wird dem Ansturm und dem Anspruch der erholungssuchenden Massen lückenlos gerecht. Im Angebot: Casino, Thalassotherapie-Zentren, Yachthäfen und alle sportlichen Aktivitäten, die einem Seebad dieses mondänen Ranges angemessen sind. Doch alles hat hier seinen exklusiven Preis! Aber, was auch immer geboten wird ... Sehenswürdigkeiten im üblichen Sinne sind nicht darunter!

STADTTEILE

LA BAULE-CENTRE
Das ursprüngliche Stadtzentrum breitet sich um den Place de la Victoire mit großzügigen Avenuen, eleganten Einkaufsstraßen und einem offenen Markt aus. Sein Anteil am Strand endet am Yachthafen bei Le Pouliguen.

LA BAULE-POULIGUEN
Die feinsandigen Strände setzen sich bis zur Pointe de Penchâteau, dem Abschluss der weiten Bucht, fort. Pouliguen ist inzwischen ein Vorort, war jedoch ursprünglich ein Fischereihafen aus dem 16. Jh. mit verwinkelten Gassen und schmucken Häusern. Hinter dem Ort beginnt die Côte Sauvage mit ihren herrlichen Buchten und Grotten.

LA BAULE-LES-PINS
Der neuere Teil, hauptsächlich aus modernen Appartementhäusern bestehend, wuchs konzentrisch vom Place Palmiers aus. Der Anteil am gemeinsamen Strand endet am gezeitenunabhängigen Tiefwasserbecken.

PINOCHET
Direkt im Anschluss und bedeutend älter als die Retortenstadt, jedoch durch Casino, Pferderennbahn, Thalassotherapie-Zentrum und Traumstrand mit dem Anspruch, höheren Anforderungen gerecht zu werden. Schade, dass die meisten alten Villen modernen Bauten weichen mussten.

UNTERKUNFT

**** HERIMITAGE
5, Esplanade
Lucien Barrière
Tel. 02.40.11.46.46
Fax 02.40.11.46.45.

Wohnen in der guten, alten Zeit: Das Hotel „Royal" bietet Belle-Époque-Ambiente.

Jedes Luxus-Seebad hat auch seinen Luxus-Hotelpalast! Das Herimitage erfüllt diese Funktion geradezu majestätisch – und kostet entsprechend.

**** CASTEL MARIE-LOUISE
1, avenue Andrieu
Tel. 02.40.11.48.38
Fax 02.40.11.48.35.
In einem eindrucksvollen Landsitz der Belle Époque das zweite der drei Top-Hotels. Mit französischem Komfort und britischer Eleganz eingerichtet. Alles comme il faut! Auch Parkanlage und mondäner Strand!

**** ROYAL
2, avenue Pierre Loti
Tel. 02.40.11.48.48
Fax 02.40.11.48.45
Eines der Top-Häuser der Stadt. In einem prachtvollen Palast aus der Belle Époque sind alle Annehmlichkeiten untergebracht, die anspruchsvolle Gäste erwarten. Auch der direkte Anschluss an ein Thalassotherapie-Zentrum.

** CHRISTINA
26, boulevard Hennecart
Tel. 02.40.60.22.44
Fax 02.40.11.04.31.
Schönes Feriendomizil mitten in der Stadt und direkt am Strand. Zeitgemäß eingerichtete Zimmer. Ein empfehlenswertes Restaurant gehört zum Haus.

** LA PALMEAIE
7, allée des Cormorans
Tel. 02.40.60.24.41
Fax 02.40.42.73.71.
Nahe des Hauptstrandes und trotzdem ruhig in einem Pinien-Garten gelegen, bietet das Haus alle Vorzüge eines kleinen Urlaubshotels.

RESTAURANTS

CASTEL MARIE-LOUISE
1, avenue Andrieu
Tel. 02.40.11.48.38.
In einem bezaubernden Schlösschen zu speisen, ist etwas Besonderes. Vor allem, wenn es in der Bretagne steht und zu einem Top-Hotel gehört. Natürlich darf die Küche nicht nachstehen – und sie tut es auch nicht!

SERVICE

Guérande-Halbinsel 9

Stillleben in der Grande Briére.

LE ROSSINI
13, avenue des Evens
Tel. 02.40.60.25.81.
Nahe des Strandes in einem ausgezeichneten Hotel beheimatet, bietet das vorzügliche Restaurant natürlich „Tournedos Rossini" und andere aufregende Leckereien.

LA MARCANDERIE
5, avenue d'Agen
Tel. 02.40.24.03.12.
In einem schmucken Pavillon nahe des Kongresspalastes ein elegantes Restaurant mit südländischem Flair. Erstklassige Küche.

INFORMATION
OFFICE DE TOURISME
Place de la Victoire
Tel. 02.40.24.34.44.

St-Nazaire

Die Industriestadt an der Loire-Mündung teilt das Los der großen Hafenstädte an den französischen Küsten. Auf einem Nenner: Im Krieg durch die Besatzer requiriert und zum U-Boot-Hafen ausbetoniert, durch die Alliierten angegriffen und zusammengebombt. 90 % der Stadt waren bei Kriegsende zerstört. Dabei fing alles recht salopp an. Einstmals ankerten im Hafen die Galeeren der Römer, später die Fregatten der bretonischen Herzöge, dann die Schiffe der französischen Marine. Im Ersten Weltkrieg kamen die Alliierten, im Zweiten die Deutschen. Immer standen die Hafenanlagen höchst begehrlich im Brennpunkt. Kein Wunder, dass sich in der Stadt alles um den Hafen dreht und sie selbst in den Hintergrund rückt. So ist St-Nazaire eine nüchterne, nichtssagende Stadt ohne touristische Highlights geblieben.

UNTERKUNFT

** AQUILON
2, rue Michel-Ange
Tel. 02.40.53.50.20
Fax 02.40.53.15.60.
Modernes Hotel inmitten eines parkähnlichen Gartens mit Pool. Komfortable Zimmer und ein empfehlenswertes Restaurant.

RESTAURANT

L'AN II
2, rue Villebois-Mareuil
Tel. 02.40.00.95.33.
Das charmante Restaurant, geschmackvoll eingerichtet, serviert vorzügliche Menüs und kredenzt erlesene Weine. Eine wahrlich gute Adresse!

LE ST-TROPEZ
95, rue Jean-Jaurès
Tel. 02.40.22.04.26.
Kleines, aber feines Restaurant nahe den Markthallen. Spezialität: Enten-Gerichte.

SEHENSWÜRDIGKEITEN

LE PORT
Den schönsten Blick auf die Hafenanlagen, die Loire-Mündung und die Hängebrücke bietet die Terrasse panoramique auf dem Dach des früheren U-Boot-Schleusentors. Im Hafen ist das Bassin de Penhoet mit 22 ha das größte in Europa. Der von den Deutschen erbaute U-Boot-Stützpunkt hat die Angriffe der Alliierten unbeschadet überstanden und wird heute von Industrieunternehmen genutzt.

LE PHARE
Der Leuchtturm auf der alten Mole bietet einen interessanten Blick auf die Werft, die Hafenanlagen und die Loire-Mündung.

SOUS-MARIN ESPADON
Ausgestellt ist das 1957 gebaute U-Boot, das als erstes unter dem Polareis navigierte. Zu sehen sind der Maschinen- und Torpedoraum. Gezeigt wird auch das Bordleben der 70 Mann Besatzung.
Geöffnet: Mi – So 10 – 12 und 14 – 16 Uhr.

INFORMATION
OFFICE DE TOURISME
Place François-Blancho
Tel. 02.40.22.40.65.

AUSFLUG

LA GRANDE BRIÈRE
Inmitten der Halbinsel Guérande prägt die Jahrtausende alte Moorlandschaft ein Naturreservat, das es ähnlich in Frankreich nur noch in der Carmargue gibt. Abseits der Routes touristiques kann der Besucher in eine von Stille und Melancholie durchzogene Weite, in ein Labyrinth sich windender Flussläufe, sich im Wind wiegender Schilfhalme und in eine Welt niedriger, strohgedeckter „Chaumières briéronnes", den typischen Briére-Häusern, eintauchen. Mit dem Auto auf den engen Straßen, zu Fuß von einem Beobachtungsstand zum anderen oder mit den typischen, kiellosen Holzkähnen in den Kanälen – der naturhistorischen Geschichte der Bretagne kommt man hautnah auf die Spur!

Insider News

AUF DEN SPUREN VON MONSIEUR HULOT
Der kleine Badeort St-Marc, verschwiegen zwischen Cornichet und St-Nazaire gelegen, wurde vor fast fünfzig Jahren weltberühmt, als er zur Filmkulisse der Komödie „Les Vacances de Monsieur Hulot" avancierte. Jacques Tati war es, der die Figur des wohl berühmtesten Urlaubers der Kinogeschichte in Szene setzte. Noch immer suchen Fans Erhaltenes und Verblichenes, das an den Dreh erinnert. Und sie werden fündig: Das legendäre „Hôtel de la Plage" ist nahezu unverändert – und nach wie vor das einzige Hotel am Platz.

10 Im Argoat

In Merlins Reich

Mit dem Hausboot und Fahrrad ins Herzland der Bretagne, wo einst Druiden, Zauberer, Feen und die Ritter der Tafelrunde lebten.

Wir sind noch einmal in **La Roche-Bernard**. Es ist ein Vormittag. Die durch zarte Dunstwolken blinzelnde Sonne taucht die alten, heimeligen Gassen des Städtchens in ein mildes Licht. Die heitere Stimmung begleitet uns auf dem steilen Weg hinunter zum Hafen. Gestern abend, beim letzten Kaffee, haben wir uns spontan entschlossen, das Auto stehen zu lassen und das **Argoat**, das Landesinnere der Bretagne, mit dem Hausboot zu erkunden und zu erleben – und zwar allein, ohne Flusskapitän! Und La Roche-Bernard ist dafür ein idealer Ausgangspunkt.

Wir treffen auf einen freundlichen Hausboot-Vermieter, der uns lächelnd zunächst die Furcht vor dem Umgang mit dem Boot nimmt. „Das ist überhaupt kein Problem! Sie brauchen keinen Führerschein und auch sonst nichts. Ich werde Ihnen die wenigen notwendigen Handgriffe erklären und auch Unterlagen mitgeben, die Sie mit der Strecke und den wenigen nautischen Regeln vertraut machen – zum Beispiel was die Schilder am Ufer bedeuten, wie man eine Schleuse durchfährt und wo man ein Boot vertäut. Aber wählen wir zunächst eine schöne Pénichette, wie wir die kleinen Hausboote nennen, für Sie aus!" Wir gehen mit ihm zum Steg, an dem eine Reihe von Booten vertäut liegen. Ja, diese Pénichette gefällt uns. Mit ihrem geräumigen Salon, den weiten Fenstern, dem breiten Schiebedach und dem relativ großen Deck sieht sie recht vertrauenserweckend aus. Schlafkabinen, Dusche und WC komplettieren die Ausstattung. In der kleinen Kombüse stehen sogar Gasherd und Kühlschrank. Insgesamt bietet das Boot weit mehr Auslauf und Bewegungsfreiheit als ein Wohnmobil. Da gibt es kein Zögern: Wir machen die Sache für fünf Tage perfekt. Ablieferungort: Pontivy.

Noch ein Rat des Vermieters: „Sie sollten Fahrräder mitnehmen, damit Sie unterwegs auch zu Land mobil sind. Wäsche, Handtücher und was man üblicherweise sonst noch braucht, ist alles vorhanden. Versorgen Sie Ihren Wagen, holen Sie Ihre Sachen, und lassen Sie uns dann eine kleine Probefahrt machen!"

Alles läuft wie geschmiert! Es dauert nicht lange, und schon sind wir als Freizeitkapitäne unterwegs. Wir haben schnell gelernt: das Steuerrad linksrum oder rechtsrum drehen oder schlicht geradeaus stellen, den Vor- oder Rückwärtsgang einlegen und dann behutsam lostuckern. Auf Flüssen darf man nur mit acht, in Kanälen mit sechs Stundenkilometern fahren – also keine Gefahr, in einen Geschwindigkeitsrausch zu verfallen. Anlegen dürfen wir überall, es sei denn, Verbotsschilder schließen das an markierten Stellen aus. Erhöhte Aufmerksamkeit erfordern lediglich die Schleusenmanöver, aber die lassen wir einfach auf uns zukommen – sie werden schon klappen! Das alles hat uns der Bootsverleiher gezeigt und erklärt, bevor er uns mit einem aufmunternden „Schiff ahoi!" in unser Abenteuer geschickt hat.

Unser erstes Ziel wird Redon sein. Doch bis dahin ist es noch weit. Zunächst fahren wir auf der noch breiten Vilaine flussaufwärts durch eine ruhige Gegend ohne große Überraschungen. Zeit also, uns ein bisschen mit der Flussschifffahrt in der Bretagne zu befassen. 660 Kilometer sind von den insgesamt rund 10.000 Kilometern Flussläufen und Kanälen für Hausboote freigegeben. Das große und dichte Wasserstraßennetz entstand zu einer Zeit, als Güter jeglicher Art noch mit Lastkähnen befördert wurden. Damals waren Flüsse und Kanäle die Lebensadern der Region. Auf der Vilaine zum Beispiel, auf der wir gerade flussaufwärts tuckern, wurden früher die mit dem kostbaren grauen Salz aus Guérande beladenen Lastkähne hinaufgezogen. An Redon vorbei erreichten sie dann in dem zwischen den beiden Ortschaften **Guipry** und **Messac** liegenden Flusshafen ihre Endstation. In Salzlagerhallen wurde das damals wertvolle Gut gespeichert,

Auf dem Nantes-Brest-Kanal bei Redon.

anschließend karrenweise verkauft und weiterbefördert. Schon im 16. Jahrhundert gelang es, den Rest der Strecke zu kanalisieren, so dass die Lastkähne sogar bis nach Rennes durchfahren konnten. Erst als Güterwagen auf der Schiene und Lastzüge auf den Straßen den Transfer schneller und billiger bewältigten, ging der Gütertransport auf den Schifffahrtsstraßen zurück.

Wir haben bald ruhig und gemächlich eine stattliche Strecke zurückgelegt. Noch immer treiben die vom Atlantik wehenden Winde die um uns herum kreuzenden Segelboote vor sich her. Doch im allmählich enger werdenden Fluss verliert sich allmählich das Kräuseln des Wassers – der Wind verliert seine Kraft, und das Glück der Segler ist bald vorüber. Der Reihe nach drehen sie ab. Unsere Fahrt hingegen geht im vorschriftsmäßigen Acht-Kilometer-Tempo unbeirrt weiter.

Der kleine Hafen **Foleux** mit seinen Felswänden taucht vor uns auf: Zeit und Gelegenheit für einen ersten Großeinkauf. Und mit einer Fahrt zum nahen **Château du Léhélec** einen ersten Test für unsere Fahrräder. Nachdem wir uns müde gestrampelt, den Kühlschrank gefüllt und ein paar Flaschen um uns herum stehen haben, beginnen wir ganz langsam, uns an Bord unseres neuen Zuhauses so richtig wohl zu fühlen.

Obwohl wir gegen die Strömung fahren, kommen wir ziemlich gut voran. Inzwischen war jeder mal am Steuer und hat das Glück genossen, Schiffskapitän en miniature zu spielen. Der erhöhte Steuerstand erlaubt eine gute Übersicht über den Verkehr auf dem Wasser. Wir staunen über die zahlreichen am Ufer liegenden Hausboote. Das Bootfahren in der Bretagne scheint unter den Urlaubern zunehmend populärer zu werden.

Unseren nächsten Stop legen wir in **Rieux** ein. Der zierliche Glockenturm der Kirche hat uns angezogen. Wir manövrieren an den kleinen Kai, laden unsere Räder aus und fahren zum Ortseingang, von wo wir einen schönen Blick auf das Vilaine-Tal und die nahe Stadt Redon genießen. Irgendwo hier in der Nähe verstecken sich die Ruinen der einmalige Festung von Rieux. Auf einem Hügel finden wir sie, versteckt unter ungewöhnlichen Baumarten. Sicher sind wir bei den Weißbuchen, Eiben, Vogelbeerbäumen und auch Buchsbäumen. Bei zwei, drei anderen Baumarten müssen wir passen.

Wohnen wie ein Fürst: Das Château de la Bretesche dient heute als Hotel.

Geruhsames Gleiten: Mit sechs Kilometern in der Stunde durch die Kanäle, das führt noch nicht zum Geschwindigkeitsrausch.

Zurück an Bord, beratschlagen wir kurz. Eigentlich wollten wir hier in Rieux über Nacht bleiben. Da **Redon** jedoch bereits so nahe liegt, einigen wir uns darauf, das letzte Stück noch heute zu packen. Bei unserer Ankunft ist tatsächlich noch ausreichend Zeit, um einen Bummel durch die mittelalterliche Altstadt zu beginnen und irgendwo gemütlich einzukehren. Den gewohnten Schlummertrunk jedoch schlürfen wir in lauschiger Sommernacht auf unserer inzwischen geliebten Bootsterrasse!

Gefördert durch die Flasche Wein wirkte das Schaukeln auf den sanften Wellen traumhaft einschläfernd. Erst der verhaltene Lärm am Morgen lässt uns früher aufwachen als gewöhnlich. Wir genießen den Vorzug, frisch-knusprige Baguettes aus der nahen Boulangerie in den heißen Morgenkaffee tunken zu können. Gut gestärkt, machen wir uns auf den Weg, Redon anzuschauen. Wir haben nachzuholen, denn der geplante Abendbummel fiel sehr kurz aus.

Unmittelbar am Kopfende des Hafens fließt stoisch-ruhig der **Nantes-Brest-Kanal** vorbei. An der Schleuse, die Hafen und Kanal verbindet, beobachten wir das Manöver eines Hausbootkollegen, der gekonnt die Schleuse passiert. Aufmerksam verfolgt der Schleusenwärter den Vorgang und ruft dem Hobbykapitän einige anerkennende Worte zu. Das macht uns Mut, denn auch wir müssen später durch diese Schleuse.

St-Sauveur in Redon wurde nach dem Brand von 1780 teilweise wiedererbaut.

Nur hundert Meter sind es von hier, bis der Kanal auf die Vilaine stößt. Hier liegt das Drehkreuz der beiden großen bretonischen Wasserwege, das der Stadt jahrhundertelang zu ihrer Bedeutung verholfen hat: Von hier aus kann man im Norden St-Malo, im Westen Brest, im Süden La Roche-Bernard und im Südosten Nantes direkt erreichen.

Im Augenblick ist es noch ruhig auf den Gewässern und an den Ufern. Wir bleiben zunächst auf der Hafenseite des Kanals, um

P er Boot ins Hinterland: Auf schwankenden Planken lassen sich die kleinen Städtchen im Argoat am besten – und am geruhsamsten – entdecken.

am **Quai Duguay-Trouin** die alten, stattlichen Häuser wohlhabender Reeder anzuschauen. Auf ihrer Rückseite, in der **Rue du Port**, stehen die zur Blütezeit der Handelsstadt als Salzspeicher genutzten Lagerhäuser. Nach der kleinen Schleife kommen wir über die blumengeschmückte Kanalbrücke in die eigentliche Altstadt, bummeln den **Quai St-Jacques de Vilaine** entlang und erreichen die einstige Abteikirche St-Sauveur, die bis ins 17. Jahrhundert hinein ein bedeutendes Wallfahrtsziel war. Besonders schön ist der romanische Turm aus Granit und Sandstein. Durch die von mittelalterlichen Häusern gesäumte Grande Rue kommen wir dann wieder zum Hafen. Ein recht eindrucksvolles Städtchen!

IM ARGOAT

Zurück im Boot, rüsten wir uns für die Schleusenfahrt. Alles halb so schlimm – der Schleusenwärter ist auch mit uns sehr zufrieden und gibt uns noch den gut gemeinten Rat, unterwegs **Rochefort-en-Terre**, das älteste Blumendorf der Bretagne, nicht zu versäumen. Dann öffnet er das Schleusentor, und wir fahren in den Kanal hinein. Wir fühlen uns nach wie vor rundum wohl auf dem Boot. Der Kirchturm von Redon hinter uns wird immer kleiner und verschwindet schließlich aus unserem Gesichtskreis. Ein Blick auf die Karte zeigt, dass die Strecke nach Rochefort zu Land hin und zurück nur zwanzig Kilometer beträgt. Also hieven wir wieder unsere Fahrräder an Land und machen uns auf den Weg. Und der kleine Abstecher lohnt sich: Wieder bummeln wir, die Räder schiebend, durch eine malerische mittelalterliche Szenerie von Granit- und Schieferhäusern, diesmal mit überquellendem Geranienschmuck von den Fenstern.

Die Weiterfahrt auf dem gradlinigen Kanal ist natürlich weniger abwechslungsreich als auf den Flussschleifen der Vilaine. Deshalb freuen wir uns, als der Nantes-Brest-Kanal in die **Oust** übergeht und an beiden Ufern wieder eine fast unberührte Flusslandschaft vorüberzieht. Um die Mittagszeit machen wir an einer lauschigen Stelle Pause, radeln in das nahegelegene Dorf, frischen unsere Vorräte auf und gestalten an Bord unsere Terrasse zum Speisezimmer.

Nach einigen Stunden kommen wir am späten Nachmittag in **Malestroit** an – früh genug, um noch eine kleine Radtour zu machen. Das Städtchen selbst heben wir uns für den Abend auf. Wir suchen für unser Boot ein stilles Plätzchen, machen unsere Räder flott und strampeln zunächst nach **Missiriac** mit seinen beiden Schlössern Château le Bois-Ruault und Château du Cleyo und, ein kleines Stück weiter, nach **Caro** mit seinen alten Granithäusern und dem Château Bodel.

Zurück auf dem Boot machen wir uns stadtfein. Nur wenige Schritte vor dem Ortszentrum, von den alten Steinbrücken aus, bietet sich ein romantischer Blick auf die idyllisch in Schleusen und Wehren gestaute Oust, auf der auffällig viele Kanus und Kajaks dümpeln. Das etwas melancholisch wirkende Städtchen selbst gewinnt seinen Charme durch die schönen, alten Häuser rund um die Kirche **St-Giles** aus dem 12. Jahrhundert. Wir finden ein kleines Restaurant, das kaum besetzt ist – was dem Patron erlaubt, sich nach dem Essen für einige Minuten zu uns zu setzen. „Nein, abends haben wir kaum Touristen hier. Es ist der Tagestourismus, der uns über Wasser hält. Denn viele Besucher kommen nach Malestroit, um im nahen St-Marcel das **Musée de la Résistance Bretonne** zu besuchen. Das sollte man gesehen haben! Wissen Sie, wir hatten hier im Zweiten Weltkrieg erbitterte Kämpfe zwischen der Resistance und den deutschen Besatzungstruppen. Nach einem Aufstand wurde 1944 das Dorf von den Deutschen in Schutt und Asche gelegt. Das Museum zeigt die grauenvolle Entwicklung in der damaligen Zeit und ihre Folgen für die ganze Bretagne. Nein, ich selbst habe es nicht miterlebt, weil ich erst nach Kriegsende geboren wurde, und zum anderen weil meine Eltern rechtzeitig vor der Besetzung zu unseren Verwandten in die Pyrenäen geflohen waren." Ruhig und emotionslos erzählt er von einer Zeit, die der Bretagne viel Leid gebracht hat. Beim Schlummertrunk auf unserer Bootsterrasse lassen wir seine Worte in uns nachklingen und werden uns dabei bewusst, dass trotz der schrecklichen Ereignisse von damals in der Bretagne Deutschen gegenüber keine Ressentiments gehegt werden.

Am Morgen starten wir wieder mit frischen Baguettes in den neuen Tag. Heute sind wir besonders unternehmungslustig. Wir wollen unsere Mittagspause mit einem Ausflug nach **Ploërmel** verbinden, deshalb fällt der Museumsbesuch ins Wasser der Oust, die wir hart am Limit des Bootsmotors durchpflügen. Sind es neun oder gar zehn Stundenkilometer?

Innenraum der Kirche von Rochefort-en-Terre.

IM ARGOAT

Auf der Höhe von **Guillac** finden wir für unser Boot ein Plätzchen und packen die Räder aus. Durch endlose landwirtschaftliche Anbaugebiete erreichen wir Ploërmel, den einstigen Herzogsitz. Wir kurven neugierig durch die Stadt und sind enttäuscht. Denn kaum etwas erinnert an die glorreiche Vergangenheit. Einziger Blickfang ist die originelle astronomische Uhr im Mutterhaus der Bruderschaft von Ploërmel. Unheimlich viele Rädchen, Zeiger und Gewichte bewegen zehn Zifferblätter und veranschaulichen allegorisch den Lauf der Zeit. Wir sind beruhigt, als wir uns an einer Normalzeituhr orientieren können.

Romantisch und märchenhaft wirkt er noch immer auf uns, während wir durch ihn zum Ort **Paimpont** strampeln, der mitten im Wald an einem malerischen kleinen See liegt. Immer wieder, links und rechts des Weges, blinken Menhire, Dolmen und Steingräber durch das leuchtende Grün. Denn lange vor Merlin und König Artus lebten hier schon die im Dunkel der Geschichte verschwundenen Menschen der Megalith-Kultur und ihre Druiden.

Wir fahren durch Paimpont direkt zum **Tombeau de Merlin**, Merlins Grab. Zu sehen sind allerdings nur zwei aufrecht aneinander gelehnte Schieferplatten und eine Stechpalme inmitten eines mit kleinen Steinbrocken angelegten Kreises. Mit einem wohligen Schauder stehen wir davor und erinnern uns an die Legende aus unseren Schultagen: Der Zauberer und Prophet Merlin war der Berater von König Artus. Er verliebte sich in die junge Fee Viviane. Erst nachdem er ihr versprochen hatte, sie in seine Zauberei einzuweihen, erlaubte sie seine Küsse und Umarmungen. So lernte sie von ihm auch sein letztes Geheimnis: wie man einen Mann für ewig einschließen kann. Damit war sein Schicksal besiegelt: „Lang-

Rast im „Tal ohne Wiederkehr" im Forêt de Paimpont.

Anschließend radeln wir noch ein gutes Stück weiter, denn eines wollen wir uns nicht entgehen lassen: den **Forêt de Paimpont**, der auch zum Wald von Brocéliande gehört. Denn dort soll einst der Zauberer Merlin der sagenhaften Schönheit der Fee Viviane verfallen sein, dort sollen auch König Artus residiert und die zwölf Ritter seiner Tafelrunde ihre Abenteuer bestanden haben.

Einstmals hat dieses hügelige Waldland fast 100 Quadratkilometer umfasst, heute ist es durch Rodungen und Waldbrände auf nur noch 7000 Hektar geschrumpft. Dennoch ist es das größte zusammenhängende Waldgebiet der gesamten Bretagne.

sam hatte sich der Zauberer bei vollem Bewusstsein in das Grab begeben und sich da ausgestreckt, so wie es Leichen tun. Die Dame vom See hatte die schwere Grabplatte zufallen lassen, und als sie die Gruft für immer verschlossen sah, brach sie in Gelächter aus", so beschreibt der Dichter Apollinaire das sagenhafte Ende Merlins. „Dame vom See" wurde Viviane genannt, weil sie sich vorher von Merlin auf dem Grund eines Sees einen Kristallpalast hatte bauen lassen, wo sie den gemeinsamen Sohn Lancelot erzog. Der See heißt heute **Lac de Comper**, aber von Vivianes Schloss ist trotz unserer eifrigen Bemühungen nichts zu sehen – „nur" die Spiegelung des düster wirkenden **Château Comper**, dem Sitz des „Centre de l'imaginaire Arthurien", einer Institution, die sich wissenschaftlich mit dem Sagenkreis um Merlin und König Artus beschäftigt. Die Legende hat schließlich die europäische Literatur vom Mittelalter bis heute, von Chrétien de Troyes über Hartmann von Aue und Wolfram von Eschenbach bis zu Hal Foster's Comic „Prinz Eisenherz" nachhaltig beeinflusst. Der Legende nach lebte hier die Fee Morgana, Halbschwester des König Artus. Da sie einst von ihrem Geliebten verlassen wurde, hielt sie hier alle untreuen Männer durch Zauberkraft gefangen (in dreizehn Jahren immerhin 353), bis Lanzelot sie erlöste.

Da wir heute noch mit unserem Hausboot bis nach Josselin kommen wollen, treten wir wie Tour de France-Helden beim Zeitfahren in die Pedale. Gott sei Dank rührt unsere Strampelei den Fahrer eines kleines Lastwagens: Er packt uns spontan mitsamt den Rädern auf die Pritsche und bringt uns sogar direkt bis zum Hausboot.

Nach diesem mehr sportlichen als touristischen Ausflug schippern wir in aller Ruhe weiter in Richtung **Josselin**. Kurz vor der Stadt passieren wir an der **Pyramide de Mi-Voie** den Schauplatz eines historischen Kampfes, mit der die kleine Ortschaft für immer in die bretonische Geschichte einging. Im Jahr 1351 kämpften hier in der legendären „Combat des Trentes", im „Kampf der Dreißig", Charles de Bois und Jean de Moutfort, der von England unterstützt wurde, um die bretonische Herzogkrone. Je dreißig Ritter traten in der entscheidenden Auseinandersetzung – um ein noch größeres Gemetzel unter den verfeindeten Truppen zu vermeiden – Mann gegen Mann an. Am Ende lagen auf englischer Seite neun und auf französischer Seite sechs Kämpfer tot im Gras. Die restlichen wurden verwundet oder gefangen genommen. Der Sieg blieb Frankreich.

Steil am Flussufer des Oust aufsteigend, grüßen schon von weitem in Josselin die Türme und Mauern des berühmten **Château de Rohan**. Langsam kommen wir näher und sind von dem Anblick überwältigt, zumal sich die Schlosssilhouette im Wasser des Oust eindrucksvoll spiegelt. Wir jonglieren mit Vorwärts- und Rückwärtsgang so lange hin und her, bis wir die richtige Stelle zum Fotografieren gefunden haben. Dann versorgen wir unser Hausboot und steigen zwischen alten, schiefergedeckten Häusern den Steilhang zum Schloss hinauf.

Es gilt als eines der schönsten Schlösser des Departements – und als eines der bemerkenswertesten. Denn es hat gewissermaßen zwei Ge-

Das Château Comper ist heute Sitz des Centre de l'imaginaire Arthurien.

Selbst versierte Zauberer sind gegen weiblichen Charme chancenlos: Merlin tappte in die Falle Vivianes, die ihn erbarmungslos einsperrte.

sichter: Zur Flussseite hin präsentiert es auf einer Felsnase mit drei mächtigen, 60 Meter hohen Rundtürmen, Wehrgängen und Pechnasen seine wehrhafte Seite. Seine burgähnliche „Schokoladenseite" dagegen zeigt in die andere Richtung: der fast dreieckige, wunderschön begrünte Innenhof mit den eigentlichen Wohngebäuden des uralten und einst mächtigen Adelsgeschlechtes Rohan, das von sich voll unerschütterlichem Selbstbewusstsein sagte: „König kann ich nicht sein, Prinz zu sein, ist meiner unwürdig, denn ein Rohan bin ich!" Die Nachkommen der Rohan leben übrigens noch immer im Schloss – irgendwo hinter den schönen Fenstern im Flamboyant-Stil.

Ursprünglich hatte das Schloss übrigens neun Türme. Aber weil die Rohans während der Religionskriege die Hugenotten unterstützten, ließ die „graue Eminenz" Kardinal Richelieu 1629 fünf Türme – außer dem „Tour Prison" – zerstören. Sein zynischer Kommentar dazu an den Schlossherren: „Mein Herr, ich habe eine Kugel in Euer Kegelspiel geworfen!" Ein frommer Herr, dieser hohe Herr.

Da der Schlosseingang auf Höhe der Stadt selbst liegt – ihr Name geht zurück auf den Sohn des Stadtgründers Vicomte Guéthenoc im Jahr 1008, spazieren wir anschließend durch die historische **Rue des Trentes** und erreichen mit der **Rue du Vierges** die alte Kathedrale **Notre-Dame-du-Roncier** (Muttergottes vom Brombeerstrauch) und die Altstadt. Überall stehen herrliche Bilderbuch-Fachwerkhäuser, die jetzt in der frühen Abendstimmung eine fast zauberhafte Wirkung ausstrahlen. Im Gegensatz zu den Städtchen zuvor sind hier auch noch zu dieser Tageszeit viele Menschen unterwegs, und so haben wir Mühe, am **Place du Notre-Dame** im Restaurant des rustikalen „De France-Komplexes" einen Platz zu finden. Nach dem Weg

Wie im Bilderbuch stehen in Josselin die Fachwerkhäuser nebeneinander.

Bewusstseinsspaltung eines Schlosses? Das Château de Rohan präsentiert sich auf der einen Seite kriegerisch, auf der anderen eher romantisch.

hinunter durch die steilen Gassen zur Bootsveranda haben wir von der Brücke aus nochmals einen herrlichen Blick auf die faszinierend angestrahlte Außenfassade des Châteaus.

Unser Frühstück an Bord am nächsten Morgen ist fast schon zum Ritual geworden. Heute beschließen wir, uns einen ruhigen Tag zu machen, das Leben auf „unserem" Boot zu genießen. Also halten wir auf freier Strecke jeweils dort, wo am Flussufer ein nettes Plätzchen liegt. An der **Abbaye Notre-Dame-du-Timadeuc** allerdings machen wir den einzigen Zwischenstop, um die Zisterzienserabtei zu sehen. Vor der Besichtigung sehen wir uns im Pförtnerhaus noch ein Video über das Klosterleben der Mönche an.

Wesentlich lauter geht es später im Bootshafen von **Rohan** zu. Direkt an der Schleuse gelegen, ist er offensichtlich die Einnahmequelle des unscheinbaren Ortes. Dabei war er Schauplatz geschichtlicher Ereignisse, denn hier lag der Familiensitz der Rohans, die über Jahrhunderte hinweg die Geschicke dieses Teils der Bretagne lenkten. Am bewaldeten Ufer machen wir unser Boot fest und drehen eine kleine Runde durch den Ort. Am schönsten ist es an der Schleuse, wo wir dann auch über Nacht bleiben. Wir sind natürlich nicht allein, und es ergeben sich am Abend Begegnungen mit unseren Nachbarn auf den Hausbooten links und rechts, deren bretonische Trinkfestigkeit uns ganz schön zu schaffen macht.

Der letzte Tag als Freizeitkapitän beginnt damit, dass der bärbeißige, aber hilfsbereite Schleusenwärter uns mit allem, was wir noch brauchen versorgt, denn wir haben vergessen einzukaufen.

Wir wollen dem **Lac de Guerlédan** einen Besuch abstatten und am Ende müssen wir ja noch in Redon unseren Wagen abholen. Wir kommen auf der Kanalstrecke zügig voran. Bereits nach drei Stunden taucht der Kirchturm von **Pontivy** vor uns auf. Wir fahren behutsam in den kleinen Flusshafen ein und finden mühelos das Schild, das uns anzeigt, wo wir das Hausboot abzugeben haben. Mit etwas Wehmut verlassen wir „unser" Hauboot!

Erstes Ziel ist die **Barrage de Guerlédan**, der Staudamm. Von der Aussichtsplattform sieht man erst genau, welch gigantische Ausmaße die Betonmauer hat: 45 Meter hoch, 200 Meter lang und 33 Meter dick stemmt sie sich dem gewaltigen Druck von 55 Millionen Kubikmeter Wasser entgegen. Seit 1930 in Betrieb, versorgt das Kraftwerk am Fuß des Damms mit einer Kapazität von 23 Millionen Kilowatt weite Teile der Bretagne mit Strom.

Von hier aus beginnen die meisten Besucher die rund 40 Kilometer lange Rundfahrt um den 400 Hektar großen Stausee. Fasziniert von dem Blick über die vielen Buchten und bewaldeten Ufer des sich fjordartig hinziehenden Sees entschließen wir uns jedoch zu einer Schiffsrundfahrt. In der **Anse de Sordan**, einem turbulenten Zentrum für Freizeitaktivitäten, finden wir eine Schiffsanlegestelle. Nicht lange, und wir sitzen auf einem Boot, das ausschließlich mit Franzosen besetzt scheint. Tatsächlich ist der See fest in französischer Hand. Die Fahrt an waldigen Ufern mit immer neuen Einblicken und lauschigen Plätzchen entlang ist erholsam, sie überrascht nicht nur durch immer neue Landschafts-

Segelrevier ohne atlantischen Seegang: der Lac de Guerlédan.

bilder, sondern auch durch das umtriebige Leben auf dem See. Wassersportler tummeln sich mit großer Begeisterung in und auf dem Wasser. Den Höhepunkt der allgemeinen Fröhlichkeit erreichen wir in **Beau Rivage**. Hier ist die ganze Logistik eines Badeparadieses aufgebaut: Hotel, Campingplatz, Restaurant, Bar, Minigolf, Sandstrand, Bootsverleih, Anlegestelle – alles ist da und wird auch gern genutzt! Fast wie an den vielen Stränden, die wir an den Küsten gesehen haben. Unser Boot zieht weiter seine Kreise, fährt noch die Staumauer entlang und setzt uns schließlich wieder in der Anse de Sordan ab. Und damit findet unser Leben auf dem Wasser endgültig seinen Abschluss.

WÄLDER, SCHLUCHTEN, SEEN

Dichte Urwälder waren es, die einstmals die grüne Bretagne durchzogen. Heute erinnert nur noch der Forêt de Paimpont an die vergangene Pracht. Alle anderen Wälder sind zu traurigen Resten zusammengeschrumpft. Jedoch mit Tälern, Feldern, Wiesen, Heidekraut und Ginster durchzieht eine neue Natur das Landesinnere, die die Bretonen noch immer das Argoat nennen, das Waldland!

Welch ein Schicksal: eine Region ohne Küsten in einem Land, das vom Meer umschlungen wird! Das Argoat hat sich nicht damit deprimiert abgefunden, sondern baut auf seinen eigenen Charakter, seine eigenen ursprünglichen Werte – stolz und selbstbewusst! Nur Wenige nehmen Kenntnis davon, denn 90 % der Besucher steuern die Küsten an, ohne zu ahnen, welche Schönheiten sie sich entgehen lassen. Das Argoat hat Anteil an allen Départements, gehört jedoch zum größten Teil zum Département Morbihan.

■ Redon

Direkt bei der Altstadt kreuzen sich die Vilaine und der Nantes-Brest-Kanal, deshalb ist das malerische Städtchen ein wichtiger Verkehrsknotenpunkt der Flussschifffahrt. So kommt es, dass man mitten im Innenland auf einen Yachthafen stößt. Beide Wasserstraßen haben die rege Stadt mit ihren über 10.000 Einwohnern zu einem regionalen Wirtschafts- und Handelszentrum gemacht.

UNTERKUNFT

** CHANDOUINEAU
10, avenue de la Gare
Tel. 02.99.71.02.04
Fax 02.99.71.08.81.
Ein Hotel, das den Ruf und die Klasse des zugehörigen Restaurants bestens ergänzt. Gemütliche, gut ausgestattete Zimmer.

** BEL HÔTEL
42, avenue J. Burel
Tel. 02.99.71.1010
Fax 02.99.72.33.03.
Etwas außerhalb und deshalb ruhig gelegen, bietet das Bel Hôtel angenehmen Komfort.

RESTAURANT

CHANDOUINEAU
10, avenue de la Gare
Tel. 02.99.71.08.81.
Ein elegantes, stilvolles Restaurant, das die klassische, bretonische Küche pflegt.
Gute Weinkarte.

LE MOULIN DE VIA
Route de la Gacilly
Tel. 02.99.71.05.16.
Durch Ausstattung und Garten sympathisches Ambiente, das durch eine erstklassige Küche ergänzt wird.

SEHENSWÜRDIGKEITEN

ALTSTADT
Wie die meisten bretonischen Städtchen bezieht auch Redon seinen Charme von den hübschen, mittelalterlichen Häusern, die die Grande Rue und die umliegenden Gassen säumen. Eine blumengeschmückte Brücke verbindet die zwei Teile der Altstadt über den Kanal hinweg.

Viel Flair und den Duft gebrannter Maronen bringt der lebhafte Teillouse-Markt an jedem vierten Oktobersamstag in die gemütliche Stadt.

ÉGLISE ST-SAUVEUR
Großen Einfluss auf die Entwicklung der Stadt hatte die Klostergemeinschaft der Kirche, die auf die Gründung der Abtei von Conwoion im Jahr 832 zurückgeht. Bis ins 17. Jh. war die Kirche das Ziel wallfahrender Pilger. 1780 brannte das romanische Schiff völlig ab. Erhalten blieb nur der Vierungsturm. Hinzu kam in der Folgezeit der getrennt vom Kirchenbau errichtete, 57 m hohe gotische Glockenturm. Insgesamt bildet St-Sauveur eine schöne, wenn auch etwas düstere Kirchenanlage, in der auch der Kreuzgang sehenswert ist.

INFORMATION

OFFICE DE TOURISME
Place du Parlament
Tel. 02.99.71.06.04.

Buntes Treiben herrscht beim Stadtfest in Redon.

Der Eingang der Kirche von Rochefort-en-Terre.

AUSFLÜGE

ST-JUST
Ca. 10 km nordöstlich von Redon. Wandern und Klettern kann man in der Heide von Cojoux rund um den kleinen Weiler St-Just. Eine freundliche Gegend, in der man auch auf viele Megalithstein-Denkmäler stößt.

ILE AUX PIES
12 km nordwestlich von Redon. Erholungsgebiet, dessen Name übersetzt „Elsterninsel" bedeutet. Schöne Spazier- und Wanderwege durch ein Gebiet, in dem auch Kletterer, Kanu- und Kajakfahrer auf ihre Kosten kommen.

MALESTROIT
Ca. 30 km nordwestlich von Redon.
Alte Brücken überspannen die Oust, das Flüsschen, das dem Städtchen im Mittelalter als Handelsplatz seine Bedeutung gab. Aus dieser Zeit, in der Malestroit Sitz einer der neun befestigten Baronien war, stammen die schmucken Fachwerkhäuser. Originell die Holzskulpturen an ihren Fassaden. Auch das Südportal der Kirche St-Gilles ist damit geschmückt. Das Städtchen lädt zu einem gemütlichen Bummel durch die Altstadt und zu Spaziergängen entlang des Flusses ein.

ROCHEFORT-EN-TERRE
Ca. 20 km westlich von Redon auf einem Schieferfelsen über zwei Flusstälern gelegen, ist Rochefort das älteste Blumendorf der Bretagne. Die grauen Schiefer- und Granitsteinhäuser entlang der Grande Rue quellen in ihrem Geranienschmuck über. Voller schöner Motive die Rue du Porche, die Place des Halles und die Place du Puits. Einst wurde das etwas verschlafene Städtchen von einer mächtigen Burg beherrscht. Von ihr sind heute jedoch nur noch restaurierte Reste zu sehen.

■ Josselin

Herzstück der Stadt und die sie beherrschende Touristenattraktion ist das berühmte Château de Rohan. Seine Geschichte, die in dem Wechselspiel der Autonomiekonflikte zwischen dem bretonischen Herzogtum und dem französischen Königshaus scharf konturierte Akzente aufsetzte, ist voller Dramatik. In den vielen kriegerischen Auseinandersetzungen wurde das Château oft genug angegriffen, dreimal geschleift und wieder aufgebaut – Vorgänge, die das Leben in der kleinen Stadt nicht gerade gemütlich machten.

UNTERKUNFT/RESTAURANT

** CHÂTEAU
Tel. 02.97.22.20.11
Fax 02.97.22.34.09.
Mit Blick auf das Château. Angenehmes Hotel mit freundlichen Zimmern.

* DE FRANCE
Place Notre-Dame
Tel. 02.97.22.23.06
Fax 02.97.22.35.78.

SERVICE

Inmitten der historischen Altstadt in einem mächtigen Komplex untergebracht, beherbergt das einstige Relais de Poste neben dem recht gemütlichen Hotel auch ein empfehlenswertes Restaurant. Eine Kneipe und ein Terrassen-Café runden das Angebot ab.

SEHENSWÜRDIGKEITEN

LE CHÂTEAU
Es ist zweifellos eines der allerschönsten Schlösser der Bretagne. Der Blick von der Ste-Croix-Brücke zeigt die mächtigen, hohen Türme mit ihren Pechnasen-Wehrgängen besonders fotogen, wenn sich die Silhouette im Wasser der Oust malerisch widerspiegelt. Das in einen Hang hineingebaute Schloss wartet auf der Gegenseite mit einer prachtvollen Fassade des Wohnhauses auf und setzt damit einen krassen Kontrast zur wehrhaften Außenansicht. Die mit dekorativen, granitenen Skulpturen meisterlich ausgestaltete Front in verspieltem gotischen Stil ist geradezu einmalig. Ihr vorgelagert der Park, von dessen einstiger Umfriedung nur noch der Tour Prison, der Gefängnisturm, erhalten geblieben ist. Das historisch restaurierte Innere kann besichtigt werden (geöffnet: täglich 14 – 18 Uhr).

NOTRE-DAME-DU RONCIER
Das im 12. Jh. begonnene und vielfach umgebaute Gotteshaus ist dem Flamboyant-Stil zuzuordnen. Bemerkenswert ist, dass der Turm über dem Chorhaupt erst vor fünfzig Jahren entstand. Von seiner Plattform aus ergibt sich ein schöner Blick auf den Innenteil des Schlosses und das Umfeld.

ALTSTADT
Rund um die Kirche, vor allem in der stimmungsvollen Rue des Vierges und der Rue des Trentes, bezaubern schöne Häuser, die der Altstadt ihr historisches Flair geben.

MUSÉE DES POUSPÉES
Fein säuberlich mit passenden Accessoires ausgestattet, präsentieren sich weit über hundert alte und neue Puppen aus aller Herren Länder in einem ehemaligen Stall-

SERVICE

gebäude des Schlosses. Auch ein Spaß für Kinder!
Geöffnet: täglich 10 – 12 und 14 – 18 Uhr.

INFORMATION

OFFICE DE TOURISME
Place de la Congrégation
Tel. 02.97.22.36.43.

AUSFLÜGE

GUÉHENNO
10 km südwestlich von Josselin. Das im Morbihan einzigartige Calvaire de Guéhenno muss sich vor den Meisterwerken im Finistère nicht verstecken. Auch hier im Pfarrhof neben Kirche und Kalvarienberg ein Beinhaus. Das 1550 errichtete, im Revolutionskrieg zerstörte und dann wieder aufgebaute Calvaire bezieht seine Schönheit aus der ausgewogenen Komposition seiner Gestaltung.

PLOERMEL
Südöstlich von Josselin.
An der Stadt scheint die Geschichte vorbei gegangen zu sein. Einst Sitz der bretonischen Herzöge, ist sie heute eher unscheinbar. Zwei touristische Highlights lohnen trotzdem einen Besuch. Einmal die Église St-Armel mit ihrem filigran ausgestalteten Nordportal und zum anderen die Horloge astronomique im Innenhof des katholischen Instituts. Ein auf den ersten Blick undurchschaubares Gewirr von Zeigern, Zahnrädern, Gewichten und Gestängen endet auf zehn Zifferblättern, die unterschiedlichste Zeit und Konstellationen ablesen lassen. Interessiert zum Beispiel die Sonnenuhr-Weltzeit?

CHÂTEAU DE TRÉCESSON
Nordöstlich von Ploermel an der N 24 gelegen.
Leider nur von außen zu besichtigen ist dieses aus rötlichem Schiefer erbaute, wehrhafte Schloss mit seinen runden und eckigen Türmen.

PAIMPONT
Nordöstlich von Josselin. Schiefergedeckte Häuser, eine mit ihren Arkaden immer mehr verfallende Abtei und ein kleiner, verträumter See sind die bescheidenen Attribute eines Örtchens inmitten des großen Waldes.

FORÊT DE PAIMPONT
Der legendenträchtige Wald soll zu der Zeit, als er noch „Brocéliande" hieß, Schauplatz dramatischer Zweikämpfe, galanter Abenteuer und bitterer Tragödien gewesen sein. Von König Artus und seiner Tafelrunde ist die Rede und von Merlins Liebe zu Viviane. Das war einmal ... wenn überhaupt ...! Wie auch immer, vom alten, zusammengeschrumpften Wald sind Farn, Efeu und Fingerhut unter knorrigen, alten Laubbäumen und rund um stille Seen und Quellen geblieben. Knapp 7000 ha bilden den größten, nicht überall zusammenhängenden Wald, der Druidenfans, Artus-Forscher und naturhungrigen Wanderern viele Möglichkeiten bietet, in die Tiefen des Zauberwaldes vorzudringen. Die Ziele im dichten Grün sind mystische Megalithen und die Schauplätze keltischer und christlicher Sagen. Ausgangspunkt dafür ist Paimpont.

■ Pontivy

Bei der Stadtarchitektur hatte Napoléon seine unseligen Finger mit ihm Spiel. Weil er an der militärstrategisch bedeutsamen Lage der Stadt interessiert war, ließ er zu dem historischen Ensemble, das sich aus dem Rohan-Schloss und der Altstadt bildet, eine schachbrettartig entworfene Neustadt mit Avenuen und klotzigen Gebäuden errichten. In den beiden Kaiserreichen hieß die daran unschuldige Stadt „Napoléonville". Sicher, um sich nachträglich zu rächen, machten die heutigen Bürger aus seinem Paradeplatz einen gebührenpflichtigen Parkplatz!
Auch sonst ist die alte Herzogsstadt eine sympathische Station auf der Fahrt mit dem Wagen durch das Argoat oder mit dem Hausboot über die Blavet und den Kanal.

UNTERKUNFT/RESTAURANT

** ROHAN
90, rue Nationale
Tel. 02.97.25.02.01
Fax 02.97.25.02.85.
Ruhiges, angenehmes Hotel. Gut eingerichtete, saubere Zimmer. Ohne Restaurant.

** AUBERGE GRAND' MAISON
Mur-de-Bretagne
1, rue Léon Le Cerf
Tel. 02.96.28.51.10
Fax 02.96.28.52.30.
Wer ein gutes Hotel sucht und auch erlesen speisen möchte, sollte den kurzen Weg nach Mur-de-

Ein vergoldetes Baumskelett erinnert an den Brand im Fôret de Paimpont.

SERVICE

Im Argoat

Die Fee Morgane stand Pate als Namensgeberin für diese Taverne.

Bretagne nicht scheuen. Belohnt wird er mit einem charmanten Hotel, das geschmackvoll eingerichtete Zimmer bietet. Und mit einem elegant-rustikalen Restaurant, dessen Küche zur Extraklasse gehört.

SEHENSWÜRDIGKEITEN

CHÂTEAU DU ROHAN
Das von der Familie Rohan im 15. Jh. errichtete Schloss besticht durch die von zwei dicken Türmen flankierte, schnörkellose Fassade. Die Schlossmauer ist 20 Meter hoch und durch Trockengräben gesichert. Im 18. Jh. wurde der Wohnbau zum Palais umgebaut. Das Schloss ist zur Besichtigung freigegeben. Besonders interessant ist die doppelgängige Wendeltreppe.
Geöffnet: täglich 10.30 – 19 Uhr.

ALTSTADT
Mittelalterlichen Charme erlebt man am besten an der Place du Martray und in den umliegenden engen Gassen. An den Fachwerkhäusern gefallen die Vorkragungen, Eckstürmchen und Wandpfeiler. Ein Bummel durch die historische Altstadt verführt meist zur Einkehr in eines der urigen Lokale.

VILLE NAPOLÉONIENNE
Rund um die Place Aristide-Briand stehen die klassizistischen Verwaltungsgebäude als Zeugnis für den Geschmack der napoleonischen Zeit: schmuckarme, seelenlose Gebilde, die auch bei architektonisch Interessierten wenig Begeisterung erregen.

INFORMATION

OFFICE DE TOURISME
61, rue Général-de-Gaulle
Tel. 02.97.25.04.10.

AUSFLÜGE

MUR-DE-BRETAGNE
Nördlich von Pontivy.
Ein kleiner, sympathischer Ort, der es verstand, sich durch den Lauf der Geschichte unauffällig durchzumogeln und unbehelligt zu bleiben. Seine Geltung verdankt er dem nahen Lac de Guerlédan, der sich von einem ausgeschilderten Aussichtspunkt herrlich überschauen lässt. Einen schönen Eindruck vermittelt das nördlich gelegene Vallée du Poulancre, dessen enge, malerische Schlucht zwischen felsigen Waldhängen zu Wanderungen anregt.

LAC DE GUERLÉDAN
Mitten im Argoat liegt mit dem von Wäldern reizvoll gesäumten, buchtenreichen Stausee ein landschaftlicher Höhepunkt, der zu einer Rundfahrt verlockt. Eine 45 m hohe und über 200 m lange Mauer staut 55 Millionen Kubikmeter Wasser der Blavet auf und versorgt weite Teile der Bretagne mit Strom.

KERNASCLÉDEN
Südwestlich von Pontivy. Stolz der kleinen Gemeinde ist ihre Kirche, die als eines der bemerkenswertesten Gotteshäuser in der Bretagne gelten kann: Mit dem Turm, den Fensterrosen und zwei Vorhallen stellt sie ein harmonisches Meisterwerk sakraler Baukunst dar. Im Inneren ein freskenverziertes Spitztonnengewölbe.

LE FAOUET
Weit ab vom Schuss, westlich von Pontivy, bereits in den Ausläufern der Montagne Noirs gelegen, döst das verschlafene Örtchen vor sich hin. Seine Attraktion ist eine offene Markthalle mit einem weit heruntergezogenen Schieferdach. Ein echtes Juwel ist das Städtchen als Ausgangspunkt für herrliche Wanderungen durch die von idyllischen Forellen-Bächen durchzogene Waldlandschaft mit zauberhaft eingesprenkelten Kulturschätzen, so zum Beispiel die lauschigen Wallfahrtskapellen Ste-Barbe und St-Fiacre.

Insider News

MIT DEM FAHRRAD UNTERWEGS
Der Forêt de Brocéliande mit seinen Mythen lässt sich gut zu Fuß oder – noch besser – als Pedalritter durchstreifen. Wer dort, aber auch im Argoat oder sonstwo in der Bretagne, Radtouren unternehmen will, dem bietet ein Komplett-Führer (mit Routen, Informationen, Ratschlägen, Hoteltips und Kartenhinweisen) gute Ideen, um die Region radelnd zu erobern. Erhältlich bei:
La Bretagne à Vélo
Maison de la Randonnée
9, rue des Portes Mordelaises
35000 Rennes.

WOHNEN IM WASSERSCHLOSS
Etwas außerhalb von Missilac, 13 km südöstlich von La Roche-Bernard, erhebt sich das von zinnenbewehrten Mauern eingefasste Château de la Bretesche aus dem 15. Jh. (siehe Bild auf Seite 143). Heute kann man in der romantischen Kulisse traumhaft nächtigen. Das Haus ist ein Ziel für Golf-Fans: im weitläufigen Park befindet sich ein herrlicher Platz zum Einputten.
*** Hotel du Golf de la Bretesche
Missilac
Tel. 02.40.88.30.05
Fax 02.40.66.99,47.

11 Nantes
Stolz der Bretagne

Die historische Hauptstadt der Bretagne liegt an den Ufern der Loire. Ihre Einwohner denken und fühlen aus ganzem Herzen bretonisch.

Paul hatte uns einen Stadtplan von **Nantes** durchgefaxt, in dem die Lage der Kathedrale dick eingekreist war. Hier sollen wir uns treffen, hatte er dazugeschrieben, um 10 Uhr. Also drängeln wir uns vorsichtig durch die zunächst breiten, dann immer enger werdenden Straßen an die berühmte Kirche heran. Am kleinen **Place St-Pierre** stehen wir – und zwar pünktlich – vor der mächtigen **Cathédrale St-Pierre-et-St-Paul**. Alles stimmt, alles passt! „Das habt ihr gut gemacht!", schallt es plötzlich von hinten. Paul ist fast gleichzeitig angekommen, hat uns sofort entdeckt und ist uns unbemerkt hierher gefolgt. Die Begrüßung ist ausgesprochen herzlich, immerhin sind es zwei Jahre, dass wir Paul auf der Touristik-Messe in Berlin getroffen haben. Gut gelaunt greift uns Paul unter die Arme und steuert auf das Portal der Kathedrale zu. „Wenn wir schon hier sind, sollten wir unsere Besichtigung von Nantes mit seinem besten Stück beginnen. Reden können wir nachher beim Essen. Einverstanden?"

Die fast schmucklos wirkende Hauptfassade mit einem schönen spätgotischen Fenster wird von zwei 63 Meter hohen, wuchtigen Türmen flankiert. Ihre Ausmaße sind für bretonische Verhältnisse ungewöhnlich: 102 Meter lang ist das Hauptschiff, das Gewölbe fast 38 Meter hoch. Unter der Petrusstatue über dem Mittelportal hindurch betreten wir das Kircheninnere. Der Übergang vom hellen Licht draußen in das Dunkel drinnen ist abrupt, und nur langsam gewöhnen sich unsere Augen daran. Wir bleiben kurz unter der Orgelempore stehen, um für den eindrucksvollen Blick durch die fünf Joche hindurch wieder „Durchblick" zu bekommen. Paul lenkt uns zum Grabmal von François II., dem Meisterwerk der katholischen Kunst in Frankreich, wie Châteaubriand behauptete. Das aus italienischem und belgischem Marmor von 1502 bis 1507 gearbeitete Monument zeigt die Liegefiguren des Herzogs und seiner zweiten Frau Marguerite de Foix; Engel halten die Kopfkissen; zu Füßen des Herzogs symbolisiert ein Löwe seine Macht, der Windhund der Herzogin steht für ihre Treue. In Auftrag gegeben hat es die Tochter von François II., Anne de Bretagne.

„Ich habe mir sowieso vorgenommen, unsere kleine Besichtigungstour durch Nantes unter das Motto 'Anne de Bretagne' zu stellen. Sie ist ja die von den Bretonen hochverehrte Symbolfigur der bretonischen Geschichte und hat gerade in Nantes wichtige Akzente gesetzt. Wir können mit dem Exkurs hier vor dem Grabmal ihrer Eltern beginnen. 1502, als sie Königin von Frankreich war, gab sie es bei dem Bildhauer Michaele Colombe in Auftrag. Seine einmalig schöne Renaissance-Schöpfung wurde ursprünglich in der Karmeliterkirche aufgestellt. Während der Französischen Revolution sollte es zerstört werden, wurde jedoch noch rechtzeitig entfernt und versteckt. 1817 erhielt es hier in der Kathedrale seinen endgültigen Platz." Die Liegefiguren des letzten bretonischen Herzogpaares zieren eine schwarze Marmorplatte. „Der Vater, François II., spielte in der Geschichte eine tragische Rolle. Lange

Gotik in Reinkultur: Fast 38 Meter ragen die Säulen der Kathedrale empor.

Zeit konnte er das immer angespannte Verhältnis zum Königreich ausbalancieren. 1488 kam es jedoch zum endgültigen Bruch. In der Schlacht von St-Aubin-du-Cormier wurde sein Heer von den Truppen des Königs Charles VIII. vernichtend geschlagen, und es kam zu einem für die Bretonen demütigenden Unterwerfungsvertrag. Dieser legte unter anderem fest, dass Anne nur mit Einwilligung der französischen Krone heiraten dürfe. François starb kurz darauf – man sagt, aus Gram. Seine älteste Tochter Anne wurde dadurch mit nur elf Jahren Herzogin der Bretagne! Ich erzähle euch später, wie es danach weiterging. Denn vielleicht sollten wir zunächst unseren Rundgang in der Kathedrale zu Ende bringen."

Beeindruckt treten wir kurz darauf wieder hinaus auf den Place St-Pierre. Auf Schusters Rappen beginnen wir die Runde durch die Stadt, denn alles Schöne und Sehenswerte liegt in Nantes nah beieinander und ist mühelos zu Fuß erreichbar. Zum Beispiel das **Château**!"

Der Weg durch die Rue Mathelin-Rodier zur Burg ist kurz, und so stehen wir schon nach wenigen Minuten vor der mächtigen Anlage. „Als Henri IV. im Jahr 1598 zur Unterzeichnung des Hugenotten-Edikts nach Nantes kam und die Festung sah, soll er voller Bewunderung ausgerufen haben: 'Donnerwetter, die Herzöge der Bretagne waren keine kleinen Leute!'", weiß Paul zu berichten. „Das Château war eben nicht nur eine Verteidigungsanlage, sondern auch das Aushängeschild der Macht der bretonischen Herzöge, die lange Zeit die Unabhängigkeit der Bretagne gegen die Herrscher im Louvre verteidigt haben." Der Anblick der Festungsanlage mit ihren gewaltigen Mauern und Rundtürmen, die sich im breiten Wassergraben spiegeln, ist wahrlich respekteinflößend. Eine Brücke führt durch den von zwei Rundtürmen flankierten Eingang in den großen Innenhof der Anlage. „Hier waren Politik, Spiele und Intrigen zu Hause. Von den Querelen mit dem Königshof in Paris abgesehen, war die Regierungszeit von François, der die Anlage erbauen ließ, durchaus unbeschwert, fast schon heiter. Dieser Lebensstil übertrug sich auch auf das Leben in diesem Château, dessen Bau 1466 begonnen wurde. Nach dem Tod des Herzogs ließ Anne, die hier geboren worden war, die Bauarbeiten weiterführen. Aus guten Grund: Sie war nämlich in eine prekäre Situation geraten.

Geschäftiges Treiben herrscht in der Fußgängerzone von Nantes.

Respekt im Zeichen der Burg: Das wehrhafte Château von Nantes nötigte einstmals sogar König Henri IV. echte Bewunderung ab.

NANTES

Ohne ihn jemals gesehen zu haben, war sie Maximilian von Österreich versprochen worden, ja, durch eine Fernheirat sogar bereits ehelich verbunden. Charles VIII. fürchtete eine raffiniert ausgetüftelte Umzingelung seines Reiches durch die Habsburger, marschierte deshalb 1491 mit seinen Truppen vor dem Château auf und zwang Anne, ihn zu heiraten. Noch im gleichen Jahr fand die Hochzeit im Loire-Schloss von Langeais statt. Damit war Anne Königin von Frankreich, blieb aber zugleich souveräne Herzogin der Bretagne. Als Charles 1498 durch einen Unfall starb, kam Anne für immer in die Bretagne zurück. Im Grand Logis, dem großen Wohnbau hier, hatte sie ihre Gemächer. In diesen Räumen haben später dann auch die Könige Frankreichs bei ihren Nantes-Besuchen gewohnt. Aber nicht nur das – hier wurde 1532 auch das Edikt über 'die ewige Union von Ländern und Herzogtum der Bretagne mit dem Königreich Frankreich' verlesen. Und 1598 unterzeichnete Henri IV. hier das Edikt von Nantes, das den Hugenotten endlich Religionsfreiheit zusicherte. Ihr seht: ein echter Schauplatz der Geschichte. Leider kann ich

Zwei gut gelaunte Bretonen.

euch die Kapelle nicht zeigen, in der 1499 die Vermählung von Anne mit dem Thronerben Louis XII., dem Bruder von Charles, stattfand. Der Ehevertrag mit Charles verlangte es. Es war eine unfreiwillige Heirat, denn Louis war dumm und hässlich, konnte also die Ideale der feinsinnigen, dem Schönen verbundenen Anne überhaupt nicht erfüllen. Aber bei einer Verweigerung wäre es wieder zu kriegerischen Auseinandersetzungen mit der Krone gekommen, die ihr geliebtes bretonisches Volk in noch tieferes Leid gestürzt hätten. Ihre Selbstaufopferung war also ein Akt politischer Vernunft. Dieser selbstlose Schritt sicherte ihr die innige und bis heute anhaltende Dankbarkeit der Bretonen, die in ihr fast schon so etwas wie eine Heilige sehen."

Paul steuert uns wieder durch das Eingangstor hinaus und blickt auf seine Uhr. „Wir müssen, bevor es zu spät wird, zum Essen fahren. Ich habe uns in einem Restaurant am **Place Graslin** einen Tisch bestellt. Wir nehmen am besten ein Taxi." Dichter Verkehr umfließt uns auf der kurzen Fahrt. In den engen und geschäftigen Einkaufsstraßen hasten und drängeln viele Menschen. Kaum anders ist es auf der Place Graslin, die zudem von wild parkenden Fahrzeugen kreuz und quer verstellt ist. Gelassen thront der griechisch anmutende Theaterbau über dem Geschehen. Ihm direkt gegenüber liegt „La Cigale", unser Ziel. Auch hier viele Menschen, die dicht an dicht an den kleinen Tischen sitzen. Kaum, dass der Aschenbecher zwischen den Gedecken Platz findet. Trotzdem herrscht eine ungezwungene,

Symbol der Macht der bretonischen Herzöge: das Schloss von Nantes.

heitere Atmosphäre, die von dem herrlichen Interieur des Lokals beeinflusst scheint.

Paul erläutert: „Das hier ist mittags der obligatorische Treff der Theater- und Geschäftsleute. Hier werden Jobs angebahnt, Konditionen besprochen, Termine vereinbart, und, so nebenbei, über vier, fünf Tischchen hinweg, wird geflirtet. Das Lokal steht für das erfolgreiche Bemühen, die Traditionen der großen Brasserien des 19. Jahrhundert zu erhalten und neu zu beleben. Der Laden ist eine Goldgrube, denn so wie im Augenblick läuft es jeden Tag, von morgens bis nach Mitternacht."

Trotz Hektik und Lärm klappt es mit dem Essen, beim Trinken muss man allerdings aufpassen, dass man nicht zum unrechten Moment einen Schubs abbekommt. Paul grinst und kommentiert trocken: „Man muss es einmal erlebt haben! Lasst uns zahlen und etwas laufen. Und zwar durch den **Cour Cambronne** vor zur Loire." Am **Quai de la Fosse** finden wir ein Plätzchen auf einer Bank unter der Statue der heiligen Anna, die den Fluss segnet. Womit wir wieder bei Anne de Bretagne angelangt sind.

„Nun, Anne hatte sich im Ehevertrag Sonderrechte für ihre Bretagne einräumen lassen. In Recht, Finanzen und Militär blieb die Region weitgehend autark. Ein eigenes Parlament und eine eigene Verwaltung erhielten ihren Sitz ... nein, nicht in Nantes, sondern in Rennes. Alles natürlich unter der Oberhoheit Frankreichs. Immerhin entwickelte sich bis zum Tod von Anne eine Phase des Friedens und der wirtschaftlichen Blüte. Als Anne 37-jährig im Château de Blois starb, wurde ihre Tochter Claudia Herzogin der Bretagne. Der Hof reagierte schnell und verheiratete sie mit François d'Angoulême, der als François I. kurze Zeit später französischer König wurde. Alles schien wie zuvor, wie zu Annes Zeiten. Als jedoch 1524 auch Claudia starb, erlosch nicht nur das bretonische Herzogtum, sondern mit ihm auch die letzten Privilegien der Souveränität. Der Anschluss der Bretagne an Frankreich wurde formell vollzogen. Zähneknirschend und schweren Herzens unterzeichneten 1532 die Abgeordneten des bretonischen Ständeparlaments in Vannes die Vereinigungsakte. Sie wussten: Von nun an ist die Bretagne für alle Zeit eine Provinz Frankreichs!" Pauls Worte klingen an dieser Stelle deutlich gedämpfter. Anne scheint zweifellos eine erstaunliche Person gewesen zu sein. Was war denn so Besonderes an ihr? Paul hat sich wieder gefasst: „Natürlich

Sehen und Gesehenwerden: Das „Le Bouffay" gewährt Ein- und Ausblicke.

Der Friede ihrer Heimat war Anne wichtiger als ihr persönliches Glück. So heiratete die Herzogin den dümmlichen und unansehnlichen Louis.

NANTES

wird sie überall auf den Bildern als schöne Frau dargestellt. Glaubt man jedoch ihrem Zeitgenossen Jean Bourdichon, dann hatte sie zwar ein nettes Gesicht, war jedoch klein und mager, fast schon unscheinbar. Das zu ihrem Aussehen. Viel wichtiger aber ist, dass sie Charme und Temperament versprühte und sehr intelligent war. Hoch gebildet, sprach sie fließend Latein und Griechisch. Sie war eine Förderin der Künste, aber wegen ihrer typisch bretonischen Frömmigkeit auch eine Gönnerin der Kirche. Immer wieder nahm sie an Wallfahrten teil, was zu einer Volksnähe führte, die sicher der Grund ihrer außerordentlichen Beliebtheit war!"

Paul erhebt sich und wendet sich wieder der Stadt zu. „Soweit zu Anne de Bretagne. Da wir gerade so einträchtig an der Loire sitzen, sollte ich vielleicht auch etwas über den Lieblingsstrom der Franzosen erzählen. Hier fließt er zwar breit, jedoch recht unspektakulär an uns vorbei – gerade so, als wolle er sich ohne großes Aufsehen in den Atlantik stehlen. Tatsächlich absolviert er die letzte Strecke bis zur Mündung unter der großen Hängebrücke bei St-Nazaire ohne große Attraktionen und verabschiedet sich dann still vom Festland. Durch nichts verrät die Loire hier, dass sie mit 1010 Kilometer der längste und stolzeste Fluss Frankreichs ist. Den Cevennen entsprungen, fließt sie bis Nantes majestätisch und ungebändigt durch zauberhafte Landschaften. Ihre Höhepunkte hat sie im Kernland Frankreichs, dem herrlichen Val de Loire! An ihren Ufern reihen sich prachtvolle Schlösser, geschichtsträchtige Städte, fruchtbare Landschaften, exquisite Gourmet-Restaurants und, nicht zu vergessen, hervorragende Weinlagen aneinander.

Nantes bildet quasi den großen Schlusspunkt ihrer langen Reise und ist auch stolz darauf. Denn natürlich hatte der Strom schon immer großen Einfluss auf die Geschichte und den Charakter der zunächst bretonischen, dann französischen Stadt, die Anne de Bretagne so sehr geliebt hat. Doch lasst uns auch über andere Geschehnisse und bedeutende Persönlichkeiten der Stadt sprechen. Dort drüben, in dem schönen, alten Gebäude ist das Museum untergebracht, das man dem Schriftsteller **Jules Verne** eingerichtet hat. Denn der Autor weltweit gelesener Zukunftsromane war ein Sohn von Nantes. Und gleich dort vorn seht ihr das **Palais Dobrée**. Der gleichnamige Reeder wurde vor allem durch den von ihm angekurbelten Handel mit dem Fernen Osten steinreich und steckte sein Geld in eine Kunstsammlung, die wirklich bewundernswert ist. Ihr solltet sie euch aber erst morgen ansehen. Heute ist die Zeit vermutlich zu knapp. Ich schlage nämlich vor, wir gehen jetzt noch in die Rue Santeuil, um uns in der berühmten Passage Pommeraye ins Einkaufsgetümmel zu stürzen."

Wir haben Mühe, den Schritten Pauls zu folgen. Er ist groß gebaut, sportlich und von natürlicher Bestimmtheit. Irgendwann war er mal Holländer, inzwischen ist er ein überzeugter Nantais. „Ach wisst ihr, ich lebe nun schon so lange hier, da denkt, fühlt und handelt man wie ein Bretone. Das hat auch etwas mit meinem Job beim Comité de Tourisme zu tun. Ich habe für die Region zu wer-

Fischerkräne am Ufer der Mündungsbucht der Loire.

ben und kann das nur tun, wenn ich von der Region überzeugt bin, weil ich sie liebe. Und das tue ich!"

Paul Lightenberg führt uns zielsicher durch das Gedränge der vielen Menschen, vorbei an Geschäften, Läden und Büros. Bald haben wir die Übersicht verloren. Aber plötzlich stehen wir mitten im Hallendurchgang der **Passage Pommeraye**, zweifellos eines der architektonisch schönsten Kaufhäuser der Welt, das schon 1843 eröffnet wurde – mit „Vorhängen aus China, Sandalen aus der Türkei und Körben vom Nil", wie Gustave Flaubert bewundernd feststellte.

Ihren Charme bezieht sie aus der über drei Galerien verteilten Architektur aus Stuck, Glas, Kandelabern und schmiedeeisernen Elementen. Säulen und Figuren runden das nostalgische Bild des heutigen Shopping-Centers ab. Alle darin integrierten Geschäfte haben sich diesem Stil angepasst, und so verströmt es ein Flair, dem man sich kaum entziehen kann. Wir bummeln durch die Geschäfte. „Ich habe euch Zimmer im **Hotel de France**, gleich hier um die Ecke, reservieren lassen. Es wird euch dort gefallen, denn auch sein Ambiente wird vom Hauch des 19. Jahrhunderts umweht. Ich denke, dass wir dort im Restaurant des Hauses essen sollten, denn die Küche ist ganz vorzüglich. Um uns das Essen ehrlich zu verdienen, marschieren wir aber zuerst quer durch die Innenstadt zur Kathedrale, um unsere Autos zu holen. Auf dem Weg könnt ihr noch einige schöne Ansichten vom alten Nantes fotografieren." So geschieht es auch, und wir verleben noch einen anregenden Abend mit Paul.

Unser erster Blick am Morgen gilt dem Wetter. Paul hatte uns am Abend bereits angekündigt, dass uns ein über dem Atlantik liegendes Tief bedroht. Und, tatsächlich, es regnet in Strömen! Wir gehen zum Frühstück, zu dem auch Paul stoßen wollte. Nicht lange, und er taucht auf. „Merde, ich bin auf dem kurzen Weg vom Parkplatz ins Hotel klatschnass geworden! Nun ja, der Regen war ja angekündigt! Das Blöde ist, dass es den ganzen Tag so bleiben soll. Mich trifft es nicht so schlimm wie euch, die ihr zur Côte de Jade fahren wolltet. Das wird wohl nicht klappen! Auch mein Ersatzprogramm, eine Schiffsfahrt auf der **Erdre**, fällt buchstäblich ins Wasser! Was wollt ihr machen?" Nun, uns bleibt nichts anderes übrig, als uns dreinzufügen und den Tag für die Weiterfahrt zu nutzen. Gegen den Wettergott ist eben in der Bretagne nichts auszurichten. „Ihr kommt ja sicher wieder!" Worauf Du Dich verlassen kannst, Paul!

Shopping zwischen Kitsch und Kunst: die Passage Pommeraye.

U nter dem Stuck und den Kandelabern der Passage Pommeraye kann man seit 1843 sein Geld für Exotisches und Extravagantes ausgeben.

AM UFER DER LOIRE

Nantes, die ehemalige Residenz der bretonischen Herzöge, liegt am Zusammenfluss der Loire mit der Erdre und der kleinen Sèvre. Bis zu ihrer Mündung bei St-Nazaire ist die Loire ab Nantes schiffbar. Die Stadt ist heute eines der führenden Wirtschaftszentren Frankreichs.

Die Loire-Landschaft ist an ihrem Ende flach und still. Kaum Ortschaften, keine Attraktionen bis zu dem Augenblick, an dem sie Nantes, die alte bretonische Hauptstadt, passiert. Hier kommt sie nochmals in vollen Einklang mit ihrer großen Bedeutung und langen Geschichte. Weiter draußen, an der Mündungsbucht bei St-Nazaire nimmt sie Abschied von dem Land, dem sie Jahrhunderte hindurch und auch heute noch ihren Stempel aufdrückt!

■ Nantes

Die historische Hauptstadt und Residenz der Herzöge der Bretagne gehört durch einen von den 300.000 Einwohnern nicht nachvollzogenen Verwaltungsakt nicht mehr zu Bretagne. Dass sie zur Metropole der Region Pays de Loire erklärt wurde, vermag für den Verlust der inneren Bindung zu ihrer eigentlichen Heimatregion nicht zu entschädigen. So denkt und fühlt man, vom übrigen Frankreich akzeptiert, noch immer bretonisch. Die Wurzeln dafür liegen in der langen Geschichte, in der die Stadt nicht nur die Region prägte, sondern auch die Brücke zur Grande Nation schlug. Ihre strategische Lage am Eingang zum Inland eröffnete ihr – früher als der auf sich selbst besonnenen bretonisch-ländlichen Region – die Anbindung an Frankreich. Paris hätschelte die Stadt in dieser Rolle und gestand ihr weitgehenden politischen und wirtschaftlichen Einfluss zu. Während der Religionskriege, in der die Stadt auf Seiten der katholischen Liga stand, unterzeichnete Henri IV. in Nantes das bedeutungsvolle Toleranzedikt, das den Hugenotten volle Religionsfreiheit zusicherte. Die Gunst des königlichen Hofes förderte die wirtschaftliche Entwicklung als Überseehafen und Handelsstadt, konnte jedoch nicht verhindern, dass die Stadt in der Französischen Revolution zur Republik überlief. Um sich der in großer Anzahl nach Nantes geflohenen Royalisten zu entledigen, luden sie die Revolutionäre kurzerhand in Kähne und versenkten sie in der Loire. Durch die Revolution gingen der Stadt viele Privilegien verloren. So wurde der Sklavenhandel, der als „Geschäft mit Ebenholz" eine einträgliche Geldquelle war, abgeschafft. Nantes suchte einen Neubeginn als Handelsplatz, indem es St-Nazaire als Vorhafen hinzunahm und industrielle Ansiedlungen forcierte. Im Zweiten Weltkrieg wurde die Stadt

SERVICE

Nantes

durch verheerende Luftangriffe hart getroffen. Der Wiederaufbau hat ihr Gesicht neu geprägt. Das heute pulsierende Nantes ist ein wirtschaftliches Ballungsgebiet geworden, das den anderen Großstädten in Frankreich in nichts nachsteht.

UNTERKUNFT

*** LE JULES VERNE
3, rue de Couâdic
Tel. 02.40.35.74.50
Fax 02.30.20.09.35.
Zur Best-Western-Kette gehörendes Hotel in ruhiger Lage in der Altstadt. Hinter seiner mit modernem Art Deco verzierten Fassade geschmackvolle Zimmer.

*** PULLMAN BEAULIEU
Ile Beaulieu
3, rue du Docteur Zamenhof
Tel. 02.40.41.30.00
Fax 02.40.89.69.14.
Am Ufer der Loire, nur wenige Minuten vom Zentrum entfernt. Das gut ausgestattete Hotel verfügt über komfortabel eingerichtete Zimmer.

*** ADAGIO CENTRAL
4, rue de Gouâdic
Tel. 02.40.73.57.91
Fax 02.40.69.75.75.
Hinter einer schönen Hausfassade verbirgt sich das große Zimmerangebot, das auch hohen Erwartungen gerecht werden kann. Gepflegte Atmosphäre.

** HÔTEL DE FRANCE
24, rue Crébillon
Tel. 02.40.73.57.91
Fax 02.40.69.75.75.
Direkt gegenüber der Oper zentral gelegen, verbindet das Hotel in seiner geschmackvollen Ausstattung Tradition und Gegenwart. Die Zimmer sind im Régence- und Louis-XVI.-Stil eingerichtet. Das Restaurant des Hauses ist empfehlenswert.

** ASTORIA
11, rue de Richebourg
Tel. 02.40.74.39.90
Fax 02.40.14.05.49.
Obwohl inmitten der Altstadt, verspricht das familiär geführte Traditionshotel einen ruhigen Aufenthalt. Die Zimmer sind nett eingerichtet.

RESTAURANTS

LA CIGALE
4, place Graslin
Tel. 02.40.69.76.41.
Ein Relikt vergangener Zeiten, das die Tradition großer Brasserien des 19. Jh. pflegt und deshalb unter Denkmalschutz steht. Ambiente gratis, Köstlichkeiten aller Art zu zivilen Preisen.

L'ESQUINADE
7, rue St-Denis
Tel. 02.40.48.17.22.
Kleines Restaurant mit angenehmer Atmosphäre und ausgezeichneter Küche. Die raffinierten Fischgerichte sind besonders empfehlenswert.

LE PRESSOIR
11 allée Turenne
Tel. 02.40.35.31.10.
Überraschend preiswerte Menüs in überraschend guter Zubereitung! Das freundliche Ambiente des Restaurants macht den Aufenthalt zur Freude.

SEHENSWÜRDIGKEITEN

CHÂTEAU DES DUCS DE BRETAGNE
Das Château mit seinen gewaltigen, sich im Wassergraben widerspiegelnden Rundtürmen bietet einen prachtvollen Anblick. Mächtig, majestätisch und erhaben! Dieses Bild muss François II. vor

SERVICE

Augen gehabt haben, als er 1466 den Bau des Herzogsschlosses begann. Seine Tochter Anne de Bretagne vollendete die Anlage. In der Folgezeit war das Schloss immer wieder beliebter Aufenthaltsort französischer Herscher. Ab dem 17. Jh. wurde die Anlage zu einer Kaserne umfunktioniert, was 1800 eine Explosion des Pulverturms, des Tour des Espagnols, mit sich brachte. Seit 1915 ist es im Besitz der Stadt, die hier Museen einrichtete. Die Besichtigung der Schlossanlage ist äußerst eindrucksvoll. Sie zeigt, dass die Burg zugleich Wehranlage und Wohnpalast war. Türme und Mauern bestehen aus Granit, die Wohngebäude aus Kalktuff. Einen sehr guten Überblick erlaubt die begehbare Ringmauer.
Geöffnet: täglich 10 – 12 und 14 – 18, in der Saison bis 19 Uhr.

CATHÉDRALE ST-PIERRE-ET-ST-PAUL

Am Place St-Pierre erhebt sich das in reinstem gotischen Stil aus weißem Stein erbaute Gotteshaus. Besonders beeindruckend sind die Fassade und die beiden 63 m hohen, stumpfen Türme. Im Kircheninneren befindet sich das von Anne de Bretagne für ihre Eltern errichtete Grabmal von François II. und Marguerite de Foix. Es ist das schönste Renaissance-Kunstwerk der Kathedrale.

PLACE MARÉCHAL-FOCH

Durch die Porte St-Pierre wird der schöne, von herrschaftlichen Stadthäusern aus dem 18./19. Jh. umgebene Platz erreicht, an dem auch schon Napoleon und Josephine logierten. In der Mitte die 18 m hohe Säule mit der Statue Louis XVI.

QUARTIER SAINTE-CROIX

Im Mittelpunkt des historischen Viertels steht, überragt vom alten Stadtglockenturm mit seinen Trompeten blasenden Engeln, die Kirche Sainte-Croix. Prächtige Stadtpalais und Häuser aus dem 19. Jh. umrahmen den Place du Pilori. Auch der Place du Bouffay wartet mit schönen Gebäuden auf: Er war der Gerichtsplatz, an dem besonders das Revolutionsgericht schauerliche Geschichte schrieb.

QUARTIER GRASLIN

Mit der Place Royale, der Place Graslin und dem Theater ist dieses Viertel seit 200 Jahren der Treffpunkt von Künstlern und Prominenz. Der reiche Finanzmann Graslin setzte sein Vermögen ein, um das Künstlerviertel zu ermöglichen. Die Rue Crébillon ist noch immer die beliebteste Flaniermeile der Stadt.

PASSAGE POMMERAYE

Einer der ungewöhnlichsten Plätze und gleichzeitig ein architektonisches Kunstwerk ist die überdachte Passage, in der sich über drei Galerien Metallkonstruktionen, Steinsäulen, Verglasungen und Figuren zu einem nostalgischen Bild vereinen. Die nostalgische Atmosphäre beeindruckt jeden Besucher, egal wie ernsthaft seine Shopping-Ambitionen sind.

MUSEEN

MUSÉE DES BEAUX ARTS

Rue Georges Clemenceau.
Die in einem stilvollen Gebäude des 19. Jhs. untergebrachte, umfangreiche Sammlung der Malerei vom 13. – 20. Jh. wurde mit dem Grand Prix der französischen Museen ausgezeichnet. Für den Besucher bietet das Museum eine aufregende Reise durch die Geschichte der abendländischen Malerei.
Geöffnet: täglich 10 – 12 und 14 – 17.45, So 11 – 17 Uhr.

MUSÉE D'ART POPULAIRE RÉGIONAL UND MUSÉE SALORGES

Château.
Exponate und Dokumente geben Aufschluss über Baustile, Möbel, Trachten und Gebrauchsgegenstände der Bretagne. Zusammen mit dem Salorges-Museum, das sich mit der maritimen Vergangenheit der Stadt befasst, bildet das Kunstmuseum im Schloss ein bretonisches Kulturzentrum.
Geöffnet: täglich 10 – 12 und 14 – 18 Uhr.

MUSÉE DOBRÉE

Rue Voltaire.
Mit den vom Reeder und Kunstsammler Dobrée liebevoll zusammengetragenen Exponaten aus vielen Jahrhunderten und Erdteilen ergibt sich eine sehenswerte Ausstellung. Herausragend ist der Schrein des Herzens von Anne de Bretagne.
Geöffnet: täglich 10 – 12 und 14 – 18 Uhr.

MUSÉE JULES VERNE

3, rue de l'Hermitage.
In einem schönen Gebäude des 19. Jhs. fanden die Hinterlassenschaften des bedeutenden Sohnes der Stadt eine Bleibe. Dem Autor von Zukunftsromanen ist damit ein ehrendes Andenken auch für die Zukunft bewahrt.
Geöffnet: täglich 10 – 12- und 14 – 18 Uhr.

INFORMATION

OFFICE DE TOURISME

Place du Commerce
Tel. 02.40.89.50.77
Fax 02.40.

COMITÉ DÉPARTAMENTAL DE TOURISME DE LOIRE-ATLANTIQUE

Place du Commerce
Tel. 02.40.89.50.77
Fax 02.40.20.44.54

AUSFLÜGE

FLUSSFAHRT AUF DER ERDRE

Empfehlenswert ist eine Bootsfahrt auf der malerischen Erdre, die an über zwanzig Châteaus und Manoirs vorbeifließt. Besonders schön liegt das Château de la Gacherie mit seinen verzierten Fenstern. Die Bootstouren enden an der Flussweitung (12 km) Plaine de Mazerolles.

CLISSON

Südöstlich von Nantes, in einer hügeligen Landschaft, überrascht der Ort mit einem aus Italien importierten Flair. Die ursprünglich hier errichtete Stadt war um 1800 von den Colonnes infernales, den Revolutionären, in Schutt und Asche gelegt worden. Selbst von dem einst imposanten Château blieben nur Ruinen übrig. Beim Wiederaufbau zauberten italienische Architekten ein fröhliches, mediterranes Stadtbild, das noch immer Bewohner und Besucher entzückt.

SERVICE

Ein Hauch von Italien umweht das Schloss in Clisson.

Pornic

Den Glanzpunkt an der zwar kleinen, jedoch bezaubernden Côte de Jade setzt das Seebad, das seinen Ursprung in einem alten, idyllischen Fischerhafen hat. Pornic besticht weniger durch Exklusivität, sondern durch das milde Klima und die üppig-grüne Vegetation. Alles verströmt eine Hauch charmanter Nostalgie, die von der Altstadt ausgeht. Immerhin war Pornic bereits im 19. Jh., als es La Baule noch gar nicht gab, überaus en vogue und zog Berühmtheiten wie Gustave Flaubert, Louis Pasteur und Auguste Renoir an. Auch Josef Stalin verbrachte 1910 hier seinen Urlaub!

UNTERKUNFT

*** HOLIDAY INN
Plage de la Source
Tel. 02.40.80.21.21
Fax 02.40.82.80.89.
Auch Zentrum für Thalassotherapie. Moderne, komfortable Zimmer mit Meeresblick. Empfehlenswertes Restaurant.

** RELAIS ST-GILLES
7, rue F. de Mun
Tel. 02.40.82.02.25.
Schlichtes, preiswertes Hotel mit gut eingerichteten Zimmern. Restaurant im Haus.

RESTAURANT

BEAU-RIVAGE
Place de la Birochère
Tel. 02.4082.03.08.
Die gute Stube des Seebads mit weitem Blick auf das Meer. Elegant eingerichtet und köstliche Fischgerichte vom Feinsten!

SEHENSWÜRDIGKEITEN

ALTSTADT
Die mittelalterlichen Viertel sind durch die Treppe Escalier Galicaud mit dem einstmals bedeutenden Fischereihafen und dem Leuchtturm, dem Phare de la Noëvillard, verbunden. Ein geruhsamer Bummel durch die Gassen und ein Apéritif in einem Lokal am lebendigen Hafenkai lohnen sich immer. Vom Château, einst der Wohnsitz des berüchtigten „Blaubarts", sind nur noch Reste zu sehen. Besser gehalten hat sich der imposante Tumulus des Mousseaux, ein Fürstenhügel aus prähistorischer Zeit.

STRÄNDE
Westlich des Yachthafens liegt der Hauptstrand Noëvillard. Etwas weiter erfreuen kleine Buchten vor allem Badegäste, die die Stille suchen. Kleine Strände mit Badehäuschen und Strandlokalen finden sich auch im Villenvorort Sainte-Marie-sur-Mer. Der Stolz von Pornic ist sein neues, modernes Thalassotherapie-Zentrum.

INFORMATION

OFFICE DE TOURISME
Quai du Cdt. L'Herminier
Tel. 02.40.82.06.69.

AUSFLÜGE

PRÉFAILLES
Eine üppige Vegetation umschließt das kleine, ruhige Familienbad. Ein bequemer Küstenpfad führt entlang der malerischen Küste mit ihren anheimelnden Badebuchten, in denen man auch hüllenlos baden kann. Am Ende der Côte de Jade ist die Pointe de Saint-Gildas mit einem herrlichen Rundblick.

SAINT-PREVIN-LES-PINS
Das alte Casino, das Grand Hôtel, einige betagte Fachwerkvillen und eine prächtige Promenade erinnern an die Poesie der Jahrhundertwende. Dem verblichenen Glanz zum Trotz hat der Badeort neu aufgerüstet. Badefreunde und Strandsegler haben die herrlich langen und breiten Feinsandstrände wieder entdeckt und nutzen die vielen Wassersportmöglichkeiten. Besonders Familien lieben den Charme des Strandes und den Flair des alten Badezentrums.

Insider News

LEBEN WIE EIN FÜRST
Das Château de la Colaissière in St-Sauveur-de-Landemont ist ein Geheimtip für Freunde von gepflegten Urlaubstagen auf einem Schloss par excellence. 29 km östlich von Nantes und nahe an der Loire gelegen, verbindet die „Perle der Renaissance", wie sich das Château bescheiden bezeichnet, den stillen Frieden alter und geschichtsträchtiger Mauern mit dem Komfort unserer modernen Zeit. Die aus dem 13. und 16. Jahrhundert stammenden Schlossbauten bilden ein viereckiges Ensemble, das durch eine stilechte Restaurierung sowohl außen wie innen ein Ambiente schuf, das keine Wünsche offen lässt. Dazu gibt es einen Pool, Tennis, Golf und einen Reitstall. Und außerdem ein vorzügliches Schloss-Restaurant.
**** Hotel-Restaurant Gastronomique
Château de la Colaissière
49270 St-Sauveur-de-Landemont
Tel. 02.40.98.75.04
Fax 02.40.98.74.15.

12 Atlantikinseln

Vorposten im Meer

Mal hell und freundlich, mal grau und düster – die wilden Atlantikinseln stecken voller Kontraste. Die aufregendste von ihnen ist die Ile d'Ouessant!

Fast lautlos gleitet das Schiff entlang der schlanken Landzunge von Kermovan aus dem Hafen von **Le Conquet**. Der Blick auf das sich am Hang hochziehende Städtchen ist malerisch. Wir passieren die **Pointe de Kermovan** und sind auf dem Weg ins offene Meer. Die Aussicht auf das Festland ist faszinierend. Nördlich der Hafenausfahrt tauchen die Plages des Blancs Sablons auf und dahinter die markante **Pointe de Corsen**. Im Süden erscheint auf den Steilfelsen die eindrucksvolle Silhouette des Leuchtturms und die Klosterruine der legendären **Pointe de St-Mathieu**.

Das mit erwartungsvollen Fahrgästen gefüllte Schiff hat inzwischen volle Fahrt aufgenommen und steuert quer durch die Strömung des berüchtigten **Chenal du Four**, dessen tückische Strömung schon manches Schiff in Verlegenheit gebracht hat. Wir können es an der Kraft, mit der unser Schiff die rollenden Wellen durchpflügt, gut nachvollziehen. Die echten Tücken kommen aber erst noch! Eigentlich wollten wir die Fahrt im Steuerhaus miterleben, doch der Kapitän hatte abgewunken. Freundlich, aber bestimmt. „Je mehr wir uns unserem Ziel nähern, um so mehr Konzentration ist gefordert", war seine Antwort.

Südwestlich treten zunächst die **Ile de Beniguet** und dann die Gruppe um die **Ile Quéménés** auf den Plan. Sie alle gehören zum Parc Régional

Stürmische Überfahrt zur Ile d'Ouessant.

d'Armorique. Wie auch die **Ile Molène**, der wir uns kurz darauf nähern. Wir machen in dem kleinen Naturhafen einen kurzen Zwischenstop. Wenige Fahrgäste steigen aus, Güter werden entladen. Während wir wieder lostuckern, kommen wir mit einem Passagier ins Gespräch. Man merkt sofort, dass er in der bretonischen Inselwelt zu Hause ist. Mit einer Kopfbewegung deutet er auf die kahle Insel, auf der einige Kühe weiden. „Wissen Sie, wenn Sie hier eine Kuh auf dem eigenen Feld stehen sehen, grast sie auf der Wiese des Nachbarn und düngt dabei das dritte Feld!" Er lächelt, wir lächeln: Die bewohnte Insel ist nur einen Quadratkilometer breit, hat aber 270 Einwohner.

Das Schiff bahnt sich seinen Weg durch die unruhige See. Der einsam mitten im Meer stehende **Phare les Trois Pierre** und kurz darauf auch der **Phare de Kéréon** werden passiert.

„Seit 1916 sendet der Leuchtturm seine Signale in die tückische Fahrrinne von Fromveur. Von außen sieht der von Sturm und Wellen gebeutelte Turm zerzaust aus. Innen jedoch ist er höchst eindrucksvoll. Alle Räumlichkeiten sind vom Feinsten. Man glaubt sich in ein edles englisches Clubhaus versetzt: die Wände getäfelt, Panele an den Decken und Parkett auf dem Boden. Der Leuchtturmwärter schläft in einem bretonischen Alkoven-

Man kommt sich näher: Auf der 60 ha großen Ile Molène leben 270 Menschen.

bett und träumt den Traum seines Lebens, nämlich Wärter auf dem Phare de Kéréon bleiben zu dürfen. Er weiß warum, denn er kennt die kläglichen Bedingungen in den anderen Leuchttürmen. Dort riecht es nach Schimmel und nicht nach Bohnerwachs! Der Bau des Turms und seine Ausstattung ist übrigens einer Dame der Familie Kéréon zu verdanken, die damit ihren Großonkel, der als königlicher Seeoffizier während der Französischen Revolution guillotiniert wurde, ein Denkmal setzen wollte." Aber nicht immer hat es der Leuchtturmwärter von Kéréon so gemütlich. Im Dezember 1989 fegten Orkane über die Bretagne hinweg und brachten 130 Menschen den Tod. Der schichthabende Leuchtturmwärter erzählte im Buch „Phares": „Das war der härteste Winter in meiner bis dato fünfzehnjährigen Tätigkeit im Leuchtturm von Kéréon. Die Doppelfenster meines Zimmers im zweiten Stock gingen durch das Gewicht einer Welle zu Bruch, die über den Turm hinwegbrauste. Der Tisch, die Stühle, alles wirbelte durcheinander und zerbarst schließlich an der Wand. Dann platzte das Glasgehäuse des Leuchtfeuers. Wasser drang in den Leuchtturm ein, der Kesselraum war völlig überflutet."

Glücklicherweise gibt sich das Meer heute versöhnlicher, so dass sich das Schiff durch die gefährlichen Klippen hindurch behutsam der Ile d'Ouessant nähern und die **Baie du Stiff** ansteuern kann. Rechts auf einer Anhöhe ragt der **Phare du Stiff** in den Himmel. „1695 hat hier der legendäre Festungsbaumeister Vauban zwei knackige Wachttürme errichten lassen, von deren Spitze aus bretonische Posten feindliche Manöver auf dem Meer observierten. Sie unterhielten auch das Leuchtfeuer, für das Monat für Monat fünfzig Fässer Steinkohle, zwei Tonnen Holz und drei Pfund Kerzen benötigt wurden! Um die letzte Jahrhundertwende wurde einer der Vauban-Türme ausgebaut. 126 Stufen führen seither hinauf zur Lampenetage, von der aus rote Lichtblitze rund 50 Kilometer weit hinaus auf das Meer gejagt werden. Der neue Radarturm daneben ist 140 Meter hoch und überwacht die Schifffahrtsstraßen vor der Insel." Es knirscht und knarzt. Das Schiff legt wohlbehalten am Hafenkai an. Wir danken dem Nachbarn für seine Erläuterungen und verabschieden uns. „Oh, vielleicht treffen wir uns nochmals irgendwo auf der Insel. Klein genug ist sie ja!", meint er lächelnd.

126 Stufen führen hinauf zur Lampenetage des Phare du Stiff.

Leuchtturm mit Stil: Im Phare de Kéréon fühlt man sich wie in einem englischen Clubhaus – Wandtäfelung, Parkett und Deckenpaneele.

ATLANTIKINSELN

Die Insel ist nämlich nur acht Kilometer lang, vier Kilometer breit und ähnelt in ihrer Form einer riesigen Krebsschere. Die Steilküste, 30 bis 65 Meter hoch, stemmt sich dem Meer entgegen. „Insel des Schreckens" hat man sie früher genannt, und die Seefahrer pflegten zu sagen: „Wer Molène sieht, sieht in ihr sein Leid; wer Ouessant sieht, sieht an ihr sein Blut." Wegen der enormen Meeresströmung und der unterseeischen Klippen und Riffe hier am Eingang zum Ärmelkanal ist es im Lauf der Jahrhunderte zu unzähligen Schiffskatastrophen gekommen. Wie zum Beispiel im Jahr 1896, als beim Untergang der „Drummond Castle" insgesamt 397 Passagiere ertranken.

Aber jetzt sind unsere etwas mulmigen Gedanken verflogen: Wir sind heil auf der „Insel des Schreckens" angekommen und gehen auf Erkundungsfahrt. Wir mieten uns dafür Fahrräder und beginnen unsere Inselbesichtigung beim Phare du Stiff. Wie magisch zieht uns das phantastische Panorama vom höchsten Punkt der Insel an, die herrliche Aussicht auf all die Leuchttürme, Inseln und dahinter die lang gezogene Küste des Festlands. Zur **Cadoran-Halbinsel** hinüber müssen wir Feldwege überwinden, denn das kleine Straßennetz auf der Insel hat die nördlichste Ecke noch nicht erreicht. Aber das Strampeln tut gut und wird schließlich mit einem phantastischen Blick auf das Halbrund der **Baie de Béninou** belohnt. Trotz intensiver Suche können wir allerdings die Seehund-Herden, die hier hin und wieder auftauchen sollen, nicht entdecken. Dafür aber im Hintergrund Tausende von umherschwirrenden Seevögeln, die auf der **Ile de Keller** ihre Nistplätze haben.

Da sich keine andere Strecke anbietet, fahren wir quer durch die Insel zu dem im Westteil beschaulich liegenden Hauptort **Lampaul**, dem Dreh- und Angelpunkt der Insel. Lampaul liegt im Süden und bildet das Zentrum des „Straßennetzes". Hier spielt sich aber auch das ganze Leben der Insel und ihrer 1300 Bewohner ab. Wir bummeln zum malerischen Hafen und durch die kleinen, verträumten Gassen. Die Fensterläden der weißen Häuser sind in den traditionellen Farben Blau und Grün gestrichen.

Wir radeln weiter zum **Phare de Créac'h** an der Westküste. Auf dem Wege, beim Dörfchen Niou Uhella, besuchen wir das **Èco-Musée**. In zwei schön restaurierten Häusern informiert es über das einstige und heutige Leben auf der Insel. Besonders originell sind die blauen Möbel, die aus angeschwemmten Wrackteilen gefertigt

Weiße Häuser, blaue und grüne Fensterläden – typisch für Lampaul.

Inseln wie ein Seemannsgrab! Die Kliffs und Riffe der Ile Mòlene und der Ile d'Ouessant zogen viele Schiffe samt Besatzung in die Tiefe.

ATLANTIKINSELN

Phare de Créac'h, der stärkste Leuchtturm Europas.

für die Leuchttürme geschaffen! Am interessantesten ist hier natürlich der Phare de Créac'h, der stärkste Leuchtturm Europas. Knapp 63 Kilometer weit strahlen bei klarer Sicht seine Lampen und markieren damit den Eingang zum Ärmelkanal – eine wichtige Funktion, denn bis zu 300 Tanker und Frachter passieren täglich die Insel auf autobahnähnlichen Fahrtrouten. Denn ohne eine vorgegebene Ordnung könnten sich viele schreckliche Katastrophen der früheren Jahrhunderte wiederholen. Übrigens gibt es hier ein bemerkenswertes Museum, in dem Sie sich anschaulich über das faszinierende Phänomen der bretonischen Leuchttürme informieren können!"

Das **Musée des Phares et Balises** im Turmsockel präsentiert eine anschauliche Ausstellung mit Modellen, Videofilmen und einer Multivisionsschau. Wir haben uns gerade den Teil angeschaut, der die schwierigen Lebensbedingungen der Leuchtturmwärter würdigt, und sind auf dem Weg nach draußen, als unser Nachbar wieder auftaucht und munter loslegt: „Mein Großvater war Leuchtturmwärter. Vielleicht kommt daher mein Faible für die Männer, die sich für die Sicherheit auf dem Meer aufgeopfert haben und dabei mit den schwierigsten Bedingungen zurecht kommen mussten. Schauen Sie, da draußen vor der Küste steht der **Phare de Nividic**, der als einziger Leuchtturm Europas nur über eine Seilbahn zugänglich ist. Zum Glück ist er heute automatisiert, so dass nur noch Kontrollbesuche

wurden. Nur wenige Radumdrehungen vom Museum weiter entdecken wir eine der letzten Windmühlen, die im vorigen Jahrhundert für das tägliche Brot Getreidekörner zermahlen haben.

Endlich kommen wir zum Leuchtturm. Während wir noch dabei sind, unsere Räder zu versorgen, werden wir urplötzlich von hinten angesprochen. „Na, sagte ich nicht, dass wir uns wieder treffen?" Es ist natürlich unser Nachbar vom Schiff, der endlich preisgibt, was ihn hierher treibt: „Wissen Sie, Leuchttürme sind meine Leidenschaft. Ich nutze gerade meinen Urlaub, um sie der Reihe nach an der bretonischen Küste abzuklappern. Wieder einmal! Heute ist die Ile d'Ouessant dran! Und wenn man sich die vielen Türme auf und rund um Ouessant anschaut, bekommt man den Eindruck, der liebe Gott habe die Insel eigens

Nur niedriger Bewuchs trotzt den starken Atlantikstürmen.

ATLANTIKINSELN

notwendig sind und man nicht mehr so oft Kopf und Kragen riskieren muss. Und der Turm auf der linken Seite, der inzwischen ebenfalls automatisierte **Phare de Jument**, ist nur mit einem Freiluftballon erreichbar. Manch einer ist dabei ins Wasser geplumpst und konnte froh sein, wenn er mit einem Schnupfen davonkam."

Der Blick entlang der Küste ist überwältigend. Auf breiter Front klatschen die wütend anrennenden Atlantikwellen gegen die Felsen. Peitschend, schäumend, donnernd! Der Abschnitt von der **Pointe de Pern** bis zu den Felsen von **Porz Yusin** ist am aufregendsten und mit „Les Rochers", die Felswände, treffend bezeichnet.

Beeindruckt vom grandiosen Erlebnis schwingen wir uns wieder auf die Räder und fahren zurück nach Lampaul. Mittagessen ist angesagt. In einem schlichten Lokal am Hafen bestellen wir uns eine Schüssel dampfender Miesmuscheln.

Wir lassen uns Zeit und versuchen, ab und zu die alten Männer an den Nebentischen zu verstehen, die sich mit den merkwürdigen Worten „chao dann anayou" begrüßen und verabschieden – „Freude den Dahingeschiedenen"! In diesem makabren Gruß spiegelt sich das harte Leben und Schicksal der Inselbewohner wider. Es gibt bis heute kaum eine Familie, die nicht mindestens einen Angehörigen durch die Naturgewalten verloren hat. „Mädchen des Regens" hat man früher die Frauen der Fischer genannt, die

oft monatelang bangend auf ihre Männer warten mussten – vor allem im „Miz Du", im schwarzen November, wenn tagelang Stürme über die höchstens 60 Meter hohe Insel hinwegtoben. Diese Situation ließ die Frauen ihr Leben selbst organisieren. Sie legten zigtausende, heute meist brachliegende Parzellen an, betrieben auf ihnen mühevoll Landwirtschaft und kümmerten sich um den Straßenbau. Die Frauen suchten sich auch ihre Ehemänner aus, und angeblich sind sie es noch heute, die die Heiratsanträge stellen.

Nach dem Essen radeln wir am Strand von Lampaul entlang. Vor zur Südspitze, zu den zerklüfteten Klippen der **Pointe de Porz doun**. Von dort sind die zwei meerumtosten Leuchttürme gut zu sehen.

Wir überlassen sie ihrer Einsamkeit und fahren weiter zur Halbinsel **Penn Arlan**, dem östlichen Teil der Insel. Hier stoßen wir auf Spuren aus der Zeit des Neolithikums vor etwa 4500 Jahren. In ovaler Form bilden mehrere Menhire einen Cromlec'h, der uns an die Szenerie in Carnac erinnert. In seiner Nähe entdecken wir ein eisernes Gebetskreuz, das **Croix de Saint-Paul**. Einmal im Jahr bewegt sich hierher ein kleiner Pardon der Inselbewohner.

Der Weg weiter zum Hafen ist nicht weit, und so schließen wir uns geduldig den anderen Besuchern an, die auf das Schiff zurück nach Le Conquet warten. Unser redefreudiger Freund ist nicht dabei. Bestimmt steigt er gerade einen Leuchtturm hinauf ...

Emanzipation im Sturm: Die „Mädchen des Regens" waren auf sich selbst angewiesen, während ihre Männer zur See fuhren.

Die Gesichter der Insulaner sind vom Wind gegerbt.

172

MEERUMTOSTE INSELWELT

Wie Perlen aufgereiht, dem tobenden Meer und seinen stürmischen Winden ausgesetzt, liegen die Atlantikinseln vor der bretonischen Westküste. Jede mit eigenem Schicksal und eigenem Charakter.

■ Ile d'Ouessant

Zwei knappe Worte nur, Enez-Eussa, braucht das Bretonisch, um die „legendenumwobene, kahle Insel am Ende der Welt" zu bezeichnen. Tatsächlich ist die von Le Conquet in rund 1 Stunde erreichbare Insel der westlichste Teil Frankreichs. In der Form einer Krebszange ist sie 7 km lang, 4 km breit und 1560 ha groß. 1300 Bewohner leben auf dem wilden Granitklotz zwischen dem Atlantik und dem Ärmelkanal, der von den Meeresströmungen Fromrust und Fromveur eingefasst wird. Die unaufhörlich gegen die Insel anstürmenden Wellen verdecken vorgelagerte Felsenriffe, hinzu kommen Nebelbänke, die vielen Seefahrern zum Verhängnis wurden. Fünf Leuchttürme bilden deshalb ein aufwendiges Signalsystem.
Die über die Insel hinwegjagenden Stürme haben die Vegetation verkümmern lassen. Auf dem kargen Gras- und Heideland weiden nur Schafe. Die Menschen verkriechen sich in geduckten, weißen Häuschen, die über die Insel verstreut liegen. Mit den traditionell grün und blau gestrichenen Fensterläden und kleinen Gemüsegärten bringen sie die einzigen Farbtupfer in die eintönige Landschaft. Das Eiland und die umliegenden Inselchen bilden (als Teil des „Parc Naturel Régional d'Armorique") ein herrliches Vogelschutzgebiet, zu dem nicht nur seltene Seevögel gehören, sondern in dem sich auch Seehunde tummeln.

UNTERKUNFT/RESTAURANT

* ROCHE AR MOR
Lampaul
Tel. 02.98.48.80.19.
Das Hotelangebot auf der Insel ist schlicht. Am besten, steil auf den Klippen stehend, ist das „Roche Ar Mor" mit einem guten Restaurant.

SEHENSWÜRDIGKEITEN

LAMPAUL
Alle Wege der Insel führen zu dem Hauptort, wo alles Lebensnotwendige zu finden ist: die Bank, die Post, das Touristenbüro, die rustikalen Hotel-Restaurants und einige bescheidene Einkaufsquellen. Sehenswert sind der malerische Hafen und die Kirche mit dem kleinen Friedhof. In dem kleinen Gebetshäuschen werden die Proella-Kreuze der auf dem Meer verschollenen Seeleute aufbewahrt.

PHARE DU STIFF
Hoch über der Baie du Stiff, in der auch die Fährschiffe anlegen, ragt mit 32 m der mit roten Lichtblitzen das Nordostende der Insel anzeigende Leuchtturm auf. Ganz in der Nähe steht der 140 m hohe Radarturm, der die Schifffahrt im Umkreis von 50 Seemeilen kontrolliert. Früher waren es zwei vom Festungsbaumeister Vauban errichtete Wachtürme, die die Passage zwischen der Insel und dem Festland überwachten. Von den weiteren vier Leuchttürmen ist der Phare de Créac'h interessant, der den Beginn des Ärmelkanals markiert.

ROCHERS
Geradezu grandios ist die aufregende Nordwestküste zwischen der Südwestspitze Pointe de Pern und der Porz-Yusin-Bucht im Westen. Das spektakuläre Naturschauspiel des Kampfes der Urelemente ist faszinierend.

MUSEEN

MUSÉE DES PHARES ET BALISES
Das Museum im Phare de Créac'h ist der Geschichte der Leuchttürme, der Entwicklung maritimer Signalisation und dem Leben der Leuchtturmwärter gewidmet. Geöffnet: täglich (außer Mo) 10.30 – 18.30 Uhr.

ECOMUSÉE D'OUESSANT
In zwei inseltypischen Granithäusern ist das Leben auf der Insel anschaulich dokumentiert. Passend dazu in der Nähe eine der letzten Windmühlen. Geöffnet: täglich außer Mo 10.30 – 18.30 Uhr.

INFORMATION

OFFICE DE TOURISME
Lampaul
Tel. 02.98.48.85.83.

■ Ile Molène

Weniger eine Ausflugsinsel als vielmehr eine mögliche Zwischenstation auf dem Weg vom Festland nach Ouessant ist die vorgelagerte, 60 ha große Insel. Ebenfalls sturmzerzaust präsentiert sich die kahle Insel bescheiden und zurückhaltend. Von dem auf dem Inselgipfel stehenden, 40 m hohen Beobachtungsturm aus überblickt man den gesamten Atlantikarchipel.

■ Ile de Sein

Von Ste-Evette bei Audierne benötigt das Fährboot 70 Minuten, um das 8 km westlich der Pointe du Raz liegende Inselchen zu erreichen. Auf dem lang gezogenen, schmalen Eiland leben rund 500 Menschen, immer darauf bedacht, bei Stürmen nicht von seinen Kanten ins Meer zu purzeln. Die Kelten gingen dieser Gefahr dadurch aus dem Weg, dass sie die Insel nur besuchten, um hier ihre Druiden zu begraben. Dolmen und einige Menhire bezeugen, dass sie nicht die ersten Besucher der Insel waren. Heute wird sie während der Saison von Tagestouristen überschwemmt. An die frühere Landwirtschaft erinnern nur noch die niedrigen Mäuerchen aus Feldsteinen, die anzeigen, wo sich einst die Felder befanden.

SERVICE

UNTERKUNFT/RESTAURANT

* LES TROIS DAUPHINS
Le Bourg
Tel. 02.98.70.92.09.
Ein kleines, gemütliches Inselhotel mit sauberen Zimmern. Spezialität des Restaurants: Hummerragout!

SEHENSWÜRDIGKEITEN

LE BOURG
Im kleinen Ort stehen die weiß getünchten Häuser eng beieinander, die Gassen sind gerade 1 m breit. Groß ist nur der Hafen, in dem die Vielzahl der Segelboote und Yachten zeigt, dass Besucher nicht nur mit den Fähren kommen.

PHARE
Die Lampen auf dem 49 m hohen Leuchtturm auf der westlichen Inselhälfte haben die stolze Reichweite von 50 km. Im Meer hinter der Inselspitze liegt die Chaussée de Sein, eine Gruppe gefährlicher Klippen, die sich bis zu 20 km ausdehnt. Auf einem der Felsen macht das Leuchtfeuer Ar Men auf diese Gefahr aufmerksam.

■ Iles de Glénan

Im Schnitt dauert die Fahrt von Bénodet, Beg-Meil, Loctudy, Concarneau oder Port-La-Forêt zu dem 20 km vor der Küste liegenden Archipel 90 Minuten. Die Anfahrt ist nicht ohne Risiko, denn außer den neun Hauptinseln gibt es viele kleinere, kaum aus dem Wasser ragende Inselchen und Felsen. Trotzdem ankern überall Segel- und Motorboote, denn die herrlichen Strände mit glasklarem Wasser locken Wassersportler an. So gibt es auf der Ile de Penfred nicht nur einen Leuchtturm, sondern mit dem Centre Nautique de Glénan auch eine berühmte Segelschule und auf der Ile de St-Nicolas eine Anlegestelle der Fähre und eine Tauchschule.

■ Ile Groix

An Sonnentagen lassen sich bis zu 15.000 Besucher vom herben Charme von Groix anziehen. Die Menschen verteilen sich auf der Insel, denn sie umfasst mit 8 km Länge und bis zu 3 km Breite über 15 km². Nach 45-minütiger Fahrt legen die Fährschiffe im kleinen Port-Tudy an, der zugleich Fischerei- und Yachthafen ist. Oberhalb des Hafens befindet sich ein liebevoll zusammengestelltes Écomusée (Heimatmuseum). Südlich von Port-Tudy der Hauptort Groix, in dem der überwiegende Teil der 2000 Insulaner lebt. Inmitten flacher, weiß-grauer Häuser die Kirche, an deren Spitze ein Thunfisch die Funktion des Wetterhahns übernommen hat. In den heidebewachsenen Tälern des einsamen Inselinneren Weiler und Gehöfte. Die zweite Ansiedlung ist an der Südostecke Locmaria, in dessen Nähe die Plage des Grands Sables und geschützte Buchten zum Baden einladen. Dem sanften Inselsüden steht im Nordwesten eine wilde, bis zu 40 m hohe Klippenküste gegenüber. Felsnadeln, Grotten und winzige Buchten bieten Seevögeln Nistplätze.

UNTERKUNFT/RESTAURANT

* TY MAD
Port-Tudy
Tel. 02.97.86.80.19.
Direkt am Hafen mit Blick hinaus aufs Meer. Teilweise antik möblierte Zimmer. Gutes Restaurant.

INFORMATION

OFFICE DE TOURISME
Port-Tudy
Tel. 02.97.86.53.08.

■ Belle-Ile-en-Mer

„Die schöne Insel im Meer" – kein anderes Stück französisches Land verdient diese Bezeichnung mehr als diese Insel im Atlantik, 15 km vor der nördlichen Landschaft des Morbihan. 45 Minuten dauert die Überfahrt des Fährschiffs vom Port Maria in Quiberon zum Anlegehafen in der Hauptstadt Le Palais. Die Insel ist 17 km lang und zwischen 5 und 9 km breit und ist damit die größte der Atlantikinseln. Ihre Attraktivität liegt in ihrer Landschaft: an der Nordküste lange Strände, im Osten geschützte Badebuchten. Im Süden und Nordwesten steile, vom Meer umtoste Felsklippen mit Felsnadeln, Grotten und herrlichen Aussichtspunkten. Im Inselinneren stille Wiesen, Felder, Wälder und Bachtäler, die tief eingeschnitten zur Küste führen. Ab und zu ein Weiler, manchmal ein einsames Gehöft.

UNTERKUNFT/RESTAURANT

**** CASTEL CLARA
Port-Goulphar
Tel. 02.97.31.84.21
Fax 02.97.31.51.69.
Spitzenhotel mit breitem Angebot, u. a. Thalassotherapie. Schöne Zimmer, exquisites Restaurant.

*** LE CLOS FLEURI
Le Palais
Route de Sauzon
Tel. 02.97.31.45.45
Fax 02.97.31.45.57.
Am Hafeneingang. Angenehmes, geschmackvoll eingerichtetes Hotel mit komfortablen Zimmern. Gutes Restaurant.

** DE BRETAGNE
Le Palais
Quai Marcé
Tel. 02.97.31.80.14
Fax 02.97.31.51.69.
Direkt am Hafen mit interessantem Ausblick. Angenehme Atmosphäre und komfortable Zimmer. Empfehlenswertes Restaurant.

SEHENSWÜRDIGKEITEN

LE PALAIS
Bereits die Einfahrt in den Hauptort Le Palais mit der alles beherrschenden Zitadelle ist aufregend. Mit ihr ist dem Festungskünstler Vauban ein Meisterwerk gelungen. Von dem Platz, an dem die Trikolore gemeinsam mit der bretonischen Flagge im Meereswind flattert, ergibt sich der schönste Blick auf Hafen und Stadt. Die Festungsmauern gehen über in die Hafenmauern, hinter denen sich in verwinkelten Gassen weiß getünchte Häuser aneinander reihen.

LES PLAGES
Von Le Palais aus reiht sich an der Nordostküste ein schöner Sandstrand an den anderen: die Plage de Ramonette, die Plage de Bordardoué und der größte

Im Hafen von Le Palais, dem Hauptort der Belle-Ile-en-Mer.

Strand der Insel, Les Grands Sables. Immer wieder zwischen und hinter den Strandabschnitten befinden sich einstige Befestigungsanlagen. Am Ende der Pointe de Kardonis mit dem Leuchtturm und einem phantastischen Blick über die Inseln Houat und Hoedic hinüber zur Morbihan-Küste. An der Ostküste von Felsen eingerahmte Badebuchten. Besonders idyllisch sind Port-Maria und Port-Blanc. Die Pointe de l'Échelle markiert den Beginn der Westküste, der Côte Sauvage.

LA CÔTE DE SAUZON

Nur im Nordosten führen die Straßen entlang der Küste. Überall sonst ist die Küste nur über Stichstraßen oder Pfade erreichbar. Das gilt im Nordwesten für die reizvolle Pointe du Cardinal nahe des Hafens Sauzon. Der Aussichtspunkt an der Pointe des Poulains ist bei Flut mitsamt seinem Leuchtturm von der Insel getrennt.

LA CÔTE SAUVAGE

Die wildromantische Westküste beginnt beim Fort Sarah Bernhardt und zieht sich hinunter bis zur Pointe de l'Échelle. Ihr erster Höhepunkt ist La Grotte de l'Apothicairerie. Auf dem weiteren Weg, mitten in der Heide, stehen zwei sich zugeneigte Menhire – Jeanne und Jean. Sie führen zur schönen, aber auch gefährlichsten Badebucht der Insel, zu der von hohen Felsen gesäumten Plage de Port Donnant. Wieder macht die Straße einen Bogen durch das Inselinnere und kommt, 1 km vor der Küste, zum Leuchtturm Grand Phare. Seine Lichtblitze gehören zu den stärksten in Europa. Am Ende der Straße erreicht man den Hafenort Port Goulphar. Inmitten der vorgelagerten Inselchen und Riffe ragen die Felsnadeln Aiguilles de Port Coton aus dem Meer. Sehenswert auch die Grotte du Talut. Den letzten Eindruck bietet die Bucht von Port Kérel.

INFORMATION

OFFICE DE TOURISME
Le Palais
Fährhafen
Tel. 02.97.31.81.93.

■ Ile d'Houat

60 Minuten dauert die Überfahrt vom Fährhafen Port Maria in Quiberon zum Hafen Port St-Gildas auf der 5 km langen und 1 km breiten Insel. Der Übergang vom lebendigen Seebad auf ein bescheidenes Eiland fällt dank der wunderschön von Ginster, Farnen und Brombeergestrüpp überzogenen Insellandschaft leicht. Schmale Wanderwege führen quer über die Insel und entlang felsiger Küsten zu lauschigen Buchten und feinsandigen Stränden. Die 2 km lange Plage Treac'her Goured an der Ostküste ist ein Traumstrand, an dem sich Wassersportler und Badefreunde tummeln. Die 300 in Le Bourg lebenden Insulaner werden an sonnigen Tagen von rund 1000 Gästen heimgesucht.

SERVICE

UNTERKUNFT/RESTAURANT

* DES ILES
Port St-Gildas
Tel. 0297.30.68.02.
Am Hafen mit schönem Blick über die Küste. Einfache, gut ausgestattete Zimmer. Gutes Restaurant.

■ Ile de Hoedic

Man kommt mit dem Fährschiff aus Quiberon in ca. 30 Minuten zur 5 km langen und 1 km breiten Insel. Die 200 Bewohner leben im Örtchen Le Bourg. Besuch bekam die Insel bereits in der mittleren Steinzeit, wie Skelettfunde, mesolithische Gräber und der neolithische Menhir bezeugen. Dem 1846 zur Verteidigung gebauten Fort blieb eine Bewährungsprobe erspart. Heute sind ein Naturschutzverein und eine Segelschule darin untergebracht.

UNTERKUNFT/RESTAURANT

* DES CARDINAUX
Le Bourg
Tel. 02.97.52.37.27.
Einziges Hotel mit hübschen, komfortablen Zimmern und weitem Blick über die Insel. Empfehlenswertes Restaurant.

Insider News

MAST- UND SCHOTBRUCH
Freizeitsegler finden in der Inselwelt der bretonischen Atlantikküste ein Revier, das Können und Fitness erfordert, denn Riffe, Sandbänke und hoher Wellengang müssen bei einem Törn umsegelt werden. Keine andere französische Küste verlangt dem Segler so viel ab wie die bretonischen Gewässer. Ausgangspunkt für Segeltörns sind die Iles de Glénan, die Heimat des Centre Nautique des Glénans, einer der bedeutendsten Segelschulen Europas. Hier können Kurse für Anfänger wie auch für Regattaprofis absolviert werden.
Centre Nautique de Glénan
4, rue Alfred-Le-Ray
29110 Concameau
Tel. 02.98.97.14.84.

Atlantikinseln 12

BRETAGNE VON A–Z

Information

Allgemeines 178
Anreise 179
Behinderte 179
Camping 180
Diplomatische Vertretungen 180
Ebbe & Flut 180
Einkaufen & Märkte 180
Einreise 181
Essen & Trinken 181
Feste & Feiertage 182
FKK 182
Fotografieren 182
Geld 183

Hausboote 183
Information 183
Kinder 184
Klima & Reisezeit 184
Medizinische Versorgung 184
Mietwagen 184
Notruf 185
Öffnungszeiten 185
Post 185
Radio & Fernsehen 185
Rauchen 185
Souvenirs 185
Sportliche Aktivitäten 185

Sprache 186
Stromspannung 187
Telefon 187
Thalassotherapie 187
Tiere 188
Trampen 188
Trinkgeld 188
Unterkunft 188
Verkehr 189
Zeit 189
Zeitungen 189
Zoll 189

Die Bretagne, die Region im Nordwesten von Frankreich, ist landschaftlich für Bretonen in „Armor", das Küstenland, und in „Argoat", das Waldland, unterteilt. Den überlieferten bretonischen Namen stehen heute die östliche „Haute-Bretagne" und die westliche „Basse-Bretagne" gegenüber. Die malerische Küste, die vom Ärmelkanal und vom Atlantik gesäumt wird, hat eine Länge von knapp 1200 km. Addiert man die Küstenlinie mit allen Rias und Inseln fein säuberlich auf, sind es stattliche 3500 km.

Das Landesinnere grenzt an die Regionen Normandie und Pays de la Loire. Innerhalb der Grenzen hat die Bretagne eine Ausdehnung von 27.506 km², etwa 5 % der Gesamtfläche Frankreichs. Auch mit ihren rund 2,8 Millionen Einwohnern liegt der Anteil bei 5 %. Grob aufgeteilt, lebt jeweils ein Drittel der Menschen in den Städten, an den Küsten und auf dem Land.

Rennes ist die Hauptstadt der Région Bretagne und auch des Départements Ille-et-Vilaine. Hinzu kommen die Départements Côte d'Armor mit St-Brieuc, Finistère mit Quimper und Morbihan mit Vannes als Hauptstadt. Bis zur letzten Gebietsreform 1962 gehörte auch das Département Loire-Atlantique (6894 km², rund 1 Million Einwohner) mit der alten Hauptstadt Nantes dazu, in der man aus Tradition auch heute noch bretonisch denkt.

Bevölkerung

Die Bretonen gelten als die Ostfriesen von Frankreich. Sie werden als Hinterwäldler angesehen und gelten als derb, stumpfsinnig, verbohrt und abergläubisch. Soweit die Vorurteile! In Wirklichkeit jedoch sind die Bretonen nur aus anderem Holz geschnitzt als die übrigen Franzosen. Sie stammen von den Kelten, Römern und Galliern ab und haben sich im Lauf der Jahrhunderte mit den zugezogenen Franzosen vermischt. Sie bilden, wenn man so will, eine eigene „Rasse", die von eigenem Nationalstolz geprägt ist. Das drückt sich auch in separatistischen Tendenzen aus, die nach wie vor bestehen. Da es jedoch ein Zurück zur politischen Eigenständigkeit nicht mehr geben kann, wird auf kulturellem Gebiet versucht, die alten Traditionen wiederzubeleben. So erlebt auch die bretonische Sprache eine Renaissance. Der Name der bretonischen Fahne „Gwen ha du" bedeutet übersetzt Schwarz und Weiß. Die fünf schwarzen Streifen der einzigen farblosen Fahne der Welt symbolisieren die Bistümer der Haute-Bretagne, die weißen Streifen die der Basse-Bretagne. Die elf stilisierten Hermeline im oberen Eck sind vom Wappen des bretonischen Herzogtums übernommen.

Flora & Fauna

Die Pflanzenwelt der Bretagne hat gelernt, mit dem rauhen Klima auf der einen und dem milden Golfstrom auf der anderen Seite zu leben. Auch mit den beträchtlichen Einflussnahmen der Menschen. So ließen sie zum Beispiel die einst gewaltigen Waldgebiete zu einem kläglichen Rest schrumpfen. Zum Glück, ohne die Vielfalt der Baumarten zu beeinträchtigen. Auf den baumlosen Flächen, die nicht landwirtschaftlich genutzt werden, hat sich der Stechginster verbreitet, der in seiner Blütezeit die Landschaft durch gelbe Tupfer verschönt.

In den Anlagen und Gärten unterstützen viele Ziergewächse, wie Oleander, Rhododendron, Hortensien und Geranien, den Eindruck einer blühenden Bretagne. Im Süden der Region wachsen und gedeihen sogar subtropische Pflanzen, die man sonst nur am Mittelmeer findet. Obst- und Gemüsepflanzen in unermesslicher Vielfalt ergänzen das Landschaftsbild der Region. Lediglich der karge, stetig den starken Winden ausgesetzte Küstensaum ist pflanzenarm.

Gegenüber der bunten Pflanzenwelt ist die Tierwelt erheblich eintöniger. Der Verlust der Wälder und die Zersiedelung der Landschaft hat viele Tierarten aussterben lassen. Lediglich in den Bereichen der Naturparks leben noch Wildschweine, Hirsche und Füchse. Artenreich geblieben ist die Vogelwelt. Besonders an den Küsten leben viele Flugkünstler, die in der kalten Jahreszeit zahlreichen Besuch von bleibenden und weiterreisenden Zugvögeln erhalten. Die faszinierende Welt der Wassertiere im Meer und in den Flüssen lässt sich in Aquarien entdecken.

Wirtschaft

In der Gesamtheit seiner Wirtschaft hing der Bretagne lang das Etikett der Rückständigkeit an. Zu Beginn der sechziger Jahre jedoch ging ein Ruck durch das Land. Weitgehende Reformen in der Landwirt-

Bigouden: bis zu 32 cm hoher Ausdruck von bretonischem Nationalstolz.

schaft und erste Schritte zur Industrialisierung brachten einen wirtschaftlichen Aufschwung. Heute ist die Bretagne die bedeutendste Agrarregion Frankreichs. Sie nimmt in der Fischerei, Fleisch- und Milchverarbeitung jeweils den ersten Rang ein. Aber auch in den Dienstleistungsbranchen hat die Region große Fortschritte gemacht – allen voran der Tourismus, der jährlich 3 Millionen Besucher ins Land bringt. 90 % davon zieht es an die Küsten der Bretagne, Frankreichs Wassersportgebiet Nummer eins. Es gibt über 27.000 Hotelzimmer, 90.000 Camping-Standplätze, und mit über 150.000 Einheiten ankern in den Häfen die meisten Freizeitboote an den Küsten Frankreichs. Und wenn es schon um Rangfolgen geht: der Alkoholgenuss in der Bretagne steht in Frankreich ebenfalls an der Spitze ...

 **ANREISE**

Mit dem Auto
Wer vom deutschsprachigen Raum in die Bretagne reist, kommt an Paris nicht vorbei. Er muss durch den chaotischen Verkehr in und rund um die Metropole. Es empfiehlt sich, den Zeitpunkt der Anreise so zu wählen, dass die Pariser Périphérique zwischen den Rush-hours, also von 10 – 12 und 14 – 16 Uhr oder eben nachts, passiert wird.
Die schnellsten Strecken sind aus dem nördlichen Deutschland die Autobahn A15/A2/A1 (Aachen – Liège – Valenciennes – Paris), aus dem süddeutschen Raum die Autobahn A4 (Saarbrücken – Metz – Reims – Paris) und aus der Schweiz die Autobahn A36/A6 (Basel – Besançon – Beaune – Paris).
Von Paris führt die Autobahn A10/A11/A81 über Le Mans nach Rennes (342 km). Die nördliche Bretagne (St-Brieuc, Morlaix, Brest) wird über die Route nationale N12 erreicht. Zum bretonischen Süden fährt man in Le Mans auf der A11 weiter nach Nantes und von dort auf der N165 entlang der Küste (La Baule, Vannes, Lorient, Quimper).

Mit der Bahn
Auch wer mit der Bahn reist, muss in Paris Zwischenstation machen. Und vom Ankunftsbahnhof quer durch die Stadt zum Gare Montparnasse. Der TGV (Train à Grand Vitesse) erreicht Rennes, die Hauptstadt der Bretagne, mit 270 km/h Höchstgeschwindigkeit in 2,5 Stunden (Platzreservierung empfohlen). Von hier lassen sich, wiederum mit dem TGV, die nördliche (St-Brieuc, Morlaix, Brest) und die südliche Bretagne (Nantes, La Baule, Vannes, Quimper) schnell erreichen. Es gibt verbilligte Tarife für Bahnreisen in Frankreich. Über Verbindungen und Ermäßigungen informieren Bahnhöfe, Reisebüros und das:

Büro der Französischen
Eisenbahnen SNCF
Rüsterstr. 11
Frankfurt
Tel. (069) 72 84 44.

Mit dem Flugzeug
Der Pariser Flughafen Charles de Gaulle ist täglich mit den meisten europäischen Flughäfen verbunden. Aber auch hier erfordert der Weiterflug in die Bretagne eine Fahrt mitten durch die Stadt zum nationalen Flughafen Orly Ouest. Von hier bietet Air Inter Flüge in jede Region der Bretagne (Rennes, St-Brieuc, Lannion, Brest, Quimper, Lorient, Vannes).

Air-Inter
Paris
Tel. 01.45.46.90.00.

 **BEHINDERTE**

Entsprechend der gesetzlichen Vorschrift verfügen die meisten Hotels über mindestens ein behindertengerechtes Zimmer. In den Hotelführern und Hotellisten sind sie kenntlich ge-

CAMPING

macht. Ebenso besitzen einige Campingplätze behindertengerechte Einrichtungen. Eine Broschüre kann angefordert werden bei:
Comité National Français de Liaison pour la Réadaption des Handicapés
CNFLRH
38, boulevard Raspail
F-75007 Paris
Tel. 01.45.48.90.13.

CAMPING

Annähernd 900 Campingplätze gibt es in der Bretagne. Die meist schönen und sauberen Anlagen reichen vom einfachen Ein-Sterne-Platz (nur Kaltwasserduschen) bis zum Vier-Sterne-Luxusplatz. Zusätzlich besteht die Möglichkeit des „Camping à la ferme" (Camping auf dem Bauernhof). Broschüren verschickt die Maison de la France (Adresse siehe unter dem Stichwort „Information", Seite 183).
Wer im Juli/August reist, sollte rechtzeitig direkt buchen. Die Preise für einen Stellplatz (Auto und vierköpfige Familie) reichen von 50 FF (Zwei-Sterne-Platz) bis 135 FF (Vier-Sterne-Platz).
24 Campingplätze der gehobenen Klasse (Geschäfte, Restaurants, Sportmöglichkeiten) haben sich zusammengeschlossen unter der Organisation von:
Camping Plus
B.P. 301
F-56008 Vannes,
Tel. 02.97.42.55.83
Fax 02.97.47.50.72.
Etliche Schlossparks und Herrensitze wurden zu Campingplätzen umfunktioniert, die Ruhe und Komfort verspre-

chen. Information erteilt:
Castels & Camping Caravaning
B. P. 301
F-56008 Vannes
Tel. 02.97.42.55.83.

● **Deutschland**

Deutsche Botschaft
13 – 15, avenue Franklin-D. Roosevelt
F-75008 Paris
Tel. 01.42.99.78.00
Fax 01.43.59.74.18.

Deutsche Honorarkonsulate:
9, square du Commandant-L'Herminier
F-29200 Brest
Tel. 02.98.44.35.59.

13 – 15, rue Auguste-Nayel
F-56103 Lorient
Tel. 02.97.21.26.75.

22, rue Crébillon
F-44000 Nantes
Tel. 02.40.71.01.30.

● **Österreichische Botschaft**
6, rue Fabert
F-75007 Paris
Tel. 01.45.55.95.66.

● **Schweizer Botschaft**
142, rue de Grenelle
F-75007 Paris
Tel. 01.49.55.67.00
Fax 01.45.51.34.77.

 **EBBE & FLUT**

Alle 12 Stunden und 25 Minuten wiederholt sich das Wechselspiel der Gezeiten. Bei Ebbe zieht sich das Meer weit zurück und lässt viele kleine Inseln und Felsgruppen zu Fuß erreichen. Die Flut kommt gefährlich schnell zurück. Ist man darauf nicht eingestellt, kann eine beschauliche Strandwanderung zur panikartigen Flucht werden. Vor unliebsamen Überraschungen schützen die „Fahrpläne" der Gezeiten, die in den Touristenbüros vor Ort erhältlich sind.
Generell ist wichtig, sich vor jeglichem Wellenspaß erst mit dem Meer vertraut zu machen. Im Gegensatz zum glatten Mittelmeer hat der Atlantik seine eigenen Gesetze. Starke Strömungen, Untiefen, scharfkantige Riffs und die herantosende Flut können selbst für geübte Schwimmer gefährlich werden. Dies gilt auch für Wellenreiter, Windsurfer und Segler, die zusätzlich mit kräftigen Winden zu kämpfen haben. Touristenbüros oder Strandwachen informieren über risikofreie Strände und Küstenabschnitte.

EINKÄUFE & MÄRKTE

Die Versorgung mit Lebensmitteln ist in der Bretagne kein Problem, denn man findet selbst in kleinen Orten immer eine Bäckerei (Boulangerie), einen Metzger (Boucherie) und einen kleinen Lebensmittelladen (Epicerie oder Alimentation). Am Rand größerer Städte sind meist Einkaufszentren errichtet, deren Angebot kaum einen Wunsch offen lässt.
Mehrmals im Jahr finden „soldes" (Schlussverkäufe) statt, die erhebliche Preisvorteile bringen. Am Saisonende verschleudern die Boutiquen, die über den Winter schließen, be-

ESSEN & TRINKEN

Bretonische Spezialitäten auf dem Markt in Concarneau.

sonders preiswert ihre Restposten. Günstig einkaufen kann man auch auf den beliebten Wochenmärkten, die in fast jeder Ortschaft stattfinden. Das Angebot ist breit gefächert: Es werden nicht nur Lebensmittel, sondern auch Antiquitäten, Kleidung, Hausrat und sogar Federvieh angeboten. In einigen Orten finden an Wochenenden „foires de brocante" (Antiquitätenmärkte) statt. Das Schild „Brocante", das man bei Fahrten über die Dörfer oft antrifft, signalisiert einen Trödelladen, in dem sich herrlich stöbern und originell einkaufen lässt. Wer sich nicht mit Tand abgeben will, muss in den größeren Städten in die Antiquitätengeschäfte gehen.

EINREISE

Deutsche und Österreicher unterliegen als EU-Bürger keinerlei Beschränkungen. Schweizer dagegen benötigen einen Reisepass.

ESSEN & TRINKEN

Die bretonische Küche als eher ländlich und einfach zu deklarieren, ist eine fast schon unverzeihliche Diffamierung. Keine andere Region Frankreichs bietet in den Rohwaren eine größere Vielzahl und eine höhere Qualität als dieses Bauern- und Fischerland!

Dass die bretonischen Köche damit umzugehen wissen, bezeugen die vielen Feinschmecker-Restaurants, die in ihrem Angebot so kreativ und erlesen sind wie jeder andere Gourmettempel in Frankreich. An der Spitze stehen natürlich die herrlichen Meeresfrüchte, die von absoluter Klasse und Frische sind. Vereint als Meeresfrüchteplatte (plateau des fruits de mer) bieten Langusten (langoustinos), Hummer (homard), Garnelen (crevettes), Seemuscheln (palourdes), Krebse (crabes) und vor allem Taschenkrebse (tourteaux) den Kennern einen fast göttlichen Hochgenuss. Die Fischsuppe (cotriade) steht dem in nichts nach. Spezialitäten sind die Könige der Schalentiere, die aus eigenen Gewässern stammenden und in vielen köstlichen Variationen angebotenen Austern (huîtres) und Hummer (homard).

Aber auch die Zubereitung von Meeres- und Flussfischen sind unerschöpflich. Liebhaber der Segnungen aus dem Wasser finden also in der Bretagne ihr Paradies!

Wer Fleisch bevorzugt, kommt nicht zu kurz. Beliebt sind Hammelkeule (grigor à la bretonne), Lammkoteletts (présalés) und Kaldaunenwürste (andouillettes). Zubereitet mit dem frischen Gemüse (légumes) der Region, wie Artischocken (artichaut), Blumenkohl (chou-fleur) und weißen Bohnen (haricots blanc), gerät jedes Gericht zum Genuss. Das Nationalgericht der Bretonen sind die hauchdünnen, knusperigen Crêpes, die aus Weizenmehl, Puderzucker, Eiern und Milch komponiert werden. Durch feinste Zutaten – entweder salzig oder süß – angereichert, sind sie unwiderstehlich. Dicker und weicher sind die Galettes, die aus Buchweizenmehl zubereitet und gern um eine Bratwurst gewickelt werden. Begehrt sind auch die kleinen bretonischen Butterbiskuits. Höhepunkte der Desserts sind Crêpe Suzette und Tarte aux pommes, die mit Calvados flambiert auf den Tisch kommen.

Bretonisches Nationalgetränk ist natürlich der Cidre. Als Aperitif werden die beliebten Anisgetränke Pastis und Anisette bevorzugt. Zu Fischgerichten kommt der frische, trockene Muscadet aus der Gegend um Nantes auf den Tisch. Oder eben die anderen französischen Weine. Als Tischwein ist der Vin de pays, der einfache Landwein, gängig. In Bars und Cafés wird immer mehr frisch gezapftes Bier (à la pression) bestellt.

Das Frühstück (petit déjeuner) ist in der Bretagne so schlicht

FESTE & FEIERTAGE

wie im übrigen Frankreich. Im Mittelpunkt stehen Baguettes und Croissant, dazu Marmelade und Café au lait. Das Mittagessen (déjeuner) wird in der Regel zwischen 12 und 14 Uhr eingenommen und besteht als Menü meist aus drei Gängen. Die Franzosen lieben das späte Abendessen (dîner) von 20.30 bis 22 Uhr, es wird jedoch inzwischen bereits ab 19 Uhr serviert. Auch hier empfehlen sich Menüs, die gegenüber dem Essen à-la-carte rund ein Drittel preiswerter sind. Ein gutes Menü ist kaum unter 150 FF zu haben.

FESTE & FEIERTAGE

Die Bretonen feiern gern. Auf dem Land sind die folkloristisch geprägten „Fest-noz" besonders beliebt. Jung und Alt, ob Einheimische oder Besucher, vergnügen sich bei diesen urbretonischen Festen bis in die Nacht hinein bei Volksmusik und Tanz, Crêpes und Cidre. In den Städten werden im Sommer traditionsreiche Festivals veranstaltet. Im Mittelpunkt stehen folkloristische Feste mit Volksmusik und Trachtenumzügen. In den Hafenstädten bereiten die „Fêtes de la Mer" viel Vergnügen. Hinzugekommen sind Treffen nostalgischer Segelschiffe.
Volksfeste eigener Prägung sind die „Pardons", Prozessionen zu Ehren unterschiedlichster Heiliger. Auch hier sind Gäste willkommen.
Alle Veranstaltungen sind für die Besucher eine gute Gelegenheit, Kultur, Traditionen und Bevölkerung der Bretagne besser kennen zu lernen.

Einige der bekanntesten Veranstaltungen:

Mai
Tréquier: Pardon de St-Yves. Anbetung des Schutzheiligen der Juristen.

Juni
Quimperle: Fête du Tulfouën. Große Feier des Pfingstfestes mit alten Traditionen.
Rumengol: Pardon de Notre Dame de Rumengol. Am Sonntag nach Pfingsten.

Juli
Rennes: Les Tombées de la Nuit. Buntes Treiben in der historischen Altstadt.
Fouesnant: Fête des Pommiers. Großes Apfelfest. Der Cidre fließt in Strömen.
Locronan: Petite Troménie. Berühmte Wallfahrt auf den Spuren des hl. Ronan.
Quimper: Festival de Cornouaille. Musik, Tanz, Theater und vieles mehr.
St-Anne d'Auray: Pardon de St-Anne. Endloser Prozessionszug mit Trachten.
Vannes: Festival du Jazz. Eine Woche lang Jazz in all seinen Stilrichtungen.

August
Lorient: Festival Interceltique. Größtes keltisches Musikfestival, 10 Tage lang.
Douarnenez: Fête des Vieux Gréements. Europäisches Treffen alter Windjammer.
Pont-Aven: Fête des Fleurs d'Ajonc. Ein typisches bretonisches Folklore-Fest.
Concarneau: Fête des Filets Bleus. Traditionelles folkloristisches Stadtfest.
Guincamp: Fête de la St-Loup. Musik und Tanz in bretonischen Trachten.

Corlay: Fête de la Moisson. Beliebtes Dreschfest nach bretonischer Tradition.

September
Josselin: Pardon de Notre-Dame-du-Roncier.
Le Folgoët: Grand Pardon de Notre Dame. Eine der schönsten Wallfahrten.
Dinan: Fête des Remparts. Mittelalterliches Spektakel eine fröhliche Woche lang.

Gesetzliche Feiertage:
1. Januar (Neujahr)
Ostermontag
1. Mai (Tag der Arbeit)
8. Mai (Ende 2. Weltkrieg)
14. Juni (französischer Nationalfeiertag)
15. August (Mariä Himmelfahrt)
1. November (Allerheiligen)
11. November (Ende des Ersten Weltkriegs)
25. Dezember (Weihnachten)

FKK

Obwohl die Franzosen den „naturisme" schätzen, sind sie gegenüber den FKK-Freunden nicht überall tolerant. An den etwas abseits gelegenen Strandabschnitten und in Buchten gibt es jedoch schöne Plätze, an denen man sich „frei bewegen" kann. Informationen bei: Guide Naturiste Française
16, rue Drouet
F-75009 Paris.

FOTOGRAFIEREN

Motive gibt es in der Bretagne wie Sand am Meer. Foto- und Filmfreunde sollten sich vor der Reise mit Film- und Videomaterial ausreichend eindecken. Ersatzbatterien für Kamera und Recorder sollten

Dicke Backen, voller Sound: Dudelsackpfeifer-Treffen in Gourin.

INFORMATION

„Syndicat d'Initiative" (Fremdenverkehrsbüro). Hier erhält man Auskunft über Ort und Umfeld, Veranstaltungen und Feste, Hotels und Privatzimmer. Öffnungszeiten: werktags 9 – 12 und 14 – 18 Uhr.

Wer gezielt einen Ort anschreiben will, kann bei den nachfolgenden Zentralen die Anfragen weitervermitteln oder sich die Anschrift des gewünschten Office de Tourisme geben lassen:

Hauptbüros:
Comité Regional de Tourisme du Bretagne
47B, rue de Paris
F-35069 Rennes
Tel. 02.99.28.44.30
Fax 02.99.28.44.40.

Comité Regional de Tourisme des Pays de la Loire
2, rue de la Loire
F-44204 Nantes
Tel. 02.40.48.24.20
Fax 02.40.08.07.10.

Maison de la France
in Deutschland:
Westendstr. 47
D-60325 Frankfurt am Main
Tel. 069/55 21 87
Fax 069/75 21 87.

in Österreich:
Landstraßer Hauptstr. 2
A-1033 Wien
Tel. (01) 71 57 06 10.

in der Schweiz:
2, rue Tahlberg
CH-1201 Genf
Tel. (022) 732 86 19.

Touristenbüros der Départements:
Comité Départemental de Tourisme des Côtes d'Armor
29, rue des Promenades
B.P. 4620

nicht vergessen werden. Nachschub ist „vor Ort" nicht immer erhältlich und im Verhältnis recht teuer. In nicht allen Museen ist Fotografieren oder Filmen gestattet. Die Erlaubnis wird oft gesondert berechnet.

GELD

Währungseinheit ist der französische Franc (FF). 1 Franc hat 100 Centimes (c). Banknoten gibt es zu 20, 50, 100, 200 und 500 FF, Münzen zu 5, 10, 20, 50 c und zu 1, 2, 5, 10, 20 FF. Euroschecks werden bis zu maximal 1400 FF durch Banken und durch Postämter eingelöst. Mit EC-Karten kann an Bankautomaten Geld abgehoben werden. In Frankreich sind Kreditkarten als Zahlungsmittel üblich, sie werden in den meisten Restaurants, Hotels, Geschäften und Tankstellen akzeptiert, Ausnahmen bestehen in kleinen Orten. Wegen des günstigeren Kurses ist es ratsam, Geld in Frankreich umzutauschen. Es bestehen keine Einfuhrbeschränkungen von Franc, ausgeführt werden dürfen maximal 50.000 FF.

HAUSBOOTE

Ferien auf einem Hausboot verheißen verträumtes Erleben romantischer Flusslandschaften. Ausgehend von neun Basen, die komfortable Boote verleihen, bieten 660 km Binnenschifffahrtswege eine große Auswahl an schönen Touren: etwa vom nördlichen St-Malo über Rennes bis nach La Roche-Bernard am Atlantik. Boots-Führerscheine sind für solch ein Vorhaben nicht nötig – der Verleiher weist ein und macht im Nu aus jeder Landratte einen kompetenten Freizeitkapitän. Informationen bei der Maison de la France oder:
CRT Bretagne
74B, rue de Paris
F-35069 Rennes
Tel. 02.99.28.44.30
Fax 02.99.28.44.40.

INFORMATION

In jedem touristisch wichtigen Ort der Bretagne befindet sich entweder ein „Office de Tourisme" (Verkehrsamt) oder ein

KINDER

F-22046 St-Brieuc
Tel. 02.96.62.72.00 und
  02.96.62.72.08
Fax 02.96.33.59.10.

Comité Départemental de
  Tourisme de Finistère
11, rue les Hars
B.P. 1419
F-29104 Quimper Cedex
Tel. 02.98.53.09.00
Fax 02.98.52.19.19.

Comité Départemental de
  Tourisme de Ille-et-Vilaine
11, rue Martenot
F-35000 Rennes
Tel. 02.99.02.97.43
Fax 02.99.78.33.24.

Comité Départemental de
  Tourisme de Morbihan
Hôtel du Département
B.P. 400
F-56009 Vannes Cedex
Tel. 02.97.54.06.56
Fax 02.97.42.71.02.

Comité Départemental de
  Tourisme de Loire-Atlantique
Place du Commerce
F-44000 Nantes
Tel. 02.40.89.50.77
Fax 02.40.08.07.10.

Im Reich der Riesenmurmeln – Kinderfreuden unter bizarren Felsen.

K KINDER

Die Franzosen sind sehr kinderlieb. Selbst Unterkünfte, die nicht ausdrücklich auf ihre Kinderfreundlichkeit hinweisen, sind auf kleine Gäste eingestellt. Viele geschützte Sandstrände und Buchten sind für Kleinkinder ideale Spielplätze. Für ältere Kinder stehen vielfältig wahrnehmbare Aktivitäten, z. B. Leuchtturmbesichtigungen oder Bootsfahrten, zur Verfügung.

KLIMA & REISEZEIT

Das Klima in der Bretagne ist ganzjährig sehr mild. Strenge Winter sind ebenso selten wie sommerliche Hitzeperioden. Die Westwinde und der Golfstrom halten die Durchschnittstemperatur auf 17° C. Mit stürmischen Winden und Regen ist immer zu rechnen.

Badefans finden im Juli/August die besten klimatischen Bedingungen, Luft und Wasser sind am wärmsten. Sie treffen jedoch auch auf volle Strände und ausgebuchte Unterkünfte, denn in den Sommermonaten sind vor allem Franzosen, aber auch die Briten unterwegs. Da die Bretagne über 2000 Sonnenstunden im Jahr genießen darf, versprechen die Monate davor und danach ebenfalls schöne Ferienwochen. Besonders der Frühsommer weiß mit seiner bunten Blütenpracht zu gefallen.

M MED. VERSORGUNG

Adressen von Ärzten und Zahnärzten kann man in den „Gelben Seiten" (Pages jaunes) des örtlichen Telefonbuchs finden. Ärzte mit Fremdsprachenkenntnissen (meist Englisch) kann man bei den Fremdenverkehrsbüros erfragen. In Notfällen wird über die Rufnummer 17 ein Arzt vermittelt.

Konsultationen und Medikamente sind in Frankreich sofort bar zu bezahlen. Bürger aus den EU-Staaten können einen Auslandskrankenschein (Vordruck E 111) mitnehmen und zusammen mit dem Behandlungsschein des französischen Arztes der nächsten Ortskrankenkasse vorlegen. Es kann allerdings sehr lange dauern, bis man seine Auslagen erstattet bekommt. Zu empfehlen ist deshalb eine Reisekostenversicherung (rund 30 Mark).

Apotheken (pharmacies) machen durch ein grünes Kreuz auf sich aufmerksam. Blinkt das Kreuz, ist die Apotheke geöffnet – im allgemeinen von 9 – 12.30 und 14 – 18.30 Uhr. Welche Apotheke in der Nacht und am Wochenende Bereitschaftsdienst hat, ist an der Tür ausgewiesen. Viele Medikamente sind rezeptfrei.

MIETWAGEN

In den Bahnhöfen und Flughäfen der großen Städte werden

Mietwagen von lokalen, aber auch von den großen europäischen Autovermietern angeboten. Wagen werden nur an Personen vermietet, die über 21 Jahre und mindestens ein Jahr im Besitz eines Führerscheins sind. Außerdem ist eine Kaution (ca. 1000 Mark) zu hinterlegen, wenn man keinerlei Kreditkarte vorlegen kann. Die Kosten eines Mietwagens liegen meistens höher als in Deutschland, deshalb lohnt ein Preisvergleich.

NOTRUF

Polizei: Police Secours, Tel. 17
Feuerwehr: Tel. 18
Medizinischer Notfall: Tel. 15

ÖFFNUNGSZEITEN

In Frankreich gehen die Uhren anders. Unsere Nachbarn kennen keine gesetzlich geregelten Ladenschlusszeiten. Die recht unterschiedlichen Öffnungszeiten bedürfen der Gewöhnung. Bäckereien bieten ab 7 Uhr frische Baguettes. Kleine Lebensmittelläden öffnen um 8 Uhr, Supermärkte und Kaufhäuser um 9 Uhr, manche Boutiquen erst um 10 Uhr. Außer den Supermärkten schließen die meisten Geschäfte in der Mittagszeit von 12 – 14 Uhr. Ladenschluss ist um 19 Uhr. In Supermärkten kann bis 20 Uhr und an Sonntagen von 9 – 13 Uhr eingekauft werden. Samstags sind die Läden den ganzen Tag geöffnet, dafür sind sie fast überall montags, zumindest am Vormittag, geschlossen. Einkaufszentren sind in größeren Städten vor den Toren recht leicht zu finden. Einmal in der Woche haben sie bis 21 oder 22 Uhr geöffnet.
Banken sind Di – Fr von 9.30 – 12 und 14 – 16 Uhr und Sa 9 – 12 Uhr, Postämter Mo – Fr von 9 – 12 und 14 – 17 Uhr, Sa von 9 – 12 Uhr und Behörden Mo – Fr von 9 – 12 und 14 – 17 Uhr geöffnet.
Die Öffnungszeiten von Museen, Kirchen, Schlössern und Parks sind individuell geregelt. Staatliche Museen haben dienstags ganztags geschlossen. An den anderen Tagen sind ihre Tore in der Regel von 10 – 12 und 14 – 18 Uhr geöffnet.

POST

Briefe und Postkarten in EU-Staaten kosten zur Zeit 2.50 FF, nach Österreich, in die Schweiz und in andere Länder 3.40 FF. Briefmarken (Timbres) gibt es auch in den Tabakläden und Bars mit Zigarettenverkauf. Die gelben Briefkästen werden meist täglich geleert.
Von den Postämtern kann man auch problemlos ins In- und Ausland telefonieren. Ebenso stehen dort Telefaxgeräte zur Verfügung.
Postsparer erhalten auf ihr Sparbuch bis zu 2000 Mark innerhalb von 30 Tagen.

RADIO & FERNSEHEN

Im Sommer senden einige Radiostationen Nachrichten und Wetterberichte in deutscher Sprache. Die örtlichen Office de Tourisme informieren darüber. Wer sein Radio dabei hat, kann über Kurzwelle zumindest den Deutschlandfunk, wenn nicht sogar seinen Heimatsender empfangen. Verkehrsberichte sind auf der UKW-Frequenz 107,7 zu hören, allerdings nur in der Landessprache.
Das Fernsehgerät gehört in den Hotels zum Standard, und viele bieten außer den französischen Programmen via Satellit mindestens ein deutsches an.

RAUCHEN

Zigarettenautomaten sucht man in der Bretagne vergebens. Rauchwaren gibt es nur in den „Bar-Tabacs". Das Rauchen in öffentlichen Gebäuden und in allen Verkehrsmitteln ist gesetzlich untersagt. In Restaurants und Cafés werden Rauchern Plätze zugewiesen, wobei die Auslegung der Vorschriften meist leger gehandhabt wird.

SOUVENIRS

In den touristischen Zentren hat man in vielen Andenkenläden die Qual der Wahl. Ausgefallenere Souvenirs findet man auf Straßenmärkten, die ohnehin zum Besuchsprogramm gehören sollten. Wer als Mitbringsel ein kunsthandwerkliches Produkt sucht, kann zum Beispiel in Pont-l'Abbé Spitzen, in Quimper Fayencen, Töpferwaren und Gläser aus Locronan und Keramik aus Dinan erstehen. Reichhaltig ist die Auswahl an bretonischer Musik.

SPORTLICHE AKTIVITÄTEN

Als Urlaubsland par excellence bietet die Bretagne alle denkbaren Sportarten. In den Badezen-

SPORTLICHE AKTIVITÄTEN

tren an der Küste sind es die wassersportlichen Aktivitäten wie Segeln, Surfen, Hochseeangeln, Paragliding und viele andere. Auch die Urlaubsorte im Hinterland können mit Golf, Tennis, Fischen, Kanufahren, Klettern, Reiten, Radfahren und Wandern viele Sportmöglichkeiten bieten. Information bei den Offices de Tourisme.

Angeln
Die Bretagne ist Frankreichs Top-Region für Sportfischer. In ihren Flüssen ist König Lachs zu Hause. Auch Forellen kann man in fast allen Flüssen angeln. In den ruhigeren Wasserläufen im Osten wimmelt es von Weißfischen wie Zander und Hecht. Der Fang ist auf die Menge des Eigenbedarfs begrenzt. Fischreiche Wasserläufe, reine Luft, erholsame Stille und alle denkbaren Annehmlichkeiten für Petrijünger bieten Hotels mit dem Gütezeichen „Relais-Saint-Pierre".
Information:
CDT Bretagne-Info
74B, rue de Paris
F-35069 Rennes
Tel. 02.99.28.44.30
Fax 02.99.28.44.40.

Die großen, aber auch die kleinen Fischereihäfen lassen sich nicht nur an Land über die Schulter schauen, sondern bieten erlebnisreiche Fahrten hinaus aufs Meer zum sportlichen Hochseeangeln an. Infos dazu bietet jedes Office de Tourisme.

Flusswandern
660 km Wasserstraßen durchziehen die schönsten Gebiete der Bretagne. Flüsse, Kanäle und Seen bieten Ruderern (21 Clubs), Kajak- und Kanusportlern (70 Clubs) einmalige Erlebnisse. Selbst Wildwasserfahrten sind möglich. Eine Liste der Clubs und Schulen, die Boote, Service und Informationen anbieten, erhält man bei:
Ligue de Bretagne de
Canoë-Kayak
Ponthoën, Dervel
F-22300 Lannion.

Goldsuchen
Das bretonische Hinterland ist im wahrsten Sinne des Wortes eine Goldgrube, denn die Flüsse und Bäche des Massif Amorican sind goldhaltig! Die Mengen der Blättchen sind jedoch bescheiden und die der Klümpchen selten. Jacques Le Quere, der einzige professionelle Goldsucher der Bretagne, lässt an Wochenenden an seinem Abenteuer mit dem Goldwaschtrog teilhaben (siehe Seite 125). Information bei:
Formules Bretagne
17, rue de l'Arrivée
F-75737 Paris 15
Tel. 01.43.79.07.07.

Krabbensammeln
Ein typisch bretonischer Spaß für Einheimische und Touristen ist das Suchen von Krabben, Muscheln, Krebsen oder gar Hummern. Bei Ebbe lassen sich die köstlichen Krusten- und Schalentiere in den Wasserlöchern und Wasserrinnen finden. Austern dürfen nicht eingesammelt werden. Auch wenn sie, bei Sturm von ihren Austernbänken abgetrieben, scheinbar besitzlos auf dem Meeresboden liegen, bleiben sie Eigentum der Züchter. Und die achten darauf, dass keine davon in fremden Eimern verschwindet.

Radtouren
Mit dem Fahrrad lässt sich, fernab von endlosen Autokolonnen, die Schönheit der Bretagne am besten entdecken. Fahrradfahrer dürfen alle Wanderwege benützen. Broschüren mit Informationen und Streckenvorschlägen, IGN-Karten und Unterkunftstips bei:
La Bretagne à Velo
9, rue des Portes Mordelaise
F-35000 Rennes
Tel. 02.99.67.42.21.
und
Vélo Tout Terrain
2, square de Locminé
35700 Rennes
Tel. 02.99.63.73.71.

Reiterferien
Ein Pferd und die Natur pur – die Glückseligkeit für Reitfreunde. Die „Equibreizh", ein fast 2000 km langer Reitrundweg, führt durch die ganze Bretagne. Durch abwechslungsreiche Landschaften, über Berge und Hügel, durch Täler und Wälder, entlang Bächen und Küsten. Überall ist der Ein- und Ausstieg möglich. Und überall gibt es Unterkünfte für Reiter und Pferd.
Informationen erhältlich bei:
ARTEB
33, rue de Laënnec
F-29710 Ploneis
Tel. 02.98.91.02.02
Fax 02.98.91.16.56.

SPRACHE

Die Entstehung und Entwicklung der bretonischen Sprache (bret.: brezhoneg) führt in das 4. Jh. zurück. Über drei Jahrhunderte lang vollzog sich damals die Einwanderung der in Großbritannien verdrängten Britonen. Ihre Ansiedlung in der Basse-Bretagne führte zu einer neuen Kultur, auch in der Sprache, die mit ihren Walisischen und Cornischen zum bri-

„Mastenwald" – Boot an Boot liegt im Yachthafen von Perros-Guirec.

Information

S|T

tischen Zweig des Keltischen gehörte und in der Bretagne mit dem Gallischen eine Synthese einging.
In der Ära der Nominoé-Dynastie erreichte die neue Kultur ihren Höhepunkt und die Sprache ihre größte Verbreitung. Damals waren die Bretonen als Landsmannschaft am weitesten von den Franzosen entfernt. Heftige interne Querelen, aber auch kriegerische Einfälle von außen unterminierten Kultur und Sprache der Bretonen und leiteten den Niedergang ein. Das endgültige Aus kam im 15. Jh. durch den Anschluss der Bretagne an Frankreich und im 18. Jh. durch die Französische Revolution. Die „Anpassung" der bretonischen Querköpfe wurde von Paris aus mit aller Energie und Konsequenz betrieben. Die Verwendung des Bretonischen als Umgangssprache wurde verfolgt und bestraft.
Erst seit der Zeit von Charles de Gaulle, als die Rückbesinnung auf regionales Kulturgut wieder Auftrieb bekam, erlebt die Ursprache der Bretonen eine Renaissance. Die Neubelebung ist eifrig im Gange. So dürfen die Ortsnamen zweisprachig dargestellt, in Schulen das Bretonisch als Wahlfach gewählt und an Lehrstühlen der großen Universitäten das alte Erbe gepflegt werden. Heute spricht noch rund eine halbe Million westlich der Linie von Vannes bis St-Brieuc angesiedelten Basse-Bretonen ihre ursprüngliche Sprache. Unterstützung finden sie durch Bücher, Zeitschriften, Radio- und TV-Sendungen. Höhepunkte des neuen Regionalbewusstseins sind die vielen bretonischen Folklorefeste!
Das Bretonisch wird in der Regel ausgesprochen, wie es geschrieben wird. Die Betonung liegt auf der vorletzten Silbe. Für den Besucher am augenfälligsten sind die Ortsnamen. Ihre Bedeutung kann an der Vorsilbe erkannt werden. Meist schließt sich der Name eines Heiligen an.
Ploe, plou, plo oder pleu bedeutet Pfarrei (z. B. Ploudaniel, Plougastel, Plogoff, Pleumeur). Mit Tre werden Untergruppen der Pfarreien benannt (Trégastel), mit Loc heilige Orte (Locronan) und mit Lann Kirchen (Lannion). Ker heißt Dorf oder Haus (Kermaria), Gui Weiler (Guimiliau), Traon oder trou Tal (Tromelin) Coat, goat oder hoet Wald (Huelgoat).

THALASSOTHERAPIE

STROMSPANNUNG

220 Volt. Flachstecker passen in alle französischen Steckdosen. Ein Adapter für Schukostecker ist von Nöten.

TELEFON

Von Postämtern und Telefonzellen können Auslandsgespräche geführt werden. In den meisten Telefonzellen klappt das nur mit einer „télécarte". Die Telefonkarten mit 50 oder 120 Einheiten (40 oder 96 FF) sind in Postämtern, Bars-Tabac und Tankstellen erhältlich.

Gespräche von der Bretagne:
Vorwahl Deutschland: 0049
Vorwahl Österreich: 0043
Vorwahl Schweiz: 0041
Danach wählt man die gewünschte Vorwahl ohne 0 und dann die Rufnummer.
Gespräche in die Bretagne:
Internationale Vorwahl: 0033-2
Nationale Vorwahl: 02
Danach folgt die Rufnummer.

THALASSOTHERAPIE

In St-Malo, Dinard, Perros-Guirec, Roscoff, Douarnenez, Carnac, Quiberon, Belle-Ile, Le Crouesty und La Baule werden Meereswasserkuren in mittlerweile exklusivem Ambiente angeboten. Mit auf 37° C erwärmtem Meereswasser, Algen- und Schlammbädern werden Heilungssuchende wieder in Form gebracht.
Informationen hierzu erteilt:
Maison de la Thalassothérapie
230, rue du Faubourg-
 St-Honoré
F-75008 Paris
Tel. 01.45.63.16.15.

TIERE

Tiere, die nicht älter als 3 Monate sind, dürfen nicht eingeführt werden. Obwohl kaum kontrolliert wird, sollte ein Nachweis für Hepatitis- und Tollwutimpfungen mit im Körbchen sein. Die Bretonen sind sehr tierlieb. In die meisten Unterkünfte darf man seinen kleinen Liebling mitnehmen. Trotzdem ist eine vorherige Rückfrage zu empfehlen.

TRAMPEN

Das Reisen mit erhobenem Daumen ist in der Bretagne nicht verbreitet. Wenn schon auf einen „lift" gewartet wird, ist ähnliche Vorsicht wie in Deutschland und anderen Ländern geboten. Sicherer ist es, sich den Mitfahrzentralen anzuvertrauen. Besonders Jugendliche bevorzugen diese preiswerte Möglichkeit des Reisens. Informationen bei:
Allostop Rennes
Maison du Champs de Mars
F-35069 Rennes
Tel. 02.32.40.5.

TRINKGELD

Wie überall, wird auch in Frankreich für erbrachte Dienstleistungen ein Trinkgeld erwartet. Ein 2-Francs-Stück ist die unterste Stufe – weniger ist schon beleidigend. Im Restaurant rundet man bis zu 10 Prozent auf. Im Hotel nehmen Portier, Boy und Zimmerservice, bei längerem Aufenthalt auch das Zimmermädchen (pro Woche 10 – 20 FF), gern eine Anerkennung an. Im Taxi sind 10 % fast schon Pflicht. Beim Friseur wartet ein Schälchen bei der Kasse auf ein paar Francs.

U

UNTERKUNFT

Die Hotels, die in diesem Reiseführer erwähnt sind, sind vier Kategorien zugeordnet:
*   bis etwa 250 Francs.
**   etwa 250 – 450 Francs.
***   etwa 400 – 600 Francs.
**** ab etwa 600 Francs.
Die Preise verstehen sich je Zimmer und enthalten kein Frühstück. Private Zimmer kosten in der Regel 150 – 250 Francs, je nach Komfort auch bis zu 450 Francs. Frühstück ist im Preis eingeschlossen.
Frankreichs Hotelgewerbe unterliegt einer strengen Selbstkontrolle. Das Zeichen „NN" bedeutet „nouvelles normes" und ist eine durch den Hotelerieverband eingeführte Reglementierung der Standardnormen. Hotelketten wie „Logis de France" unterliegen einer zusätzlichen Bindung an Auflagen. So sind die meist familiengeführten Betriebe verpflichtet, in ihren Restaurants auch regionale Spezialitäten anzubieten.
Die romantischen Schlosshotels haben sich ebenfalls zu Vereinigungen zusammengeschlossen (z. B. „Relais & Château" und „Châteaux indépendants"). Ruhig gelegene Hotels firmieren als „Relais du Silence" und kinderfreundliche Häuser als „Hotellerie Familiale".
Kostenlose Broschüren, die Unterkünfte in Hotels, in Privatzimmern auf Bauernhöfen und auf Campingplätzen nachweisen, sind abrufbar bei:
CRT Bretagne Info
74B, rue de Paris
F-35069 Rennes
Tel. 02.99.28.44.30
Fax 02.99.28.44.40.
Umfangreiche Führer der einzelnen Ketten und Zusammenschlüsse können gegen Erstattung der Versandkosten beim Französischen Fremdenverkehrsamt angefordert werden. Die Hotelketten haben meist eine Reservierungszentrale in Deutschland. Die unabhängigen, traditionellen „Hotels indépendants français", können telefonisch unter der Nummer (069) 72 76 33 gebucht werden. Die Preise beziehen sich auf Zimmer mit Doppelbetten. Zimmer mit zwei Betten müssen gezielt gebucht werden. Das Frühstück ist im Preis nicht enthalten. Bei „Chambre d'hôtel", die französische Variante von „Bed & Breakfast", umfassen die Preise Übernachtung und Frühstück, es besteht auch die Möglichkeit einer Halbpension. Ein Führer, der diese Angebote zum Preis von ca. 25 DM nachweist, kann angefordert werden bei:
Gîtes de France
Sachsenhäuser
Landwehrring 108
60559 Frankfurt
Tel. (069) 68 35 99.
Einen gesonderten Führer gibt es für „Chambres d'hôte de Prestige", elegante und komfortable Privatzimmer. Übernachtungen in Schlössern und Manoirs werden in der Broschüre „Château es Demeures de Tradition" angeboten.
In der ländlichen Bretagne und nahe der Küste gibt es, ebenfalls innerhalb der Organisation Gîtes de France vereint, Ferienhäuser und Ferienwohnungen. Im Führer sind die einzelnen Angebote mit 1 – 3 Ähren entsprechend ihrer Ausstattung klassifiziert. Eine Garantie für ihren Komfort bietet das Zeichen „Clé confort". Mehr noch als bei den Hotels ist bei Ferienunterkünften eine rechtzeitige Buchung zu empfehlen.

ZOLL

VERKEHR

Auf Frankreichs Straßen gelten folgende Geschwindigkeitsbegrenzungen: Autobahn 130 (bei Regen 110) km/h, Schnellstraßen 110 (bei Regen 100) km/h, Landstraßen 90 (bei Regen 80) km/h, in Ortschaften 50 km/h. Motorräder müssen am Tag mit Abblendlicht fahren, bei starkem Regen oder Nebel alle Fahrzeuge. Bei Überschreiten der Tacho- und Promille-Grenzen (0,7) verhängt die Polizei hohe Strafen. Wird das Bußgeld nicht sofort bezahlt, kann der Wagen beschlagnahmt werden.

Bei Unfällen greift die Polizei nur ein, wenn Personen zu Schaden kamen. Bei einfachen Fahrzeugschäden kann die Pannenhilfe über die Rufnummer 17 angefordert werden. Der ADAC-Auslandsnotruf in München berät auch Nichtmitglieder (Tel. 0049-89 22 22 22) rund um die Uhr. Ebenso der ACF „Automobile Club de France" in Paris (Tel. 01.43.12.43.12).

Die französischen Verkehrsregeln entsprechen weitgehend den deutschen Vorschriften. Besonderheiten sind die „carrefour giratoire", also Kreuzungen mit Kreisverkehrsregelung: Das im Kreis fahrende Fahrzeug hat immer Vorfahrt! Das Schild „Rappel" bedeutet, dass das vorausgegangene Verkehrsschild noch immer seine Gültigkeit hat. An den Ampeln gibt gelbes Dauerblinklicht die Fahrt frei, wenn es der Querverkehr zulässt. Die Gelbphase von Rot auf Grün ist extrem kurz oder fehlt gänzlich.

Das Straßennetz in der Bretagne ist sehr gut ausgebaut. Den dichtesten Verkehr gibt es auf den Schnellstraßen (routes nationales), da die Autobahnen kostenpflichtig sind (100 km ca. 30 FF). Alle Straßen sind gut ausgeschildert.

„Sans plomb", bleifreies Benzin, ist an allen Tankstellen (grüne Zapfsäulen) erhältlich. Parkplätze sind in den Städten und den touristischen Zentren knapp. Für die mit dem Zeichen PAYANT versehenen Plätze muss ein Parkschein gelöst und sichtbar auf das Armaturenbrett gelegt werden.

Mit der Bahn

Rennes ist der Drehpunkt. Von hier aus sind alle größeren Orte an der Küste mit dem Zug erreichbar. Auch untereinander sind die Küstenorte gut verbunden. Etwas schwieriger ist es im Hinterland, wo das Bahnnetz nur dünn ist. Auskunft erteilt der Bahnhof in Rennes: Tel. 02.99.65.50.50.

Mit dem Bus

Ergänzung für das Bahnnetz sind die Verbindungen mit dem Bus, auch im Hinterland. Betreiber sind unterschiedliche regionale Gesellschaften, die sich im Preisniveau gleichen. Informationen erhält man an Haltestellen, die meist am oder in der Nähe der Bahnhöfe liegen.

ZEIT

In Frankreich gilt die mitteleuropäische Zeit (MEZ). Von Anfang April bis Ende Oktober wechselt Frankreich zur Sommerzeit (MEZ + 1 Stunde).

ZEITUNGEN

In der „maison de presse", die es in jeder Stadt gibt, in Papierwarengeschäften, Buchhandlungen und Tabakläden ist die nationale und internationale Presse breit vertreten.

„L'Equipe", mit einem großen Sportteil, ist die renommierteste französische Tageszeitung. Deutsche Zeitungen sind in der Bretagne kaum erhältlich.

ZOLL

Innerhalb der EU-Grenzen gibt es für den Reisenden keine Zollschranken. Art und Mengen der mitgeführten Waren müssen jedoch erkennen lassen, dass sie nur für den privaten Gebrauch bestimmt sind.

Für Nicht-EU-Bürger und den Duty-free-Einkauf gelten Beschränkungen: 200 Zigaretten oder 100 Zigarillos oder 50 Zigarren oder 250 g Tabak, 1 l Spirituosen über 22 % (2 l unter 22 %) und 2 l Wein, 50 g Parfüm oder 0,25 l Eau de Toilette.

Eine Unterkunft, garantiert mit Blick aufs Schloss ...!

Information T-Z

REGISTER VON A–Z

Abbaye de la Joie 112
Aber Benoît 56
Aber Wrac'h 54
Angeln 186
Anne de Bretagne 156
Anreise 179
Anse de Bénodet 103
Aquarium Océanographique (Vannes) 125
Argoat 140
Audierne 90, 93
Auray 117, 123
Baie d'Audierne 97
Baie de Béninou 170
Baie de Douarnenez 78
Baie de Kérogan 101
Baie de Quiberon 115
Baie de St-Brieuc 38
Baie des Anges 56
Baie des Tréspassés 88
Bain-de-Bretagne 10
Batz-sur-Mer 137
Bazouges-la-Perouse 21
Beauport 38, 48
Bécherel 19
Behinderte 179
Belle-Ile 115, 174
Bénodet 102, 108
Bois d'Amour 105
Bourbansais 35
Brest 61
Brignogan-Plage 53, 62
Brocéliande 72, 150
Cairn de Barnenez 45
Camaret-sur-Mer 82, 91
Camping 180
Cancale 27, 32
Cap de la Chèvre 82, 91
Cap Fréhel 30, 34
Carantec 49
Carnac 114, 123
Cathédrale St-Pierre-et-St-Paul (Nantes) 156, 164
Château Comper 146
Château da la Ballue 21
Château de Bois-Cornillé 14
Château de Ducs de Bretagne (Nantes) 163
Château de la Bourbansais 35
Château de Léhélec 143
Château de Rohan 147
Château Gaillard (Vannes) 119
Château les Rochers-Sévigné 20
Château Vauban 92
Châteaubriant 10, 19

Clisson 164
Combourg 19
Commana 77
Concarneau 103
Corniche Bretonne 43
Corniche de l'Armorique 45
Cornouaille 94
Côte d'Emeraude 22
Côte de Granit Rose 36, 47
Côte des Abers 50
Côte de Sauzon (Belle Ile) 175
Côte Sauvage (Belle Ile) 175
Côte Sauvage 115, 122
Cour Dajot (Brest) 61
Crozon 91
Dinan 29, 35
Dinard 29, 34
Dipl. Vertretungen 180
Dol-de-Bretagne 26, 31
Douarnenez 86, 92
Dunes de Ste-Marguerite 56
Ebbe & Flut 180
Eisenbahn 189
Essen 181
Étang de la Bornière 10
Etel 114
Fauna 178
Feiertage 182
Fernsehen 185
Feste 182
Festival de Cornouaille 101
Fête des Brodeuses 99
Fête des Filets Bleus 104
Fête des Pommiers 103
FKK 182
Flora 178
Flusswandern 186
Foleux 143
Fort La Latte 35
Fouesnant 103, 109
Fougères 15, 20
Fremdenverkehrsbüros 183
Gauguin, Paul 104
Geld 183
Goldsuchen 125, 186
Golfe du Morbihan 110
Grand Brière 134, 139
Grand Rocher 45
Grève Blanche 43
Grotte de l'Autel 81
Guéhenno 152
Guérande 129, 136
Guillac 146
Guimiliau 71
Guingamp 47
Hausboote 183
Hennebont 112, 121
Huelgoat 72, 76

Ile aux Moines 120
Ile aux Pies 151
Ile Chevalier 99
Ile d'Arz 120
Ile d'Houat 175
Ile d'Ouessant 170, 173
Ile de Beniguet 168
Ile de Bréhat 48
Ile de Fédrun 135
Ile de Hoedic 175
Ile de Sein 88, 173
Ile des Landes 28
Ile Grande 43
Ile Groix 174
Ile Longue 84
Ile Molène 168, 173
Ile Quéménés 168
Ile Renote 43
Ile Tristan 87, 93
Ile Tudy 98
Ile-aux-Moines 42
Iles de Glénan 104, 173
Information 183
Jardin du Thabor (Rennes) 9, 19
Josselin 147, 151
Kerhinet 135
Kermario 114
Kernascléden 153
Kernéléhén 45
Kerouat 77
Kinder 184
Klima 184
L'Aber-Wrac'h 56
La Baule 132, 137
La Corderie 40
La Guerche-de-Bretagne 20
La Lieue de Grève 45
La Roche-Bernard 128, 136, 142
La Roche-Jaune 41
La Roche-Maurice 76
La Turballe 129, 137
La Vicomté 34
La-Guerche-de-Bretagne 12
La-Roche-aux-Fées 11
La-Trinité-sur-Mer 116, 123
Lac de Guerlédan 149, 153
Lagatyar 92
Lampaul-Guimiliau 67, 76
Lampaul (Ile d'Ouessant) 170
Lampaul-Plouarzel 57, 63
Landerneau 66, 75
Landivisiau 66, 76
Lannion 44, 49
Le Bourg 32, 40, 120
Le Conquet 58, 63, 168
Le Croisic 131, 137

Le Folgoët 52, 62
Le Pouldu 105
Le Vivier-sur-Mer 26, 33
Les Sept-Isles 42, 49
Lesnevel 62
Locmariaquer 116, 124
Locronan 85, 93
Loctudy 98, 107
Lorient 112, 121
Louëf 49
Maison entre les Roches 41
Malestroit 145, 151
Marais de Dol 26
Marais salants 130
Marchix-Viertel (Fougères) 16, 21
Märkte 180
Medizinische Versorgung 184
Men-Marz 54
Menez-Hom 80
Menhir de Kerloas 57
Mietwagen 184
Minihy 41
Missiriac 145
Moncontour de Bretagne 47
Mont-Dol 26
Mont-St-Michel 24, 31
Monts d'Arrée 67, 80
Morgat 91
Morlaix 45, 49
Mur-de-Bretagne 153
Musée Bigouden (Pont l'Abbé) 99, 106
Musée de Bretagne (Rennes) 1
Musée de la Faience Jules Verlinque (Quimper) 108
Musée de la Résistance Bretonne 145
Musée des Beaux Arts (Brest) 61
Musée des Beaux Arts (Rennes) 19
Musée des Beaux Arts (Nantes) 164
Musée des Huitres (Cancale) 3
Musée des Phares et Balises (Ile d'Ouessant) 171
Musée des Pouspées (Josselin) 151
Musée Dobrée (Nantes) 164
Musée du Bateau & Port Musée (Douarnenez) 93
Musée Emmanul de la Villéon (Fougères) 21
Musée International du Long-Cours Cap Hornier (St-Malo) 3
Musée Jules Verne (Nantes) 164
Nantes 154, 162
Nantes-Brest-Kanal 144
Nizun 105
Notruf 185

BRETAGNE

Information

Océanopolis (Brest) 62
Öffnungszeiten 185
Oust 145
Paimpol 38, 47
Paimpont 146, 152
Palais de Justice (Rennes) 18
Parc Régional d'Armorique 80, 91
Passage Pommeraye (Nantes) 160, 164
Pencran 75
Penmarc'h 96, 106
Perros-Guirec 42, 48
Phare Ar-Men 59
Phare de Créac'h (Ile d'Ouessant) 170
Phare de Eckmühl 98
Phare de Jument (Ile d'Ouessant) 172
Phare de Kéréon 168
Phare de l'Ile Vierge 55
Phare de la Vieille 88
Phare de Nividic (Ile d'Ouessant) 171
Phare de Rosédo 40
Phare de Tévennec 88
Phare de Trézien 57
Phare du Stiff (Ile d'Ouessant) 169, 173
Phare les Trois Pierre 168
Piriac-sur-Mer 128, 137
Plemeur-Bodou 44, 49
Pléuneuf-Val André 30, 35
Pleyben 70, 73, 77
Pleyber-Christ 76
Ploërmel 145, 152
Plogoff 90, 93
Ploudiry 76
Plougastel-Daoulas 60, 62, 70
Plougonven 76

Plougouerneau 55, 63
Ploumanac'h 42, 48
Pointe de Bénodet 103
Pointe de Belzec 87
Pointe de Corsen 57, 63, 168
Pointe de Dinan 82, 91
Pointe de Kermovan 168
Pointe de Kerpenhir 116
Pointe de l'Arcouest 39, 48
Pointe de la Jument 87
Pointe de la Torche 97
Pointe de Leydé 87
Pointe de Perhir 83, 92
Pointe de Permarc'h 98
Pointe de Pen (Ile d'Ouessant) 172
Pointe de Pett-Minou 63
Pointe de Portusval 53
Pointe de Porz doun (Ile d'Ouessant) 172
Pointe de Saint-Mathieu 58, 63, 80, 168
Pointe de Toulinguet 84
Pointe des Capucins 84
Pointe des Espagnols 84, 92
Pointe du Castelli 129
Pointe du Château 41
Pointe du Conguel 115
Pointe du Grouin 28
Pointe du Hock 32
Pointe du Millier 87
Pointe du Moulinet 34
Pointe du Raz 89, 93
Pointe du Van 88, 93
Polizei 185
Pont-Aven 104, 109
Pont-Croix 96, 108
Pont-l'Abbé 99, 106
Pontivy 149, 152
Pornic 165
Pornichet 133

Port Blanc 116
Port Clos 39
Port Dahouët 30
Port Rosmeur 92
Port-Haliguen 115
Port-Louis 113, 121
Port-Navalo 117
Porte de la Houle 27, 32
Portsall 56, 63
Porz Yusin (Ile d'Ouessant) 172
Post 185
Presqu'île de Crozon 80
Primel-Trégastel 45
Questemberg 125
Quiberon 115, 122
Quimper 99, 107
Quimperle 109
Quintin 47
Rade de Brest 84
Radio 185
Radtouren 186
Redon 144, 150
Reiten 186
Rennes 8, 17
Réserve du Cap Sizun 87, 93
Rieux 143
Roc Trévezel (Monts d'Arrée) 71
Rochefort-en-Terre 145, 151
Rochers Sculptés 28
Rohan 149
Roscoff 49
Rothéneuf 28
Rouzic 42
Sarzeau 125
Sizun 77
Souvenirs 185
Sport 185
Sprache 186
St-Brieuc 38, 47

St-Cast-le-Guildo 34
St-Goustan (Auray) 117
St-Guénolé 98
St-Just 151
St-Malo 28, 33
St-Marc 139
St-Nazaire 133, 139
St-Pol-de-Léon 49
St-Previn-les-Pins 165
St-Quay-Portrieux 47
St-Sauveur-de-Landemont 165
St-Thégonnec (Guilimiau) 71, 76
St-They 88
Strom 187
Table des Marchands 116
Telefon 187
Thalassotherapie 187
Tombeau de Merlin 146
Tour de la Bridole (Vitré) 13
Tour Mélusine (Fougères) 15
Tour Raoul (Fougères) 16
Trampen 188
Tréboul 86, 92
Trégastel 43, 49
Tréglonou 56
Tréguier 40, 48
Trinken 181
Trinkgeld 188
Tronoën 106
Unterkunft 188
Val de Rance 29
Vannes 118, 124
Verkehr 189
Vitré 12, 19
Wirtschaft 178
Yeun Elez 71
Zeit 189
Zeitungen 189
Zoll 189

IMPRESSUM

© Mairs Geographischer Verlag.
Herausgeber:
„abenteuer & reisen",
WDV Wirtschaftsdienst OHG
Tegernseer Landstraße 98,
81539 München
Lektorat: Heinz Vestner, Ulrich Mayer, Markus Stein, Hannelore Schulze
Bildredaktion: Barbara Renner (verantw.), Anuschka Dresel
Gestaltung: Studio Klaus von Seggern, München
Lithografie: Lanarepro GmbH, Lana (Südtirol)
Alle Rechte vorbehalten
Printed in Germany,
1. Auflage 1998.

BILDNACHWEIS

Hubert Stadler außer

Marton Radkai: 3, 16, 26, 73, 77, 80, 81, 84, 112, 121, 128.
AKG: 105.
José F. Poblete: Buchrücken, 145, 151, 161, 172, 177, 179, 183.
Franz M. Frei: 113.

Lieber Leser!

Wir hoffen, dass „Bretagne entdecken & erleben" für Sie eine aufregende Lektüre und eine große Hilfe während Ihrer Bretagne-Reise war.
Sollten Sie selbst Neues entdeckt, Verbesserungsvorschläge oder Kritikpunkte zu äußern haben, freuen wir uns über Zuschriften und werden uns bemühen, sie in der nächsten Auflage zu berücksichtigen.

Schreiben Sie doch einfach an:

WDV-Verlag
Lektorat Edition
Tegernseer Landstraße 98
81539 München